ELISABETH LUKAS

Den **ersten**
  Schritt tun

ELISABETH LUKAS

Den ersten Schritt tun

Konflikte lösen – Frieden schaffen

Kösel

Verlagsgruppe Random House FSC-DEU-0100
Das für dieses Buch verwendete FSC-zertifizierte Papier *Munken Print*
liefert Arctic Paper Munkedals AB, Schweden.

Copyright © 2008 Kösel-Verlag, München,
in der Verlagsgruppe Random House GmbH
Umschlag: Kaselow Design, München
Umschlagmotiv: getty images
Druck und Bindung: GGP Media GmbH, Pößneck
Printed in Germany
ISBN: 978-3-466-36781-8

www.koesel.de

Für Herrn Dr. Otmar Wiesmeyr,
der wesentlich dazu beigetragen hat,
dem Frankl´schen Erbe in Österreich
die verdiente Würdigung zu verschaffen.

Inhalt

Vorwort 11

Der Konflikt mit sich selbst 13

Mitten in des Lebens Sinnfülle stehen 13
Konfliktentschärfung »Prioritäten setzen« 17
Konfliktentschärfung »Flow-Kanal« 21
Ein Potenzial zur »Selbstführung« 26
Beispiel »Kompliziertes Leben« 30
Beispiel »Angstbesetztes Leben« 35

    1. therapeutischer Schritt 38
    2. therapeutischer Schritt 39
    3. therapeutischer Schritt 41
    4. therapeutischer Schritt 42

Beispiel »Unzufriedenes Leben« 44
Zusammenfassende Schlussfolgerungen für
angehende Mediatoren 49

Der Konflikt mit anderen Menschen ... 55

Vom Gegeneinander zum Miteinander 55
Die »Zauberkraft« der »finalen Vorleistung« 60
In einer »teuflischen« Falle verstrickt 65

Basisüberlegung Nr. 1	66
Basisüberlegung Nr. 2	67
Basisüberlegung Nr. 3	69

Die »Keimzelle« des Friedens	74
Zur Vorbereitung von Konfliktpartnern	78
Die Buchhalterin und ihr Vorgesetzter	84
Ein dreistufiges Schema der Paartherapie	88
1. Sich in den Gegner einfühlen	90
2. Den Gegner weniger verletzen	94
3. Den guten Willen bestätigen	101
Instruktionen zum dreistufigen Schema	107
Reflexionen über Beziehungskrisen	113

Wege zur Konfliktdeeskalation ... 119

Unsere Wahrnehmung kann trügen	119
Wenn sich Menschen böse verhalten	124
Information Nr. 1	124
Information Nr. 2	127
Information Nr. 3	129
Information Nr. 4	131
Information Nr. 5	134
Zwei psychologische Ergänzungen	135
Die Kunst des Kompromisses	141
Kommunikation mit dem »Feind«	146
Wenn der andere »durchdreht«	151

Das alte Ehepaar 151
Das jüngere Ehepaar 158
Vier Gebote als Resümee 165

Gewaltloser Widerstand und Vertrauen 167

Versöhnung und Neubeginn 173

Empfindlichkeiten umschiffen 173
Über den eigenen Schatten springen 179

Zur aufrichtigen Entschuldigung 182
Zur aufrichtigen Vergebung 183

Heldentum an der »Steinmauer« 185
Strategien der Leidbewältigung 191
Entwicklung der Friedensfähigkeit 196

Eine Qualität geistiger Art 196
Gehirn und Gewalt 199
Rückschau und Dank 202

Die Welt der Kunst als Refugium 205

Anhang 213

Antike »Kettensprengung« 213
(mit einem Text von Waltraud Dronowicz)

Über die Autorin 218
Bücher von Elisabeth Lukas 220

Vorwort

Die Suche nach Konfliktlösungen ist ein unverzichtbares Thema für jedermann. Zum Beispiel müssen Führungskräfte aus der Wirtschaft in der Lage sein, die Arbeitsbedingungen für Menschen so zu gestalten, dass möglichst effizient und reibungslos gearbeitet wird. Effizient und reibungslos gearbeitet wird aber nur, wenn sich die arbeitenden Personen an ihrem Arbeitsplatz wohlfühlen, in ihrem Kollegenteam anerkannt wissen und ihr Tagewerk als sinnvoll einschätzen. Fühlen sie sich nicht wohl, weil sie zum Beispiel in ihrem Aufgabengebiet über- oder unterfordert sind, mit ihren Kollegen verbissen konkurrieren oder ihrer täglichen Tätigkeit außer dem Geldverdienst keinerlei Sinnperspektive abgewinnen können, lässt ihre Spannkraft nach. Ihre Leistung sinkt, ihre Lebensfreude sinkt ebenfalls, ihre körperliche und seelische Gesundheit verliert an Stabilität, und ihre Bereitschaft, in irgendeiner Form zu »entgleisen«, nimmt zu. Mit solchen Arbeitnehmern haben die Führungskräfte logischerweise Probleme, und darüber sind sie nicht glücklich. Nicht selten kommen sie dann selber ins »Strudeln«, was den Anfang vom Ende funktionierender Arbeitsprozesse bedeutet. Oft wird dann bloß noch nach Schuldigen an der Misere gesucht und kaum mehr nach gemeinsamen Lösungen, was fatale Folgen hat.

Jedoch geht es in diesem Buch nur am Rande darum, Führungskräften Wege zu weisen, wie sie die Arbeitsbedingungen für die ihnen anvertrauten Menschen so human wie möglich gestalten können, was auch heißt: konfliktvermeidend, konfliktlindernd und – konfliktüberwindend, was vielleicht das Schwierigste von allem ist, denn sogar beigelegte Konflikte haben noch das schreckliche Potenzial, bei geringsten Vorkommnissen wieder aufzuflammen. Ihre aggressive Glut schwelt unheimlich lange unter der Asche.

Vorrangig geht es darum, dass im Prinzip jeder Mensch eine »Führungskraft« ist. Denn jeder muss sein eigenes Leben »managen«. Und: Wer sich nicht selbst führen kann, kann es in Hinblick auf andere Menschen schon gar nicht. Wer die Herausforderungen seiner eigenen Stunden und Tage nicht zu meistern versteht, managt auch kein Unternehmen, nicht einmal ein kleines wie die Familie, der er angehört. Es ist daher egal, in welcher Position und auf welcher Sprosse der Karriereleiter jemand gerade steht: Überall kann er »in die Klemme geraten«, und immer kann er Hilfe brauchen, um wieder »aus der Klemme herauszukommen«. Kenntnisse in Konfliktlösungsstrategien sind heutzutage fast so etwas wie eine Standardausrüstung, um heil durchs Leben zu gelangen.

Das vorliegende Buch soll eine kleine Ergänzung einer solchen Standardausrüstung sein. Es will zeigen, dass in dem exzellenten philosophisch-therapeutischen Gedankengut von Viktor E. Frankl zahlreiche fruchtbare Impulse in Richtung Friedensschaffung (sei es mit sich selbst, sei es mit den Mitmenschen, sei es mit den Schicksalsfaktoren, die auch immer mitmischen) verborgen sind und dass sich die Fähigkeit, ein Gegeneinander in ein Miteinander zu verwandeln, erlernen lässt. Ob die so zu erwerbende »Kunst« dann in der Arbeitswelt oder im Privatleben ihren Einsatz findet, spielt keine Rolle. Wichtig ist die *Deeskalation von Konflikten*, zu der jeder Einzelne an seinem Platz beitragen kann und von der letztlich die Zukunft unseres Geschlechts abhängen wird.

Der Konflikt
mit sich selbst

Mitten in des
Lebens Sinnfülle stehen

Fragen wir uns zunächst, was die wichtigste Voraussetzung dafür ist, dass menschliches Leben gelingt. Wenn wir imstande sind, uns selbst zu »führen« – also noch im Vorfeld der Führung anderer Personen, die uns eventuell anvertraut sind –, *wohin* sollen wir uns dann führen? Auf welche Wege sollen wir einschwenken, welche Ziele uns setzen, welche Sackgassen meiden? Grundsätzlich: Wie schaffen wir es, dass zum ausklingenden Ende unseres Lebens die Freude und Dankbarkeit überwiegen werden und nicht die Bitterkeit und Verhärmung; dass wir einmal die Augen schließen werden im Bewusstsein, unser Dasein habe sich gelohnt, und nicht mit dem Gefühl, vieles versäumt und alles verloren zu haben?

Eine sehr profunde Antwort auf diesen Fragenkomplex gab der Wiener Neurologe und Psychiater Viktor E. Frankl, der anhand zahlreicher Studien eindringlich dargelegt hat, dass Leben gelingt, sobald und solange man mitten in dessen Sinnfülle steht, und zwar egal, wie alt man ist. Mitten in der Sinnfülle stehen heißt nämlich: Man blickt auf ein sinnreiches Leben zurück, man widmet sich sinnvollen Projekten in der Gegenwart, und man schmiedet sinnträchtige Pläne bzw. hat Sinnvisionen für die Zukunft. Unter diesem Aspekt steht man sozusagen *immer* in der Mitte einer sinnintensiven Existenz, und *nie* an ihrem Ende, unabhängig von der Länge der Zeiträume, die hinter oder vor einem liegen mögen. Die einzelnen Projekte wechseln natürlich während des Lebens, aber die Sinnfülle bleibt bis zuletzt.

Viktor E. Frankl hat uns diesbezüglich nicht nur seine Lehre (die sogenannte »Logotherapie«), sondern auch sein persönliches Vorbild hinterlassen. Noch eine halbe Stunde vor seinem Tod im Jahr 1997 hat er einen Sinn erfüllt. Er lag nach einer Bypassoperation im Krankenhaus, und die Ärzte kamen zur Visite ihres berühmten Patienten. Da raffte er sich auf und hielt ihnen eine kleine Privatvorlesung über Metaphysik und Menschenwürde. Ich glaube, insbesondere die jungen Ärzte werden dies nie vergessen ...

Rund 50 Jahre zuvor ist die Situation Frankls nicht wesentlich weniger dramatisch gewesen. Er hatte vier Konzentrationslager knapp überlebt und dabei (bis auf eine Schwester, die nach Australien ausgewandert war) seine gesamte Familie eingebüßt. Er musste in seiner Heimatstadt Wien von Null auf neu beginnen, traumatisiert und halb verhungert, wie er war, mit inneren Bildern unvorstellbaren Gräuels vollgestopft. Aber die schlimmen Kriegserfahrungen konnten ihn nicht erdrücken. Er startete sein neu geschenktes Leben ohne Hass und Groll, stattdessen mit Engagement und Innovationskraft. Es war und blieb seine Überzeugung, dass es in jeder Situation, wie sie auch beschaffen sein mag, Sinnmöglichkeiten gibt, und dass derjenige, der sie entdeckt, aufgreift und verwirklicht, gleichsam als *Nebeneffekt* Erfolg hat, Zufriedenheit erringt, ein positives Feedback aus der Mitwelt erntet und an Selbstsicherheit und Selbstwirksamkeit zunimmt.

An dieser Stelle seien ein paar Worte zur Beziehung zwischen dem *Sinn* und dem *Selbst* eingeflochten.

Der Sinn ist zum einen der »Motor des Selbst«. Der Leser würde dieses Buch nicht lesen, würde er keinen Sinn darin sehen. Er hat Geld für den Kauf des Buches ausgegeben, und er hat sich Zeit dafür genommen. Zeit und Geld sind kostbar. Aber weil der Leser die Informationen über die Buchinhalte als sinnvoll antizipiert hat, hat er beides nicht gescheut. Ein sinnvolles Ziel lockt die Kraft hervor, es anzustreben und dabei Hürden zu überspringen. Nichts setzt Menschen so sehr instand, Energien zu mobilisieren (und notfalls sogar Entbehrungen auf sich zu nehmen), wie der Wille zu einer als sinnvoll eingeschätzten Unternehmung – sei sie winzig wie das Lesen eines Buches, oder sei sie riesig wie der Neubeginn nach einem Krieg, der einem alles genommen hat. Fredmund Malik, der bekannte Erfolgstrainer aus der Schweiz, schrieb 2005 in einer lehrreichen Abhandlung über Management Folgendes:

»Ich halte die Theorie Frankls für das Beste, was je über Motivation gesagt wurde. Nach meiner Auffassung muss man seine Lehre zumindest kennen, wenn man den Anspruch erheben will, von Motivation etwas zu verstehen. Wie weit man sie dann akzeptieren will, ist eine andere Sache, aber in jedem Falle braucht man starke Argumente, um Frankl abzulehnen.«

Der Sinn ist aber nicht nur der Motor des Selbst, sondern zum anderen auch das »Qualitätskriterium der Selbstentfaltung und Selbstentwicklung«. Diesbezüglich sei auf einen grundlegenden Sachverhalt hingewiesen. Alle Konzepte, die sich mit Persönlichkeitsentwicklung, Persönlichkeitstraining, Stimulation zur Selbstverwirklichung etc. beschäftigen, setzen die Sinnfrage bereits implizit voraus, obwohl sie sie oft nicht explizit ansprechen. Denn es ist doch klar, dass sich der Mensch sowieso »verwirklicht«– es fragt sich nur, als *wer* oder *was* er sich da entfaltet und verwirklicht? Frankl pflegte in diesem Zusammenhang Sokrates zu zitieren, der einmal gesagt haben soll, er habe in sich sowohl die Anlage zu einem geschickten Verbrecher als auch zu einem weisen Philosophen vorgefunden ... Demzufolge hat Sokrates *gewählt*, als wer oder was er sich verwirklicht hat, er hat eine *Entscheidung* getroffen und gleichzeitig damit Möglichkeiten seiner Selbstwerdung *ausgeschlossen*, um andere zu *bevorzugen*.

Deshalb sind Slogans wie »Sei du selbst!« oder »Werde, der du bist!« problematisch. Sie suggerieren, man sei sozusagen schon in seiner wahren oder gar idealen Gestalt *da* und müsse diese nur von diversen Umschalungen oder Behinderungen befreien. Aber dem ist nicht so. Auch in der Pädagogik hat man mit ähnlichen Theorien Schiffbruch erlitten, man denke nur an das fehlgelaufene »Summerhill-Experiment« aus England aus der Blütezeit der antiautoritären Bewegung. Auch die Kinder sind nicht an und für sich »gut« und entwickeln sich demgemäß »gut«, wenn man sie vor allen gesellschaftlichen Verbiegungen bewahrt. Der Mensch ist überhaupt nicht »irgendwie« – das ist seine Chance und sein Risiko. Er ist nicht festgelegt, endogen oder exogen festgefügt wie ein Tier, sondern kann immer noch anders sein und anders werden. Er ist einer radikalen Frankl'schen Definition zufolge »das Wesen, das in jedem Augenblick entscheidet, was es im nächsten Augenblick sein wird«.

Der Mensch *ist* nicht, sondern er *wird*, und zwar gemäß seiner Wahlen und seiner Entscheidungen. Und er kann *gute* oder *schlechte* Wahlen tätigen bzw. Entscheidungen treffen – siehe Sokrates, der offensichtlich eine exzellente Wahl getroffen hat, obwohl sie ihn im Endeffekt das Leben gekostet hat ... was ihm bei einer Verbrecherlaufbahn freilich auch hätte passieren können.

Kurzum: Man soll keineswegs *alle* seine Potenziale verwirklichen. Wenn ich jemanden betrüge, verwirkliche ich mich als Betrügerin. Wenn ich lüge, verwirkliche ich mich als Lügnerin. Wenn ich morde, verwirkliche ich mich als Mörderin. Wenn ich lehre, verwirkliche ich mich als Lehrerin. Wenn ich heile, verwirkliche ich mich als Therapeutin. Wenn ich schreibe, verwirkliche ich mich als Schriftstellerin, und so fort. Das alles sind potenzielle Facetten, die in mir stecken, das alles »bin ich«, sobald ich sie realisiere. Es geht nicht darum, zu werden, was in mir steckt, sondern sorgsam auszuwählen, um tunlichst das Beste und Fruchtbarste und Edelste, das in mir steckt, herauszuholen und alles Übrige ungenützt verfallen zu lassen. Es geht – nach F. M. Dostojewskij – darum zu werden, »wie Gott uns gemeint hat«. Ein kluges Wort in religiösem Gewand, denn das *Gemeintsein* ist geradezu identisch mit dem sinnvoll Gelebten, ist doch im Englischen das Wort »meaning« (Sinn) exakt »what is meant« (das Gemeinte). Alle vernünftige Selbstentwicklung dreht sich also zentral um die Sinn- und Wertfrage: *Was* von und in mir selbst ist würdig und wert, verwirklicht und entwickelt zu werden, und *was nicht*? *Was* von und in mir selbst soll *nicht* werden, weil es destruktiv und unwürdig wäre? Der *Sinn* ist das Qualitätskriterium aller Selbstwerdung.

Auf die Frage, *wohin* wir uns selbst »führen« sollen, können wir somit antworten: mitten in eine sinnintensive Existenz hinein, in ein buntes, wogendes, erfülltes Leben hinein, das allerdings in einem übergeordneten Ethos gründet.

Konfliktentschärfung »Prioritäten setzen«

Im Zuge meiner mehr als 30-jährigen Praxis als Klinische Psychologin und Psychotherapeutin durfte ich einige Tausend Patienten in ihren Nöten begleiten und beraten. Die Patienten steckten in den unterschiedlichsten Klemmen, und leider ist es nicht immer geglückt, sie daraus zu befreien. Am häufigsten jedoch ist es geglückt, wenn sie allmählich ein feines Gespür entwickelten, eine Art innere Wachheit für den »Sinn des Augenblicks«, der sich ihnen jeweils darbot. Dann konnte ich mir weitere Heil- und Trainingsmethoden sparen, weil die Patienten dann automatisch zukunftseröffnende Wege einschlugen und vor gefährlichen Kurzschlusshandlungen gefeit waren. Ich möchte dies am Beispiel der Konfliktentschärfung durch »Prioritäten setzen« exemplifizieren.

Prioritäten setzen zu können ist ein Kleinod der Psychohygiene. Wie viele Menschen strampeln sich ab im konfusen

Umgang mit der Zeit, ja, im irrationalen Glauben, sie müssten alles gleichzeitig erledigen und es vielleicht auch noch allen Leuten recht machen! Wie viele Menschen sind ständig frustriert wegen dem, was *nicht* geht oder *nicht* funktioniert, manövrieren sich in eine atemlose Hektik hinein, reagieren darauf ausgebrannt, mit Mutlosigkeit und Resignation – und leisten auf diese Weise bedeutend weniger, als sie leisten könnten, was wiederum eine entsprechende Rückwirkung auf ihre Gesamtstimmung hat. Einem Dauerdruck hält niemand stand, auch dann nicht, wenn der Druck selbst produziert ist. Die Orientierung am »Sinn des Augenblicks« macht damit Schluss. Wieso? Zur Illustration möchte ich ein Gleichnis benützen.

Man stelle sich ein Brett vor, auf dem eine Reihe von Lampen befestigt ist. Die Lampen stehen für unsere Wertbezüge. Normalerweise (und hoffentlich!) sind viele Bezüge da. In einem reichhaltigen Wertsystem ist die Familie ein Wert, die Arbeit ein Wert, das Hobby und die Freundeskontakte sind Werte, unsere Gesundheit und die Interessen, die wir haben, sind Werte usw. Alles will gepflegt werden, und Verpflichtungen kommen dazu. Es ist prima, wenn genügend solcher Lampen am Brett unseres Daseins befestigt sind, denn die Alternative wäre eine gähnende Leere, ein »existenzielles Vakuum«, wie es Frankl genannt hat, das uns extrem krisenanfällig machen würde. Viele Lampen bedeuten also viele Wertbezüge ... und nun schaltet sich der »Sinn des Augenblicks« ein und bringt *eine* davon zum Leuchten. Der aufleuchtende Wert ist sozusagen *jetzt* an der Reihe, nicht gestern oder morgen, nein *jetzt*. Sobald wir den Dienst an diesem Wert, den »Sinnanruf« jedoch erfüllt haben, leuchtet eine andere Lampe auf, und ein anderer Wertbezug will genährt werden.

Der Sinn leuchtet gleichsam immer in unserem Leben, aber in wechselnden Lampen, er erscheint uns wie ein Blinklicht, das auf dem Brett unseres Daseins hin- und herhüpft und uns erzählt, wozu wir *gerade jetzt* gerufen sind.

Betrachten wir einen konkreten Fall. Versetzen wir uns in die Lage einer alleinerziehenden Mutter, die halbtags berufstätig ist, den Haushalt versorgen muss, eine kranke Oma zu pflegen hat, des Öfteren von einem schwierigen Bruder belästigt wird, der sie um Geld anbettelt, und die sich mit dem Kindesvater bezüglich der Besuchsregelung herumstreiten muss, weil er mit keinerlei Kompromiss einverstanden ist. Die alleinerziehende Mutter weiß nicht, wie sie dies alles unter einen Hut bringen soll. Ihre Gedanken drehen sich im Kreis. Da hilft ihr die Konzentration auf den »Sinn des Augenblicks«. Er flüstert ihr am Vormittag etwa zu:

a) Jetzt bist du in der Arbeit, also mache sie mit Schwung und Elan. Die Oma muss warten, die Wohnung darf unaufgeräumt sein, das Kind ist in der Schule gut aufgehoben, der Bruder ist selbst für sich verantwortlich, und der Kindesvater ist momentan nicht wichtig. Freue dich, dass du arbeiten *kannst*, dass du Arbeit *hast*, und gestalte sie auf deine einzigartige Weise.

Am Nachmittag meldet sich der »Sinn des Augenblicks« mit einer neuen Botschaft:

b) Jetzt bist du mit deinem Kind zusammen. Nütze die Zeit, die du für es hast, indem du ganz Mutter bist, lachst, spielst, Aufgaben überwachst, plauderst, schmust. Vergiss, was in der Arbeit war. Die Oma muss immer noch warten, der Bruder ist derzeit kein Problem, der Kindesvater auch nicht. Nur dein Kind steht vor dir – ein gesundes, munteres Kind, welche Gnade!

Später, gegen Abend, wispert der »Sinn des Augenblicks« in anderen Tönen:

c) Jetzt kümmerst du dich um die Oma. Das ist schön von dir. Du gibst ihr zurück, was sie dir einst gegeben hat, als du noch klein warst. Jetzt kann sich dein Kind allein beschäftigen, kann ein bisschen helfen, die Wohnung aufzuräumen, und wenn dein Bruder anruft, muss er auf den Anrufbeantworter sprechen.

Noch später, zu Nachtbeginn, gibt der »Sinn des Augenblicks« einen letzten guten Tipp:

d) Jetzt schreibe flott den längst überfälligen Brief an deinen Exmann, in dem du ihm freundlich, aber bestimmt den nächst-geeigneten Besuchstermin bekannt gibst, und sorge dich nicht wegen seiner möglicherweise herben Reaktion. Wie er antwortet, offenbart lediglich *seinen* Charakter, nicht den *deinen*. Du aber hast danach eine Erholungspause verdient. Wünsche deinem Kind eine gute Nacht und räkele dich mit einem spannenden Buch im Bett, bevor du einschläfst.

Man kann sich weitere Fortsetzungen gut vorstellen. Wer sieht, was gerade am Brett leuchtet, der sieht auch, was *gerade nicht* leuchtet, was *jetzt* vernachlässigt werden darf und einen nicht zu kümmern braucht, auch nicht mental. Sinnorientierung heißt: gegenwärtig leben, elastisch, aber ohne unnötig Kräfte zu verbrauchen.

Aus dem Gesagten wird deutlich, wie sehr es innere Konflikte entschärft, Prioritäten setzen und sich ihnen jeweils konzentriert zuwenden zu können, ohne sich von sonstigen Anforderungen, die *auch* an einen heranbranden mögen, irritieren zu lassen. Diese Erkenntnis ist nicht neu, aber die Verknüpfung mit der Sinnfrage erleichtert die Anwendung des Erkannten. Außerdem schadet ein bisschen Repetition diesbezüglich nicht, weder den »einfachen Leutchen« wie der genannten Mutter noch in der obersten Manageretage, wo die Superhirne zu Hause sind. Gehetzte Chefs mit überquellenden Terminkalendern und einem Chaos auf den Schreibtischen, Chefs, die nervös herumflattern oder gar herumbrüllen, weil sie mit sich und ihrem Plansoll nicht zurande kommen, sind Abschreckung pur für alle Arbeitnehmer. Ein konstruktives Teamwork mit ihnen ist ausgeschlossen.

Konfliktentschärfung »Flow-Kanal«

Verwendet man den Frankl'schen Ausdruck »Sinnanruf (der Situation)«, muss man auf die Frage gefasst sein, von *wem* wir gerufen sind. Das ist eine spannende Frage, die jeder nur für sich allein und gemäß seinem spirituellen Hintergrund beantworten kann. *Hören* tun wir diesen Ruf jedenfalls als eine Art *innere Stimme*, altmodisch formuliert als Gewissensstimme aus uns selbst.

Was hören wir da? Man stelle sich vor, jemand liegt im Liegestuhl am Meeresstrand, sonnt sich und genießt seinen Urlaub. Plötzlich kentert am Meer draußen, unweit vom Ufer, ein Boot. Ein Junge schlägt panisch um sich und schreit um Hilfe. Die Person im Liegestuhl hört die Stimme des Jungen, aber sie hört noch eine zweite Stimme, die ihr gebietet: »Los, spring auf und rette ihn!« Es ist eine Stimme in ihr selbst, und wenn *diese* nicht wäre, würde die Person auf die Stimme des Jungen gar nicht reagieren. Denn was geht er sie an? Sie hat Urlaub, sie will sich erholen und nicht plagen, sie hat mit ihm nichts zu schaffen. Nein, es ist schon der Person ureigene innere Stimme, die sie raschen Schrittes ins Meer bugsiert.

Das hat der Sinnanruf so an sich: Er sagt: »Jetzt bist *du* dran, ob du Lust hast oder nicht, jetzt bist *du* gemeint, denn *du* hast das Kentern des Bootes bemerkt und *du* bist in der Nähe und *du* hast kräftige Arme und Beine zum Schwimmen, also bist *du* hier unverzichtbar und unersetzlich, um ein Unglück abzuwenden. *Du bist zum Helfen gemeint.*«

Die gleiche Situation könnte aber auch bedeuten, dass die Person im Liegestuhl *nicht* gemeint ist. Angenommen, diese Person ist querschnittgelähmt. Sie sitzt in einem Rollstuhl, den jemand an den Strand geschoben hat, und löst ein Kreuzworträtsel. Nun wird sie Zeuge des Kenterns des Bootes. Die Schreie des Jungen ertönen. Das mitanzuhören ist schlimm genug, aber trotzdem ist diese Person *nicht* zum Helfen gemeint. Sie kann ja nicht aufspringen und den Jungen herausziehen, also ist es ihr auch nicht sinnvollerweise abverlangt. Es wäre doch völlig absurd und sinnwidrig, etwas von Menschen zu fordern, was sie nicht erbringen können. Vielleicht ist es der gelähmten Person in diesem Moment abverlangt, per Handy Hilfe herbeizuordern, *das* kann schon sein, aber der Ruf nach physischer Hilfeleistung ist nicht an sie adressiert; davon sagt ihr Gewissen nichts.

In der Alltagspraxis ist es für Menschen nicht immer so eindeutig, was sie sich abverlangen bzw. aufhalsen sollen und was nicht. Ehrgeizige oder überaus pflichtbewusste Menschen und auch solche, die ein Problem mit dem Nein-Sagen haben, überfordern sich leicht bis zur Erschöpfung. Bequeme oder ängstliche Menschen und auch solche, die mit Initiativen sehr zögerlich sind, unterfordern sich eher. Da ist der Sinn ein perfekter Regulator. Er bremst, wo es an die Verausgabung von Kraftreserven geht, und er feuert an, wo es um die Ausnutzung von brachliegenden Ressourcen geht. Es hat eben weder Sinn, sich total zu überarbeiten und danach krank darniederzuliegen, noch hat es Sinn, sich bloß auf dem Erreichten auszuruhen.

Ich habe zahlreiche Menschen gesehen, die sich permanent für nichts und wieder nichts aufopfern (Stichwort »Helfersyndrom«). Teilweise sind ihre Opfer gar nicht erwünscht, teilweise soll ihnen ihre Märtyrerrolle den Dank anderer einkaufen und macht jene anderen nur abhängig von ihnen. Eine meiner Patientinnen hat vor jedem Besuch ihrer Mutter wochenlang das Haus geputzt, Vorhänge gewaschen, Galamenüs vorbereitet etc. und war dann, wenn ihre Mutter endlich eintraf, vor Müdigkeit kaum mehr ansprechbar. Na, die Freude der Mutter hielt sich in Grenzen! Das sind sinnwidrige Opfer, von denen die Gewissensstimme – Sprachrohr eines übergeordneten Ethos – nichts weiß. Vielleicht redet eine »Überich«-Stimme drein, vielleicht hämmern vergangene elterliche Maßregelungen oder Strafpredigten auf den Betreffenden ein, die er verinnerlicht hat, aber die Frage nach dem Sinn lässt derlei Kobolde schnell verstummen.

Dafür weckt die Frage nach dem Sinn die Bereitschaft zu denjenigen Opfern, die wichtig und richtig sind. Unsere Zeit und unsere Gesellschaft *brauchen* opferwillige Menschen, das erleben wir bei jedem Katastrophenfall und in jedem Dienstleistungssektor, vom Ehrenamt gar nicht zu reden. Sämtliche Millionäre dieser Erde hätten miteinander nicht das Geld, um die Menge an Hilfe und zwischenmenschlichem Beistand, die benötigt wird, bezahlen zu können. Es braucht Menschen, die einfach ein Stück Liebe verschenken, Tag für Tag und dort, wo es Sinn hat; und sie tun es, weil ihre ureigene und innerste Stimme sie dazu ermuntert – Gott sei Dank!

Ein schönes Beispiel ist eine Ärztin, die ich einst kennengelernt habe. Sie verbringt jeden ihrer Urlaube auf den Philippinen, in Pakistan und ähnlichen Ländern, wo sie im Rahmen des Projekts »Ärzte für die Dritte Welt« Hunderte Kinder impft und Kranke behandelt. Sie arbeitet dort fast rund um die Uhr, unter den schwierigsten klimatischen Bedingungen, und man könnte denken, dass sie jedes Mal total entkräftet heimkehrt, aber das Gegenteil ist der Fall. Wenn sie aus einem ihrer sogenannten »Urlaube« zurück ist, strahlt sie, ist fit und vital und nimmt voller Kraft ihre Praxis wieder auf.

Das sinnvolle Opfer baut nicht ab, sondern auf; der Sinn, den es anpeilt, ist ein grandioser Motor unseres Handelns, wie bereits angeklungen – desjenigen Handelns allerdings, das wir unbeschadet und freiwillig *gut* leisten können.

Der 1934 geborene amerikanische Psychologe ungarischer Herkunft Mihaly Csikszentmihalyi ist mit seiner Studie über die Glückserlebnisse von mehr als 100 000 Menschen rund um die Welt bekannt geworden. Die reinste Form der von ihm untersuchten Glückserlebnisse taufte er »Flow-Erlebnisse« und beschrieb sie als ein »völliges Hingegebensein an eine (selbst gewählte oder zumindest bejahte) Aufgabe, von deren Sinn man überzeugt ist und bei deren Erfüllung es wie von selbst aus einem herausfließt«. Er bewies Folgendes: Eine wesentliche Voraussetzung für das Zustandekommen solcher Flow-Erlebnisse ist ein ausgewogenes Verhältnis zwischen den Anforderungen, die eine Aufgabe stellt, und den Fähigkeiten einer Person, die diese Aufgabe übernimmt. Sind die Anforderungen zu hoch, entwickelt die Person Angst-, Stress- und Versagensgefühle. Sind die Anforderungen zu niedrig, fühlt sich die Person gelangweilt und am falschen Platz eingesetzt.

In Anlehnung daran ließe sich sagen: Der Sinn ist nie *außerhalb*, sondern immer nur *innerhalb* des persönlichen Flow-Kanals zu finden.

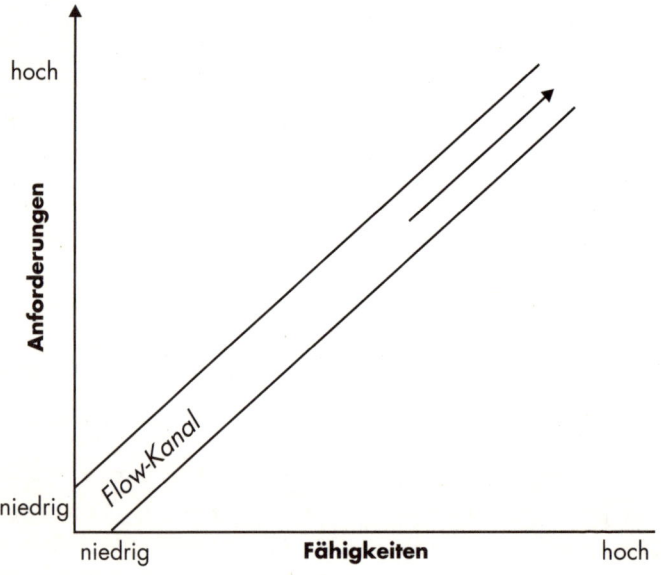

Interessant ist ferner, was sich zwischen den Grenzbereichen *innerhalb* des Flow-Kanals abspielt. Im oberen Bereich des Kanals Richtung »hohe Anforderungen« ist erfahrungsgemäß das stärkste geistig-seelische Wachstum einer Person zu verzeichnen. Tüchtige Pädagogen wissen dies und fordern ihre Schüler entsprechend, ohne sie zu überfordern – eine Gratwanderung! Im unteren Bereich des Kanals Richtung »niedrige Anforderungen« werden erfahrungsgemäß die besten Leistungen bei Wettbewerben, Prüfungen und in sonstigen emotional belasteten Situationen erbracht. Kluge Trainer wissen dies und stecken die Latte im Training ein bisschen höher, als es ein späterer Ernstfall verlangt. Genau in der Mitte des Flow-Kanals schließlich sitzt laut Csikszentmihalyi das Glück. Dort ist die Sinnerfüllung wohl am intensivsten und die Chance auf ein selbstvergessenes Engagement für eine Sache an sich, ohne jegliches »Schielen« nach eventuellen Belohnungen, Gewinnen und Vorteilen, am größten. Das Glück stellt sich laut Frankl *dann* auf leisen Sohlen ein, wenn man am allerwenigsten daran denkt oder gar danach hascht, sondern stattdessen für etwas oder für jemanden voll da ist, das oder den man liebt.

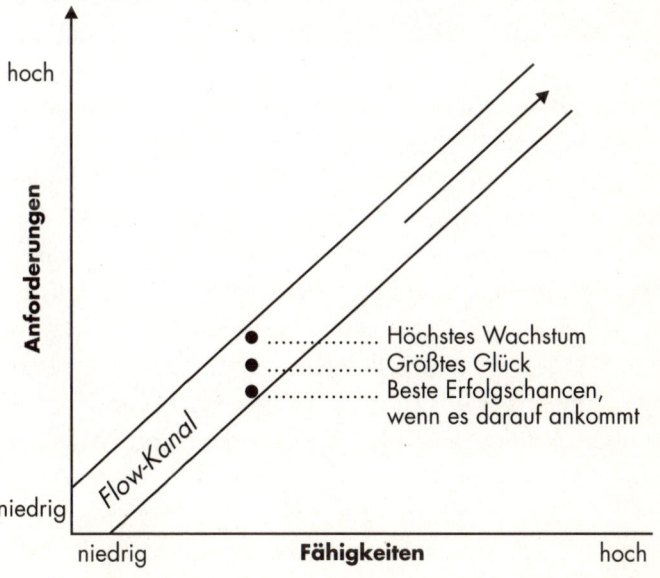

Aus obiger Zeichnung sollten wir uns für diverse Konfliktlösungsstrategien, die noch zu besprechen sein werden, den Punkt »Beste Leistungen, wenn es darauf ankommt« im *unteren* Bereich des Flow-Kanals merken. Denn der sinnorientierte Umgang mit einem »Feind« bzw. mit (echten oder vermeintlichen) Bedrohungen durch einen »Feind« zählt zu den schwierigsten Unterfangen der menschlichen Spezies schlechthin. Da braucht es wahrlich Bestleistungen, um nicht früher oder später mitsamt dem »Feind« unterzugehen.

Ein Potenzial zur »Selbstführung«

Die Behauptung aus dem Vorwort, dass jeder Mensch im Prinzip eine »Führungskraft« sei, ist mit Blick auf die beiden bisher besprochenen Konfliktentschärfungsstrategien gut belegbar. Sich selbst zu führen, heißt ja nichts anderes, als Entscheidungen zu treffen, und zwar in erster Linie über sich selbst. Genau genommen kann man sowieso nur *selbst* entscheiden. Auch wenn man Macht über andere Menschen hat, weil diese in irgendeiner Form von einem abhängig oder einem untertan sind, kann man nicht wirklich eine Entscheidung für sie tätigen. Es mag gelingen, dass sie glauben, was man ihnen sagt, aber dann haben sie sich für die Akzeptanz der überbrachten Botschaft entschieden. Es mag gelingen, dass sie tun, was man ihnen befiehlt, aber dann haben sie sich für den Gehorsam entschieden. Glauben sie *nicht*, was man ihnen sagt, können sie zwar ihre fehlende Überzeugung geschickt verbergen, doch ändert dies nichts an ihrem Unglauben. Wollen sie *nicht* tun, was man anordnet, kann es sein, dass sie sich dennoch zähneknirschend dem Befehl beugen, doch auch dies ändert nichts an ihrem inneren Widerstand. Die mächtigsten Machthaber der Erde haben keine Macht über den Willen anderer; sie können jene anderen allenfalls zu Ungewolltem zwingen, und das zumeist nur mit zweifelhaftem Ausgang. Man unterschätze in diesem Zusammenhang die Stärke der aktiven oder passiven Verweigerung nicht!

Mit Gültigkeit entscheiden kann man nur über sich selbst. Und zu den gesündesten und bekömmlichsten Entscheidungen quer durch den Alltag gehört, wie gesagt, die permanente Entscheidung für dasjenige, was *jetzt* Priorität hat, also dem »Sinn des Augenblicks« entspricht, sowie für dasjenige, was man sich insgesamt aufbürden darf, was einen (wenn auch vielleicht grenzwertig) gerade noch im Flow-Kanal hält, ohne dass man allmählich darüber oder darunter wegdriftet. Wobei sich derlei Entscheidungen an Weisungen orientieren sollten, die unserem tiefsten Personenzentrum entstammen, dem »gewissesten« Maßstab, den wir haben: unserem Gewissen.

Wer sich solcherart selbst führen kann, ist vor gravierenden *Konflikten mit sich selbst* gefeit, und dies ist ein Segen. Denn es sind schlimme Konflikte, die von Menschen mit sich selbst ausgetragen werden! In der psychotherapeutischen Praxis begegnet man unzähligen Patienten, die sich in entsetzliche Zwickmühlen hineinmanövriert haben, in selbst gebauten Fallen zappeln oder ihre eigenen ärgsten Gegenspieler sind. Bevor wir einige Beispiele dazu erörtern werden, wollen wir jedoch noch eine Neben-Denkspur verfolgen.

Was setzt uns Menschen überhaupt instand, uns selbst (oder andere) zu führen? Spontan wird man vermuten: unsere Intelligenz. Aber über Intelligenz verfügen auch die Säugetiere in beschränktem Grade. Können sie deswegen sich selbst (und andere) führen? Ich möchte sagen: Nein. Es gibt zwar bei höher entwickelten Tiergattungen Leitfiguren, einzelne Tierbosse, denen ein Rudel blindlings hinterherrennt, doch meint »führen« eben mehr, als einer Meute vorauszulaufen. Es meint, umsichtig zu planen, Sachlagen angemessen einzuschätzen, weitreichende Entscheidungen zu treffen und Verantwortung in einer Gemeinschaft zu tragen. Der Mensch ist dazu in der Lage dank einer spezifisch humanen Ausstattung, die es ihm ermöglicht, von sich selbst ein Stück abzurücken und, wenn nötig, sogar eigenen Trieben und Impulsen entgegenzutreten. Viktor E. Frankl nannte dieses geistige Potenzial die *Selbstdistanzierungsfähigkeit* des Menschen und umschrieb sie so:

»Es ist die Fähigkeit des Geistes im Menschen, unter allen Bedingungen und Umständen irgendwie abzurücken vom und sich in fruchtbare Distanz zu stellen zum Psychophysikum an ihm.«

Wobei Frankl unter dem Begriff »Psychophysikum« die miteinander wechselseitig verknüpfte leibliche und psychische Seinsdimension verstand, in der sich Vorgänge abspielen, die den Menschen (und das Tier) in eine bestimmte Richtung drängen, wie zum Beispiel der Hunger, der zur Nahrungsaufnahme drängt. Allein, der Mensch ist imstande, trotz Hunger freiwillig zu fasten, aus welchem Grunde auch immer. Ist es aus einem vernünftigen Grunde, etwa um Übergewicht zu reduzieren, so kann man von der betreffenden Person sagen, dass sie eine brillante »Führungskraft« ist, denn sie führt sich selbst auf sinnvolle Weise. Ist es aus einem unvernünftigen Grunde, etwa im Kontext einer Magersucht, kann man die betreffende Person nur einladen, von ihrer Selbstdistanzierungsfähigkeit Gebrauch zu machen und sich über Selbsthass, Hysterie, Provokationslust und Leichtigkeitseuphorie kühn hinwegzusetzen. Wie man sieht, sind Intelligenz und Vernunft zwar am Geschehen beteiligte Faktoren, doch die Entscheidungsmacht liegt letztlich im Geistigen, d. h. im spezifisch Humanen, dort, wo die Freiheit wohnt, die instinktgesteuerte Wesen wie die Tiere in vergleichbarem Maße nicht besitzen. Eine hungrige Katze hat angesichts einer vollen Futterschüssel *keine Wahl*, sie kann dem Diktat ihres »Psychophysikums« nicht entrinnen.

Es ist für das große Thema »Konfliktlösungen« ein bedeutungsvoller Aspekt, dass sich auf unserem Planeten bereits vor dem Heraufdämmern der Menschheit zwei verschiedene Lebensprinzipien gebildet hatten, ein »friedliches« Lebensprinzip: die Flora, und ein »aggressives« Lebensprinzip: die Fauna. Die Pflanzen sind nun einmal in der Lage, zu überleben und Leben weiterzugeben, ohne zwangsläufig fremdes Leben zu zerstören. Ihnen genügen Erde, Sonne und Wasser – anorganische Substanzen, was sie der Einlagerung von Chlorophyll in ihren Zellen verdanken. Die Tiere haben dieses Privileg auf ihrem Evolutionsweg nicht mitbekommen. Ihnen bleibt nichts anderes übrig (auch nicht als Vegetarier!), als sich fremde Zellen einzuverleiben, wenn sie ihr Leben und das ihrer Nachkommen sichern wollen. Genau besehen *müssen* sie töten, und zwar unentwegt. Die Suche nach einer geeigneten Beute ist geradezu ihre Hauptbeschäftigung. Wenn man es nicht romantisch beschönigen will, muss man zugeben, dass tierisches Sein auf der Auslöschung anderen tierischen oder pflanzlichen Seins beruht, wodurch man es zu Recht ein »aggressives Lebensprinzip« nennen darf.

Die Fortsetzung des Dramas bildet der Mensch. Als biologischer Abkömmling der Tiere ist er demselben aggressiven Lebensprinzip unterworfen. Er *muss* töten, um zu leben, so simpel und so erschreckend dies ist. Aber die Natur in ihrer Weisheit (oder die Gottheit in ihrer Allwissenheit) haben lenkend eingegriffen. Einem der beiden Lebensprinzipien ist »der Geist eingehaucht worden«. Dies ändert nichts an dessen biologischem Unterbau, aber es gewährt eine zusätzliche Kapazität in der Fähigkeit, zu entscheiden, zu verzichten, sich zu beschränken, ja, sogar zu lieben und zu schützen. Geistiges kann das Biologische (Frankl: »Psychophysikum«) kontrollieren und beherrschen. Wen wundert es, dass diese geistige Kapazität ausgerechnet dem aggressiven Lebensprinzip in seiner fortschrittlichsten Variante vermacht worden ist, und nicht dem friedlichen Lebensprinzip, das sowieso kein Unheil stiftet?

Nach wie vor muss auch der Mensch fremdes Leben auslöschen, um fortzubestehen. Aber er hat eine Wahl: Er kann bedenkenlos schlachten und abroden oder Tiere und Pflanzen sorgsam züchten; er kann sein eigenes Geschlecht attackieren oder ehren und schonen; er kann seine Triebe hervorbrechen lassen oder seine Gier bezähmen; kurz, er kann sich »führen«, zum Wohl oder Wehe der Welt! Er ist mit dem Geist begabt worden, um die Zerstörungsgewalt des aggressiven Lebensprinzips einzubremsen, ehe es sich unerbittlich selbst ausrotten würde.

Das alles ist erstaunlich genug, nur hat die Medaille »Geistesgabe« auch ihre Kehrseite. Wie kein anderes Lebewesen bringt sie den Menschen in Konflikte mit sich selbst. Womit wir wieder bei den Zwickmühlen und selbst gebauten Fallen gelandet sind, in die sich Menschen schnell hineindrehen, wenn ihre Selbstdistanzierungsfähigkeit und Selbstführungskraft schwach entwickelt sind oder irgendwie erlahmen. Drei Beispiele sollen dies exemplifizieren.

Beispiel »Kompliziertes Leben«

Zur Jahrtausendwende ist in den USA ein Buch mit dem Titel »Simplify your life« zum Bestseller avanciert, was keineswegs überraschend ist. Fast jeder will Karriere machen. Fast jeder will angesehen und wohlhabend sein. Aber beruflicher Erfolg und materieller Besitz sind nicht nur angenehm, sondern auch mühsam. Der Erfolg verpflichtet zur kontinuierlichen Präsentation des eigenen Könnens unter steigendem Konkurrenzdruck und zur Kontaktpflege mit Neidern und »Trittbrettfahrern«, die am Erfolg mitnaschen möchten. Der materielle Besitz verlangt nach Benützung und Wartung. Wer eine Superstereoanlage mit einer Sammlung gediegener

Musikkassetten hat, sollte gelegentlich der Musik lauschen, und dies nicht nur im Berieselungsverfahren. Wer ein Segelboot im Hafen vertäut hat, sollte gelegentlich damit ausfahren, und dies nicht nur in einer unter Stöhnen abgezweigten Urlaubswoche. Wann soll das geschehen? Der Erfolgreiche hat häufig keine Ressourcen mehr, seinen Erfolg zu genießen, wie der Reiche kaum mehr Zeit findet, sein Besitztum zu genießen. Es ist in den Haushalten der westlichen Industrieländer ungeheuer viel Zeug vorhanden, nur hat niemand Freude daran, wenn ihn das Vorhandene schier erdrückt. Da hilft einzig und allein eine radikale Vereinfachung des Lebens unter Abwurf der Hälfte des Ballasts.

»Verzichten« ist ein essenzielles Stichwort zum Thema der Selbstführung. Gelingendes Leben ist *schlichtes Leben in Fülle*. Misslingendes Leben ist *kompliziertes Leben in Leere*. Das fängt mit der äußeren Ordnung und Überschaubarkeit an und endet bei der inneren Ordnung und Gelassenheit. Übereinstimmend sagen Leute aus unserem Kulturkreis, die gerade einen Umzug hinter sich gebracht haben, sie hätten vorher gar nicht gewusst, was sich alles in ihren Schränken angesammelt hatte, sie hätten Dinge beim Einpacken in ihren Händen gehalten, die sie seit Jahrzehnten nicht mehr angeschaut bzw. verwendet haben, und sie hätten reichlich ausgemustert, was nicht mehr zeitgemäß war. Es fragt sich bloß, was mit denjenigen geschieht, die *nicht* umziehen? Die Frage ist unschwer zu beantworten: Sie bleiben auf ihren Sachen sitzen. Die Kästen sind vollgestopft, die Möbelgeschäfte bieten zunehmend Schränke mit »Stauraum« an, mietbare Selfstore-Lagerräume machen ausgezeichnete Geschäfte, und in der Klassifikationsliste seelischer Störungen ist ein neues Schlagwort aufgetaucht: das »Vermüllungssyndrom«. Es ist kaum zu glauben, aber manche Leute können überhaupt nicht mehr zwischen Wichtigem und Unwichtigem unterscheiden, geschweige denn sich von Überflüssigem trennen. Sie haben Bücher, die sie nicht lesen, Musikinstrumente, die sie nicht spielen, Sportartikel, die sie nicht benützen, Kleider, die ihnen nicht passen, Andenken und Fotoalben, die sie nie betrachten, Küchengeräte, die irgendwo verstauben, Elektronikgeräte, die längst ausrangiert gehören ... aber sie krallen daran fest, denn schließlich hat alles Geld gekostet, und vielleicht, ja, vielleicht werden sie eines Tages doch darauf zurückgreifen, zumindest denken sie so. Manche haben ihren Hausrat drei- und vierfach, manche sammeln sogar echten Müll wie Pappbecher, alte Zeitungen, ausgeschriebene Kugelschreiberminen und dergleichen und können nur noch in schmalen ausgesparten Korridoren ihre Zimmer durchkreuzen. Nach ihrem Tod haben Entrümpelungsagenturen Hochbetrieb.

Es bringt in erhebliche Konflikte, mehr besitzen zu können, als nötig ist, ähnlich, wie es die modernen Wissenschaftler in Konflikte bringt, mehr machen zu können, als ethisch vertretbar ist. Konflikte, die nur durch ein konsequentes »Downshifting« (auch ein modernes Schlagwort aus den USA!) zu lösen sind, und zwar in jeder Hinsicht. Wir sollten wieder zur Einfachheit und Bescheidenheit zurückfinden, und dies trotz der tausendfachen Werbeverlockungen und der pausenlosen Reizüberflutung, denen wir ausgesetzt sind. Es gilt, Lebenstempo und Konsum hinunterzuschrauben, langsam und sachte, damit wir dabei nicht kollabieren wie ein Taucher, der zu rasch vom Meeresboden an die Oberfläche aufsteigt, also aus dem extremen Druck, der tief unten auf ihm geruht hat, in die Druckentlastung hochschnellt (»Caisson-Krankheit«).

Ich habe Studenten erlebt, die keine acht Minuten mit geschlossenen Augen auf einem Meditationsbänkchen sitzen konnten, weil sie die Stille nicht aushielten. Sie begannen nervös zu zappeln und fielen buchstäblich von den Bänkchen hinunter. Ich habe Frauen erlebt, die es keine 14 Tage aushielten, nicht »shoppen« zu gehen und ausschließlich aus ihren randvollen Kühlschränken und Tiefkühltruhen zu leben. Ich habe Burschen erlebt, die nach zwei computerfreien Wandertagen Entzugserscheinungen bekamen und am dritten Tag nicht mehr weiterwanderten, weil sie im Internetcafé der nächstgelegenen Stadt versumpft waren. Ich habe Mädchen erlebt, die sich während einer Ausverkaufswoche in einem Modemarkt gegenseitig die Haare ausrissen, weil sie bestimmte Glitzershirts ergattern wollten, die gerade im Trend lagen; Mädchen, die daheim an die 30 Shirts herumliegen hatten. Ich habe Männer erlebt, die Selbstmordgedanken äußerten, weil ein Kollege von ihnen um eine Stufe höher befördert worden war als sie. Und ich habe haufenweise Personen erlebt, die es komplett verlernt hatten, auf etwas Erwünschtes zu warten, z. B. etwas Schönes anzusparen. Nicht nur schnürten sie sich mit zahlreichen Kreditraten selbst den Hals ab, sie brachten sich auch um das natürliche Hochgefühl der Vorfreude, das unbezahlbar ist. Der sofort erfüllte Wunsch und das lang abzustotternde Schöne verlieren jeglichen Glanz und verwandeln sich zunehmend in Fußfesseln, die man am liebsten wieder abstreifen würde.

Das alles ist viel zu anstrengend. Man »powert dabei aus« (ein weiterer typischer amerikanischer Ausdruck unserer Gesellschaft!) und hat am Ende bloß noch den Wunsch, »die Festplatte zu löschen«, ein aktueller Slogan der Jugend, womit gemeint ist: sich mithilfe irgendeines Suchtmittels ins Vergessen hineinzukatapultieren, sich zu berauschen oder zu betäuben, eventuell noch sich per künstlichem Kick hochzu»pushen«, aber ansonsten von nichts mehr zu wissen.

Wie kehrt man nun ins einfache, gute Leben zurück?

a) Am besten macht man zuerst einen Rundgang durch die Wohnung und sichtet die darin befindlichen Gegenstände. Von Dokumenten und Wertanlagen abgesehen, könnte man auf fast alles verzichten, was man in den letzten 24 Monaten nicht benützt hat. Da es auch in den Wohlstandsländern notleidende Menschen in ärmlichen Verhältnissen gibt, könnte man großzügig verschenken, was aussortierbar ist. Würde man gleichzeitig übersichtlich ordnen, was man behält, und dazwischen noch ein bisschen »Luft« lassen, wäre das Zuhause schon bedeutend wohnlicher.

b) Als Nächstes mache man einen Rundgang durch die eigenen Freizeitgewohnheiten. Wofür verwendet man seine Freizeit, hauptsächlich, nebensächlich, selten? Laut Statistik haben junge Erwachsene heute im Durchschnitt rund 20 000 Fernsehstunden »abgesessen« und dabei Unmengen an virtuellen Kampfszenen, Morden, Familienkrächen, Betrügereien, politischen Schweinereien und Apokalypsen aller Art »in sich hineingezogen«, wie es umgangssprachlich, aber nicht ganz unpassend heißt (Stichwort: Innenweltverschmutzung). Hätten dieselben Leute 20 000 Stunden Klavier geübt oder gesungen, hätten sie bereits Bühnenreife erlangt ... *Wofür* also wird die kostbare freie Zeit »ausgegeben«? Man mache sich eine ehrliche Aufstellung in Prozenten, z. B.: 80 % Fernsehen, 12 % Kontakt mit Bekannten (davon 3 Viertel per Handy oder Internet), 6 % Sport, 2 % Ruhepause. Nun wird bewusst umverteilt. Zwei bis drei fernsehfreie Abende pro Woche schaffen Raum für ein Lieblingshobby und für mehr Ruhe. Ein fernsehfreies Wochenende gar lässt die Seele baumeln. Im Heilgarten der Natur kann man wonnig »auftanken«, bei persönlichen Gesprächen mit anderen Menschen an Verständnis zugewinnen, mit jeder künstlerisch-kreativen Beschäftigung Berufsstress ausgleichen und beim Innehalten in Stille zu sich selbst finden.

c) Als Nächstes ist ein Rundgang durch die eigenen Zukunftspläne angebracht. Was will man noch erreichen und warum? Was ist wert, dass Energien darein investiert werden, und was nicht? Eine effiziente Übung ist die Vorstellung, man sei bereits zehn Jahre älter und blicke auf die letzten zehn Jahre zurück. Von diesem Fixpunkt in der Zukunft aus betrachtet, offenbaren sich die gegenwärtigen Belange in ihrer Relativität und Flüchtigkeit. Was von dem, was einem heute unter den Nägeln brennt, wird *dann* noch wichtig sein? Und vor allem: *Worüber* wird man froh sein, dass es in den letzten zehn Jahren geschehen ist? Wird es wirklich das Geld sein, das am Sparbuch liegt? Kann sein. Oder wird es die Gesundheit sein, die man sich weitgehend erhalten hat? Sehr wahrscheinlich. Oder wird es eine Ausbildung sein, die man absolviert hat? Gut möglich. Oder werden es kleine Rechthabereien sein, die man ausgefochten hat, heimliche Rachgelüste, die man gestillt hat, schäbige Triumphe, die man auf Kosten von irgendjemandem gefeiert hat? Nun, das wird es nicht sein. Oder werden es teure Urlaube sein, für die man Kofferpacken, Autoschlangen, Sonnenbrand, Mückenplage, Fotoflut und Reisefieber in Kauf genommen hat? Na ja, wer weiß? Am Ende werden es einfache Dinge sein – ein beschaulicher Abendspaziergang mit einem geliebten Menschen, ein köstliches Konzert mit begnadeten Musikern, ein gemütlicher Winterabend mit Lesevergnügen –, die sich positiv aus der Erinnerung melden. Und der Stolz auf eine unter Schwierigkeiten erbrachte eigene Leistung, die sich selbst da und dort abgerungen worden ist, wird sich gewiss dazugesellen. Was in zehn Jahren jedenfalls nicht mehr zählen wird, ist auch im Heute vernachlässigbar.

Beispiel »Angstbesetztes Leben«

Eine der gefährlichsten Fallen, in denen Menschen sich verfangen, ist die übermäßige Angst. Wird ihr nicht früh genug per Selbstführungskraft Einhalt geboten, bricht sie irgendwann über den Betreffenden herein und besetzt sein ganzes Leben. Es ist, als wenn sich am Lebenshintergrund eine dunkle Leinwand ausrollen würde, auf die künftig sämtliche Ereignisse, und seien sie noch so hell, projiziert werden. Das Menschen- und Weltbild verdüstert sich bis hin zum Gottesbild. Ich möchte diese Problematik und vor allem den Mechanismus, der die Falle wieder zum Aufschnappen bringt, anhand eines konkreten Beispiels erläutern.

Eine 12-jährige Schülerin machte im Unterricht nicht mit. Sie schrieb gute Arbeiten, aber sie meldete sich nie zu Wort, und wenn sie von den Lehrern etwas gefragt wurde, gab sie keine Antwort. Deswegen hatte es einigen Ärger gegeben. Schließlich schrieb die Schülerin einen Brief an ihre Klassenlehrerin, welche bestürzt zu mir kam und fragte, wie sie sich verhalten solle. Solle sie der Mutter raten, das Kind in ein psychiatrisches Krankenhaus einweisen zu lassen? Hier ein Abdruck des Briefes (mit freundlicher Genehmigung der Familie):

»Sehr geehrte Frau Lehrerin,
wenn ich im Unterricht sitze und wir die Hausaufgaben besprechen, bin ich meistens sicher, die Aufgaben richtig gelöst zu haben, und möchte mich auch melden, um vorzulesen. Doch damit fängt dann immer alles an. Ich möchte den Arm heben, aber mich überkommt ein furchtbares Gefühl. Es ist, als würde etwas hinter mir stehen und meine Beine und Arme am Stuhl festketten. Wenn ich dann drangenommen werde, hält es mir den Mund zu, obwohl ich etwas sagen will. Auch im Sportunterricht mache ich seit längerer Zeit nicht mehr mit. Und auch dort habe ich immer wieder dieses Gefühl im Bauch. Es ist auch im Sport bei mir und verbietet mir, mich umzuziehen und mitzumachen. Habe ich mich einmal auf die Bank gesetzt, darf ich nicht mehr aufstehen, wieder bin ich gefesselt.
   Ich hasse dieses Gefühl und hasse es, nicht mitmachen zu können. Doch ich weiß nicht, wieso es so ist, denn es hat schon im Kindergarten angefangen. Damals habe ich mich

immer ausgeschlossen, habe allein gespielt, in der Ecke gesessen und gemalt und gebastelt. Jetzt sitze ich auf der Bank und mache beim Sport nicht mit oder sage im Klassenzimmer nichts, wenn ich dran bin. Ich möchte das alles endlich loswerden, aber ich weiß nicht, wie.

Vielleicht haben Sie ja recht und es hat etwas damit zu tun, dass meine Eltern geschieden sind. Doch ich glaube eher, dass es eine Strafe Gottes ist. Denn irgendwann habe ich gesagt: ›Ich brauche keinen Gott. Ich kann auch ohne ihn leben.‹ Das habe ich gesagt, weil ich nicht glauben wollte, dass Gott wirklich gut ist, da er uns doch zwingen will, an ihn zu glauben. Jetzt denke ich, dass er mich dafür bestraft. Dass er es ist, der mich festkettet und mir den Mund zuhält. Ich glaube nicht so recht, dass er mir verzeiht und mich wieder normal werden lässt. Doch ich wünsche es mir so sehr. Können Sie mir vielleicht helfen?«

Zunächst wollen wir ein paar diagnostische Überlegungen anstellen:

Es handelte sich bei den Störungen des Mädchens zum Glück um keine beginnende Psychose, sondern um eine Angstneurose – fast so eindeutig, wie sie im Lehrbuch steht. Ein Angstgefühl lähmte das Mädchen, und zwar in Situationen, in denen es sich exponieren sollte, also die Gefahr eines offenkundigen Versagens oder Sich-Blamierens gegeben war. Es war ein irrationales Gefühl, an dem es litt, denn das Kind war gescheit. Es sagte selbst, dass es meistens sicher war, die Hausaufgaben richtig gelöst zu haben, und man merkt auch an den Formulierungen im Brief, dass die Kleine intelligent war. Aber das nützte ihr nichts. Bei Angstneurosen ist stets eine überflüssige, unnötige, aber eben übermächtige Angst im Spiel, die mit Intelligenz allein nicht zu bändigen ist.

Trotzdem hatten wir es nicht nur mit einer Angstneurose zu tun. Es fand sich bei dem Kind ein strafendes Gottesbild, und das war ernst. Die dunkle Leinwand am Hintergrund seines Lebens rollte bereits herab.

Zur Frage, wie die Angststörung des Kindes entstanden sein mochte, will ich nicht viel spekulieren. Die Klassenlehrerin hatte den Verdacht geäußert, dass die geschiedene Ehe der Eltern daran schuld sein könnte, aber so einfach ist das nicht. Da müssten Scharen von angstneurotischen Kindern herumlaufen. Nein, das Kind hatte schon im Kindergarten ein introvertiertes, schüchternes Verhalten gezeigt. Vermutlich war ihm eine gewisse ängstliche Disposition in die Wiege gelegt, und kleine Unannehmlichkeiten da und dort haben später die Sachlage verschärft. Allmählich hat es sich in einen circulus vitiosus, einen »Teufelskreis«, eingesponnen: Je seltener es sich in eine Gruppe einzubringen wagte, desto unsicherer wurde es, und je unsicherer es wurde, desto seltener wagte es, sich einzubringen. Es vertraute nicht – sich nicht, anderen nicht, Gott nicht. Die Falle schnappte zu.

Hier in Kürze mein therapeutisches Vorgehen, das im Wesentlichen aus vier Schritten bestand:

1. therapeutischer Schritt

Will man jemandem helfen, aus einer selbst gebauten Falle zu entrinnen, darf man nicht bei dessen Defiziten anfangen, denn jede Beleuchtung von Defiziten drückt zusätzlich auf das Selbstwertgefühl, das bei Angstpatienten ohnehin schwach entwickelt ist. Daher ließ ich mir von dem Kind berichten, was es *gut* könne, was seine Freuden seien und ob es bereits einen Berufswunsch hege. Sofort taute die Kleine, die zerknirscht bei mir saß, auf. Sie versorge einen Wellensittich, sie male und bastle immer noch gern, sie spiele oft mit Kleinkindern in der Nachbarschaft, die an ihr hingen wie an einer Mutter, und sie wolle später Kindergärtnerin werden.

Na, da hatte ich ein herrliches »Sinnelement« geliefert bekommen, das ich sogleich verwendete. Ich lobte die Kleine. Dass sie ein Geschick für Kleinkinder habe, sei eine besondere Gabe, sagte ich ihr (was ja auch stimmt). Dann erklärte ich ihr, dass es für ihren Berufswunsch *ideal* sei – nicht nur, dass sie malen und basteln könne, sondern vor allem –, dass sie selbst bereits im Kindergarten Probleme gehabt hatte. Dadurch werde sie sich als Erwachsene in jedes Kindergartenkind, das traurig in einer Ecke hocke, bestens einfühlen können, werde verstehen, was in ihm vorgehe, werde sozusagen aus eigener Erfahrung Bescheid wissen. Und, fuhr ich fort, wenn es ihr *jetzt* gelinge, ihre Angst zu besiegen und sich aus eigener Kraft davon freizustrampeln, *dann*, betonte ich, werde es ihr später als Kindergärtnerin auch gelingen, jedem Kind mit ähnlichen Problemen zu helfen und es in die Gemeinschaft zurückzuführen.

Die Kleine verstand trotz ihrer Jugend, was ich meinte, und sah mich mit strahlenden Augen an. Plötzlich hatte ihr durchlittenes Leid, ihr entsetzlicher innerer Konflikt, einen Sinn: den Sinn, dass sie eine »Superkindergärtnerin« werden würde, und das Arbeiten an der Überwindung ihrer Angst hatte erst recht einen Sinn. Also war sie doppelt motiviert, bei der anstehenden therapeutischen Arbeit zu kooperieren.

2. therapeutischer Schritt

Nachdem das Kind im Bewusstsein hatte, was es *gut* konnte und was seine Talente waren, war es gerüstet, dem die Stirn zu bieten, was es (noch) *nicht gut* konnte. Es musste lernen, seine unbegründeten Befürchtungen in die Schranken zu weisen. Ich weihte die Kleine in die Frankl'sche Sichtweise ein, wonach es zur geistigen Ausstattung des Menschen gehört, sich von sich selbst distanzieren und sich aus der Distanz heraus selbst »führen« zu können. In kindgerechter Art sagte ich zu ihr, dass wir zwar Angst *haben* können, aber viel mehr als unsere Angst *sind*. Jeder von uns ist eine wertvolle Person, eine Person, die eine Wahl hat, eine Person, die entscheidet, und eine Person, die sich von ihren eigenen Ängsten nicht alles gefallen zu lassen braucht. Sie lauschte aufmerksam. »Du meinst«, sagte ich zu ihr, »etwas steht hinter dir, kettet deine Arme und Beine am Stuhl fest und hält dir den Mund zu. Wir werden diesem *Etwas* jetzt einen Namen geben – wie nennen wir dieses *Etwas*?« Wir diskutierten über mögliche Namen, dann sagte die Kleine: »Das ist der Kettenmeister.« »Prima«, antwortete ich, »dann ernenne ich dich jetzt zur Kettensprengmeisterin. In Zukunft werdet ihr zwei Meister miteinander reden, und du drehst den Spieß um: Nicht der Kettenmeister wird *dich* mehr einschüchtern, sondern du wirst *ihn* einschüchtern. Das nächste Mal, wenn du wieder in der Schule sitzt und sicher bist, dass du alles kannst, und dich melden möchtest, sagst du innerlich zum Kettenmeister: ›Komm nur herbei, mein Lieber, und versuch es, deine Ketten über meine Arme zu werfen! Aber ich warne dich, du musst die dicksten Ketten hervorkramen, die du hast, denn ich bin inzwischen eine Kettensprengmeisterin geworden. Ich sprenge alle deine Ketten in die Luft, und dich mit dazu!‹ Du wirst sehen, wenn der Kettenmeister dich so reden hört, wird er ganz kleinlaut werden und sich trollen.« Die Kleine lachte und rieb sich die Hände.

Wir übten diesen seltsam-humorigen Dialog mit ihrer eigenen Angst ein, und sie begriff, dass es völlig egal wäre, sollte sie beim Sich-Melden etwas Falsches sagen. Hauptsache war, der Kettenmeister würde besiegt. Nach zwei Tagen rief sie mich an. »Ich habe den Arm gehoben ... aber dann nichts gesagt.« »Herrlich«, jubelte ich, »ein Arm ist frei. Welcher ist es?« Es war der rechte Arm. »Morgen«, sagte ich, »sprengst du die Kette vom linken Arm entzwei.« Es gelang ihr, und wieder freute ich mich mit ihr am Telefon. Schnell hatte sie auch die Beine frei und konnte in den Turnsaal laufen. Nur das Sprechen blieb aus. Ich bestellte sie zu mir. »Du musst den Kettenmeister noch mehr einschüchtern«, empfahl ich ihr. »Bei der nächsten passenden Gelegenheit in der Schule sagst du innerlich zu ihm: ›Hör zu, heute habe ich den Sprengstoff zwischen meine Zähne gelegt, und wenn du mir wieder eine Kette um den Mund legen willst, dann spucke ich darauf, dass dir die Kette nur so um die Ohren fliegt!'« Das Mädchen kicherte vergnügt und malte ein Selbstbild mit einem riesigen Paket Sprengstoff zwischen seinen Zähnen.

Am achten Tag der Behandlung meldete es sich in der Schule zu Wort, zum Entzücken der Klassenlehrerin, und erntete Applaus von allen Mitschülern. Das Ringen mit dem Kettenmeister dauerte noch ca. neun Wochen, dann war der Spuk ausgestanden. Es kam zu keiner weiteren »Fesselung« mehr.

3. therapeutischer Schritt

Diese neun Wochen nützten wir nicht nur zur Stärkung der Kettensprengmeisterin. Zwei wichtige Themen beschäftigten uns ebenso: das Thema »Scheidung der Eltern« und das Thema »Wie ist Gott vorstellbar?«.

Hinsichtlich der Eltern stellte sich heraus, dass der Kontakt des Kindes zum (ausländischen) Vater trotz der großen Entfernung von dessen Wohnort selten, aber recht innig war. Die Mutter, bei der das Kind lebte, kam nach des Tages Arbeit am späten Nachmittag nach Hause und kümmerte sich dann um das Mädchen. Freilich war sie manchmal müde und abgespannt. Auch litt sie häufig unter Migräne und musste sich in ein abgedunkeltes Zimmer legen.

Wir sprachen davon, dass beide Eltern dem Kind das Leben geschenkt hatten und dass sich beide immer noch – im Rahmen ihrer Möglichkeiten – um es bemühten. Es gab durchaus Grund zur Dankbarkeit. Wir sprachen davon, dass manche Menschen nicht zusammenpassen, dass sie sich irren, dass es Missverständnisse geben kann, dass es schwierig ist, verschiedene Mentalitäten miteinander zu vereinen, und dass niemand ein »reiner Engel« ist. Aber wenn sich zwei Elternteile dennoch um ihr Kind bemühen, ist das doch beachtlich ... Die Kleine blühte richtig auf (leider hatte die Lehrerin ihr Elternhaus sehr problematisiert). Eigentlich konnte sie mit ihren Eltern zufrieden sein. Wir überlegten gemeinsam, wie sie ihre Liebe zu ihren Eltern zeigen konnte.

In Bezug auf die Mutter fanden wir heraus, dass die Kleine ihr am meisten half, wenn sie sich still mit sich selbst beschäftigte oder sich eigenständig etwas zu essen zubereitete, sobald die Mutter Migräne hatte. Malen und basteln waren in diesen Zeiten auch genau richtig. In Bezug auf den Vater fanden wir heraus, dass es ihn freute, wenn sie ihm etwas aus ihrem Leben erzählte, denn er klagte oft, dass er nur wenig von ihr wusste. Die Geschichte des Triumphes der Kettensprengmeisterin über den Kettenmeister war genau richtig, dem Vater stolz erzählt zu werden, und auch der Berufswunsch »Kindergärtnerin« würde ihn wohl interessieren. Damit war das Thema »Eltern« abgehakt, und das »Scheidungskind« war mit seinem Schicksal versöhnt.

4. therapeutischer Schritt

Die Kleine hatte Vertrauen zu mir gewonnen. Sie hatte ihre Angst besiegt und also auch Vertrauen zu sich selbst gewonnen. Jetzt war es an der Zeit, ihr Gottvertrauen zu fördern. Ich deutete auf den letzten Absatz in ihrem Brief, den sie an die Lehrerin adressiert hatte. »Du hast recht gehabt, einen Gott abzulehnen, der dich zwingen will, an ihn zu glauben«, eröffnete ich unser Gespräch. »So ein Gott ist kein Gott, sondern eine Erfindung der Menschen. Du brauchst auch nicht an einen Gott zu glauben, der dich bestraft, denn das ist kein Gott, das ist bloß ein ›Kettenmeister‹ in anderem Gewand. Es ist bloß ein Spiegelbild der menschlichen Angst. Ich möchte, dass du selbst entdeckst, wie Gott in Wahrheit sein könnte; und entdecken kannst du das nur in deiner eigenen Sehnsucht. Überlege einmal: Möchtest du lieber, dass deine Eltern streiten, oder möchtest du, dass sie friedlich sind?« Prompt wählte sie die friedliche Variante. »Ja«, nickte ich, »der Friede ist ein hoher Wert. Woran erkennst du diesen Wert? Daran, dass du ihn ersehnst, nicht wahr? Überlege weiter: Möchtest du lieber, dass dein Kinderzimmer hübsch und einladend aussieht, oder möchtest du, dass es grau und hässlich ist?« Klarerweise wählte sie die hübsche Variante. Wiederum nickte ich. »Ja, Schönheit ist ein hoher Wert. Woran erkennst du diesen Wert? Daran, dass der Raum dir gefällt und du dich darin wohlfühlst, nicht wahr? Nun, heute Abend, wenn du zu Bett gehst, horche vor dem Einschlafen in dich hinein. Wie ist der Gott, den du ersehnst, der dir gefallen würde, bei dem du dich geborgen fühlen würdest? Sammle alles, was dir dazu einfällt, und berichte es mir morgen.«

Tags darauf schilderte sie mir den Gott ihrer Sehnsucht: »Er mag mich wie ich bin. Er lässt mich nie im Stich. Er schimpft nicht, wenn ich schlimm bin. Er versteht mich, wenn ich Kummer habe. Er tröstet mich, wenn ich traurig bin.« »Bravo«, antwortete ich, »jetzt weißt du, *wie* Gott ist. In unserer Sehnsucht enthüllt er sein wahres Antlitz. Alle Werte wie Friede, Schönheit, Freundschaft, Liebe, Gerechtigkeit usw. zeigen sich in unserer Sehnsucht, in unseren Hoffnungen und Träumen von einer besseren Welt. Wir kennen sie nur daraus, und gäbe es diese Werte nicht, würden wir sie gar nicht kennen und auch nicht erträumen. Also«, fuhr ich fort, »heute Abend vor dem Einschlafen sagst du statt eines Gebets: ›Danke lieber Gott, dass du mir in meiner Sehnsucht gezeigt hast, wie du in Wahrheit bist. Jetzt weiß ich: du magst mich, wie ich bin, du lässt mich nie im Stich, du schimpfst nicht, wenn ich schlimm bin, du verstehst mich, wenn ich Kummer habe, und du tröstest mich, wenn ich traurig bin. So, und jetzt werde ich entscheiden, ob ich an dich glaube, und wenn nicht – bist du auch nicht böse ...‹« Lachend unterbrach mich die Kleine. »An *diesen* Gott glaube ich!«, entschied sie sogleich. »Na ja, lass dir Zeit«, meinte ich, »überschlafe es. Aber wenn du meinst ...«

Nach insgesamt zehn Wochen logotherapeutischer Gespräche (statt einem mehrmonatigen Aufenthalt in einem psychiatrischen Krankenhaus unter Einsatz schwerer Psychopharmaka) war das Kind geheilt. Die dunkle Leinwand an seinem Lebenshintergrund war wieder aufgerollt und würde es bei künftiger Selbstführung nicht mehr behindern.

Beispiel »Unzufriedenes Leben«

Das Alles-haben-Wollen und Nicht-verzichten-Können bringt in große Konflikte mit sich selbst, wie im ersten Beispiel beschrieben. Das Einer-übermäßigen-Angst-Gehorchen ebenfalls, wie im zweiten Beispiel beschrieben. Ein drittes Beispiel für selbst gebaute Zwickmühlen ist die *chronische Unzufriedenheit*. Sie erstickt jedes winzige Glücksgefühl bereits im Keim und bringt dadurch in Konflikt mit dem natürlichen Bedürfnis des Menschen nach innerer Ausgewogenheit und Harmonie. Dabei beruht sie zumeist auf einem folgenschweren Irrtum, der auf einen biologischen Mechanismus zurückgeht, der uns leider nicht bewusst ist.

Im Interesse des Überlebens ist es nämlich für jede Kreatur wichtig, *Abweichungen* von der Norm zu bemerken. Es muss registriert werden, was *nicht* funktioniert, damit rechtzeitig alles unternommen werden kann, um die Funktionalität des Organismus wieder herzustellen. Schmerz, Durst, Hunger, Frieren, Schwitzen, Zittern, Müdigkeit etc. sind notwendige Mahner zur baldmöglichsten Veränderung des gegebenen Zustandes. Das Nicht-Passende ist das Alarmschlagende, das die Aufmerksamkeit der Kreatur, ob Mensch oder Tier, auf sich zieht, damit es eliminiert werden kann. Im Gegensatz dazu bleibt das Passende, Normale, Funktionierende unbemerkt. Diesbezüglich braucht ja nichts unternommen zu werden. Was in Ordnung ist, ist – von der Warte der Überlebenskunst aus betrachtet – »uninteressant«.

Auf die spezielle Situation des Menschen übertragen, stelle man sich etwa einen Vortragssaal voller Leute vor, die den Worten des Referenten lauschen. Niemand sitzt da und denkt sich: »O wie angenehm, dass ich kein Zahnweh habe, kein Bauchweh, dass mir der Rücken nicht wehtut und ich keine Nierenkolik habe!« Keiner denkt sich: »Welch ein Segen ist es, dass ich sehen kann und nicht blind bin, dass ich hören kann und nicht taub bin ...« Natürlich nicht. Man konzentriert sich auf die Ausführungen des Referenten, und das ist richtig so. Doch wehe, man fühlte plötzlich einen Schmerz in irgendeinem Körperteil – auf der Stelle würde man ihn bemerken! Die Worte des Referenten würden zurücktreten, der Schmerz würde sich in den Vordergrund des Bewusstseins schieben und bei steigender Heftigkeit die Person sogar veranlassen, den Vortragssaal zu verlassen.

Wie gesagt, das alles ist von Natur aus weise »organisiert«, allerdings mit dem Nachteil, dass man im Vortragssaal den Segen, gerade schmerzfrei zu sein, nicht bemerkt, um an obigem Bild anzuknüpfen. Nicht bemerkt, sich daher nicht darüber freut, und daher nicht dankbar dafür ist. Dieser Mangel verwirrt einem die Sinne und suggeriert, es wäre absolut selbstverständlich, dass man sehend, hörend und in fraglosem Wohlbefinden in einem Vortragssaal sitzen kann, was es mitnichten ist. Wir irren uns gewaltig! Oder: Man steht morgens auf und denkt nicht: »Herrlich, dass ich mich bewegen kann! Dass ich nicht ans Bett oder an einen Rollstuhl gefesselt bin!« Käme man plötzlich nicht mehr aus dem Bett, weil einem die Beine versagten, wäre hingegen das Entsetzen groß. Oder: Man setzt sich nicht an eine gedeckte Tafel und denkt: »Wie schön der Tisch hergerichtet ist. Welch ein Genuss, dass ich genug zu essen habe!« Würde bloß ein Löffel fehlen oder wäre die Suppe versalzen, würde man sogleich protestieren. Die »Oders« lassen sich beliebig fortsetzen – immer ist eine haarsträubende Unausgeglichenheit zu beobachten zwischen der viel zu geringen Wertschätzung dessen, was »in Ordnung« ist, und der eher aufbrausenden

Empörung über dasjenige, was »nicht in Ordnung« ist. Das Schlechte, Schmerzliche, Bedrohliche zieht eben unsere Aufmerksamkeit magnetisch an und beschäftigt uns kognitiv wie emotional. Wir sollten uns darüber klar sein, dass es sich um einen biologischen Mechanismus handelt, der das Überleben sichert, aber keinesfalls die Realität widerspiegelt. Wir sollten in Erinnerung behalten, dass in Wirklichkeit *schon simple Normalität ein riesiges Geschenk ist!*

Tragischerweise bemerken viele Menschen erst spät oder zu spät, was sie an Erfreulichem gehabt haben. Sie vergessen, dass alles vergänglich ist, und begreifen erst im Verlieren jene Werte, die sich mit ihrem Leben verbunden haben.

Einmal hörte ich von einem Mann, der auf einer der prachtvollsten Südseeinseln gelebt hat. Im Alter wurde er krank und in ein Hospital am Festland transportiert. Als eine junge Krankenschwester, die ihn dort betreute, erfuhr, von wo er stammte, sagte sie schwärmerisch zu ihm: »Ach, wie beneide ich Sie! Sie haben schon auf Erden im Paradies gelebt!« »Ja«, antwortete der alte Mann nachdenklich. »Wenn ich das gewusst hätte, hätte ich mir die Insel näher angesehen.«

Nicht wenigen Menschen ergeht es ähnlich an ihrem Lebensende, und das ist unendlich schade. In Wirklichkeit ist nichts selbstverständlich. Weder das, was uns geschenkt worden ist, noch das, was uns erspart geblieben ist. Letzteres ist ein Glück ganz besonderer Sorte: das Unglück, das an uns vorbeigeschrammt ist, das uns verschont hat! Es ist nicht selbstverständlich, wenn wir von einer Autofahrt heil und gesund zurückkehren. Es ist nicht selbstverständlich, wenn unsere Kinder drogenfrei die Schule absolvieren. Es ist nicht einmal selbstverständlich, wenn wir ein Unglück *erlitten, aber überlebt* haben, einen Autounfall z. B. oder ein frühkindliches Trauma. Einfach Da-sein-Dürfen, dieses köstliche geistige Teilhaben-Dürfen am Wunder der »Welt«, ist reine unverdiente Gnade.

Daraus ergeben sich zwei Konsequenzen. Zum einen fehlt vielfach die Freude, wo sie hingehört, und an ihrer Stelle nistet sich die Unzufriedenheit ein, wo sie *nicht* hingehört. Die Freude aber darf nicht fehlen. Sie ist ein »Götterfunke« (Van Beethoven), ein Lebenselixier. Sie trägt zur physischen und psychischen Stabilität bei, sie verwandelt Kleinigkeiten zu Edelsteinen und große Events zu unvergesslichen Highlights. Darüber hinaus wiegt sie Kummer auf und glättet Zorneswogen, ja, sie ist sogar ein Deeskalationsmedium bei Konflikten aller Art, und dies ist enorm. Zwei Menschen, die sich beide freuen, haben erhebliche Schwierigkeiten, ernsthaft miteinander zu streiten, ein Faktum, das man beim Konfliktmanagement äußerst konstruktiv verwenden kann.

Fragen wir: Wie gewinnt man die Freude zurück, wenn sie durch eine chronische Unzufriedenheit bereits von dem ihr gebührenden Platz verdrängt worden ist? Die Antwort lautet: nur durch Bewusstheitsarbeit. Wie wäre es mit dem Verfassen eines »Tagebuchs der schönen Stunden«? Man schreibe einen Monat lang alle erfreulichen Nichtselbstverständlichkeiten des Tages darin nieder und staune nachher über die Fülle an wunderbaren Gaben, die einem in diesem Monat zugewendet worden sind – unbestellbar, unbezahlbar, unerwartet und beinahe (wenn nicht schwarz auf weiß festgehalten!) unbeachtet. Wie wäre es mit einem kleinen »Dankgebet« unmittelbar vor dem nächtlichen Einschlafen? Und kennte man außer dem namenlosen Schicksal niemanden, *bei dem* man sich bedanken könnte, so kennt man doch sicher etwas, *wofür* man sich bedanken kann, und auch dies genügt schon, um der (berechtigten) Freude neuen Aufschwung zu verleihen. Im Übrigen gibt es kein besseres Schlafmittel als die vergegenwärtigte Dankbarkeit und Zufriedenheit als Letzteindruck vor dem Einschlafen; es garantiert eine erholsame Nacht.

Und wie wäre es mit einem gelegentlichen Gang in die Stille? Fünf Minuten ohne irgendeine Aktion und ohne Lärmberieselung vermögen bereits das innere Sehvermögen zu schärfen. Wie ein Glas Wasser, das aus einem Fluss geschöpft wird, in unbewegtem Zustand immer heller und durchsichtiger wird, weil die es trübenden Substanzen im Glas langsam zu Boden sinken, so wird auch für einen Menschen in der Stille das Wesentliche immer heller und der Irrtum immer durchsichtiger. Bald kann er erkennen, in welche Gründe zur Freude (zumindest zur Trotzdem-Freude) er eingebettet ist.

Die zweite Konsequenz, die sich aus der erwähnten biologisch bedingten Täuschung, alles habe einfach »okay« zu sein, ergibt, ist das verbreitete Übel, dass generell mehr kritisiert als gelobt wird. Jedermann erhält im Laufe seines Lebens zu viele Vorwürfe und zu wenig Anerkennung seitens seiner Mitmenschen. Es lohnt nicht, sich darüber aufzuregen, denn an diesem Sachverhalt ist nicht zu rütteln. Auf das obige Beispiel mit der gedeckten Tafel bezogen, wäre es äußerst wahrscheinlich, dass die Hausfrau das Problem des fehlenden Löffels und der salzigen Suppe zu hören bekäme. Ob sie im Falle vorhandenen Bestecks und fein gewürzter Suppe ein positives Feedback erhielte, wäre hingegen ziemlich fraglich. Wann immer wir reibungslos »funktionieren«, wie wir in den Augen unserer Mitmenschen funktionieren sollen, befinden wir uns wie unter einer Tarnkappe. Erst die Patzer, die uns unterlaufen, unsere Schwächen und Entgleisungen ziehen uns die Tarnkappe vom Kopf und geben uns den kritischen Augen (und Kommentaren) der anderen preis.

Was sich dagegen tun lässt? Nun, wir können uns selbst ändern. Wir können lernen, unter die Tarnkappen unserer Mitmenschen zu spähen und häufiger ein anerkennendes Wort an sie zu richten. Das setzt einen wachen Geist voraus, aber es bewirkt wahre Wunder. Ehrliche Anerkennung ist ein feines Therapeutikum! Hie und da ein kleines Lob, ein kleiner Dank, ein kleiner Hinweis, dass man jemandes Mühe würdigt, rührt den griesgrämigsten Zeitgenossen und putzt verrostete Beziehungen wieder blank. Es bereitet mehr Freude als materielle Geschenke, denn es transportiert die

Botschaft: »Ich sehe dich. Ich sehe dich in deiner besten Gestalt, und ich sehe, was du leistest.« *Das* tut gut.

Wir können uns aber auch noch in umgekehrter Richtung ändern. Die anderen loben uns nicht, danken uns nicht, würdigen unsere Mühen nicht? Na und? Sind wir so sehr darauf angewiesen, dass uns jemand auf die Schulter klopft? Die weitgehendste Unabhängigkeit vom Feedback anderer Menschen ist ein exzellentes Reifezeichen. Dürfen wir nicht *selbst* auf uns stolz sein, wenn wir »funktionieren«? Was hindert uns daran, uns bei entsprechendem Anlass selbst auf die Schulter zu klopfen? Ist es verboten, sich über Eigenleistungen zu freuen? Wer könnte verhindern, dass eine Hausfrau, deren Gäste wohlig speisen und plaudern, in sich hineinlächelnd zu sich selbst sagt: »Na, das Essen ist mir heute offenbar gut gelungen. Was bin ich inzwischen für eine prima Köchin geworden!« *Wir* wissen ja immerhin, was sich unter unserer eigenen Tarnkappe abspielt, *wir* können es wertschätzen.

Zusammenfassende Schlussfolgerungen für angehende Mediatoren

Mancher Leser, der sich praktische Rezepte zur raschen Lösung von Konflikten erhofft hat, mag bei meinen bisherigen Ausführungen ungeduldig geworden sein. Doch wird er bald verstehen, dass es solche Zauber-Rezepte leider nicht gibt. Ähnlich, wie die große Schar an psychologisch geschulten Beratern, die sich seit den 60er-Jahren des vorigen Jahrhunderts entwickelt hat, keinen Deut zur psychischen Volksgesundheit beigetragen hat, so haben auch die »Konfliktprofis« in aller Welt, die Lösungsmodelle ersonnen haben, bislang keinen Schimmer an allgemeiner Befriedung bewirkt. Wenn irgendetwas zauberstabähnliche Kräfte hat, dann ist es am ehesten das eigene Vorbild, das selbst abgelegte Zeugnis dessen, wozu

Menschen – hier ausnahmsweise im Guten! – fähig sind. Wer mit Konfliktlösung anfangen will, muss bei sich selbst anfangen, und deshalb hat auch dieses Buch beim Selbst begonnen.

Wir halten somit fest, dass nur jemand, der sich selbst führen kann, auch andere Menschen führen kann, und dass nur jemand, der Konflikte mit sich selbst besänftigen kann, Konflikte zwischen anderen Menschen besänftigen helfen kann. Was haben wir nun in Anlehnung an das Frankl'sche Gedankengut diesbezüglich erarbeitet?

Punkt 1

Leben gelingt, wenn man mitten in der Sinnfülle steht. Und Sinnmöglichkeiten gibt es in jeder Lebenssituation, wie sie auch beschaffen sein mag. – Was bedeutet dies für Laien oder Profis, die sich in Streitfällen als hilfreiche Vermittler bzw. Mediatoren zur Verfügung stellen möchten? Konflikte lassen sich dauerhaft nur in Formen lösen, die es *allen* Konfliktparteien gestatten, in der Sinnfülle des Lebens zu stehen bzw. wieder in sie hineinzugelangen. Und keine Konfliktsituation kann dermaßen verfahren sein, dass sie nicht doch noch eine Sinnmöglichkeit für jeden Beteiligten böte.

Letzteres ist eine ungeheuer kühne Behauptung. Geht man jedoch von diesem »Axiom« aus, strecken sich die Suchbewegungen des Mediators nach neuem Terrain aus. Er sucht nicht mehr bloß nach Kompromissen, die irgendwelchen Kampfhähnen abzuringen sind, sondern er sucht gemeinsam mit ihnen nach *deren* jeweils sinnvollsten »Antworten« auf die Kampfsituation, in die sie hineingeschlittert sind. Er sucht sie: die strahlenden, leuchtenden, grandiosen Möglichkeiten, die die Beteiligten allem Elend zum Trotz noch haben, er späht wie mit einem Fernrohr nach weit entfernten Sternen der Güte und Barmherzigkeit am Nachthimmel von Hass und Gewalt. Wer Frieden stiften will, muss Sinn stiften, denn »gelingendes Leben« bekämpft nicht »gelingendes Leben«. Nur in »misslingendes Leben« wuchern (Selbst-)Zerstörungsprozesse hinein.

Punkt 2

Der Sinn ist der Motor des Selbst und das Qualitätskriterium der Selbstentfaltung. – Was bedeutet dies für solch willige, angehende Mediatoren? Es zählt zum Allerschwierigsten, Menschen zu motivieren, eine Vorleistung (z. B. an Güte und Barmherzigkeit) zu erbringen, solange sie von einem Gegner attackiert werden. Leichter, wenn auch nicht allzu leicht, fällt es ihnen, auf eine vom Gegner erbrachte positive Vorleistung hin eigene Attacken gegen jenen auszusetzen oder einzustellen. An der traurigen Tatsache, dass häufig *keiner als Erster* eine positive Vorleistung dem anderen gegenüber zustande bringt, scheitern fast sämtliche Friedensverhandlungen. Aus diesem Schlamassel kann einzig und allein ein Aufstieg in eine höhere Erkenntnisebene befreien. Kann man Kampfhähnen plausibel machen, dass sie sich gemäß ihren Taten selbst »verwirklichen« und dass es *ihre* Identität ist, die sie mit ihren Kampfhandlungen »beschädigen« (mindestens so viel beschädigen, wie sie der Gegenseite schaden!), kann man sie zum Aufhorchen bringen. Plötzlich hätte eine Friedensvorleistung von ihnen einen zusätzlichen Sinn: nicht nur den die Aggression der Gegenseite verringernden, den sie sowieso hat, sondern auch einen selbstwertsteigernden, und *das* gleicht die verrückten Ideen vom »Gesichtsverlust«, die an potenziellen Vorleistungen zu kleben pflegen, wieder aus.

Punkt 3

Prioritäten setzen zu können ist ein Kleinod der Psychohygiene. – Was bedeutet dies für heranwachsende Mediatoren? Verfahrene zwischenmenschliche Beziehungen binden Kräfte in ungebührlichem Ausmaß. Konfliktparteien sind nur mit halbem Kopf bei jeder Sache, denn die andere Hälfte ihres »Ichs« ist ununterbrochen mit dem »Feind« beschäftigt. Sie gehen, bildlich gesprochen, mit ihm schlafen und stehen mit ihm auf. Gerade, wenn sie ihn hassen und nichts mehr mit ihm zu tun haben wollen, tragen sie ihn in ihrem Inneren ständig mit sich herum. Das zermürbt sie und verleitet zu gefährlich explosiven Überreaktionen auf Minimalanlässe. Schult man jedoch Menschen darin, auf den »Sinn des Augenblicks« zu achten und sich auf das jeweils Vorrangige zu konzentrieren, dann gewinnen sie auch einige Übung im »Zur-Seite-Legen« von Nachrangigem. Sie entwickeln genug Autonomie, um sich von Gedanken und Emotionen, die zum falschen Zeitpunkt auf sie einströmen, nicht vereinnahmen zu lassen, und sind somit eher in der Lage, sogar einen »Feind« ein Stück weit innerlich »abzulegen«, wenn anderes und Wichtigeres an der Reihe ist. Dies schafft unter Umständen die Voraussetzung dafür, dass »die Zeit Wunden heilen kann«, was sie *nicht* kann, solange kontinuierlich in den Wunden herumgestochert wird.

Punkt 4

Unser Gewissen über- und unterfordert uns nicht. – Was bedeutet dies für die praktische Mediationsarbeit? Bescheidenheit ist angezeigt. Niemand ändert sich um 180°. Aber 1° und nach und nach wieder 1° Änderung ist allemal möglich. Mediatoren brauchen einen langen Atem und ein unerschütterliches Vertrauen in die Beweglichkeit verhärteter Fronten. Je kleiner die Bewegungen, die man wutentbrannten Gemütern abverlangt, desto wahrscheinlicher ist es, dass sie vollzogen werden. Entscheidend ist, dass solche Bewegungen *exakt in die richtige* Richtung laufen. Und was ist *exakt richtig* im Duell? Dass der Degen nicht voll ins Herz trifft! Dem Gegner einen Hauch weniger Schmerz bereiten, ist ein Riesenfortschritt. Den Gegner nicht direkt an seiner sensibelsten Stelle verletzen (obwohl man könnte), ist bereits supernobel. Gewiss ist bis zu einem freiwilligen Gewaltverzicht oder zu einer brüderlich/schwesterlichen Vergebung noch ein weiter Weg. Aber auch weite Wege geht man Schritt für Schritt ... Wer Menschen in Konfliktsituationen weder über- noch unterfordert, geleitet sie sanft durch den »Flow-Kanal«, in dem das Glück wohnt – und sei es nur das bescheidene Glück, einem Herzstich zu entrinnen.

Punkt 5

Die Mobilisierung der menschlichen Fähigkeit zur Selbstdistanzierung (Frankl) sprengt selbst gebaute Zwickmühlen und Fallen. – Was bedeutet dies für auszubildende Mediatoren? Wer sich in der Politik auskennt, weiß, dass Gier, Angst und Unzufriedenheit die treibenden Kräfte bei internationalen Konflikten sind. Schlachten werden geführt, weil einer die Ressourcen des anderen erobern will oder weil sich einer vor dem anderen fürchtet oder weil einer den anderen eines Vergehens anklagt, wobei Letzteres nicht selten mit einer eigenen misslichen Lage zu tun hat. Im Individualleben sind Gier, Angst und chronische Unzufriedenheit analoge pathogene Energien. Wer auf nichts verzichten will, zwängt sich in ein unerträglich kompliziertes Leben hinein. Wer sich von irrationalen Angstgefühlen terrorisieren lässt, ist ihnen alsbald ausgeliefert. Wer die Gründe zur Freude nicht schätzt und den Gründen zur Kritik ein Übergewicht verleiht, verfängt sich in einem folgenschweren Irrtum. Lernt ein Mensch, sich von diesen psychischen Schwächen mithilfe seines geistigen Potenzials zu distanzieren und Gier, Angst oder Unzufriedenheit zu trotzen, profitiert nicht nur er selbst; es profitieren auch seine »Nachbarn«. Er gönnt ihnen, was sie besitzen (eine hervorragende Konfliktprävention), er begegnet ihnen mit Vertrauen (ein Konfliktlöser der Sonderklasse) und er anerkennt ihre positiven Seiten (die optimale Basis für einen dauerhaften Frieden). Konfliktmanagement höchster Qualität ist daher unweigerlich eines, das Menschen befähigt, »sich von sich selbst nicht alles gefallen zu lassen«. Sobald sie in Bezug auf ihre eigenen neurotischen Anfälligkeiten »stärker als sie selbst« sind, ist das eine so enorme Stärke, dass sie niemandem mehr ihre Stärke zu beweisen brauchen; ist das ein so großer Triumph, dass sie über niemand anderen mehr zu triumphieren brauchen. Sie können es sich *endlich* leisten, gütig und gnädig zu sein.

Der Konflikt
mit anderen Menschen

Vom Gegeneinander zum Miteinander

Ob im engsten Familien- und Bekanntenkreis, in den Mitarbeiterszenarien der Betriebe oder in den höchsten Gremien der Chefetagen – Konfliktlösungen werden überall dringend gesucht. Wenn sie gefunden werden, dann nur auf dem Weg des Miteinanders und nicht des Gegeneinanders. Diesbezüglich ist eine der vielen Definitionen von »Sinn« repräsentativ: *Sinn ist dasjenige, was für alle Beteiligten gut ist.* Hier scheiden sich die Phänomene »Wunsch« und »Sinn« voneinander. Es gibt durchaus Wunschbefriedigungen auf Kosten anderer, aber es gibt keine Sinnerfüllung auf Kosten anderer oder durch Schädigung anderer. Was unnötig Schmerzen bereitet, egal wem, kann von unserem Gewissen nicht als sinnvoll wahrgenommen werden. Freilich sind im Laufe der Menschheitsgeschichte zahllose Bemäntelungen über dieses feine Sinngespür gestülpt worden. Es ist im Namen Gottes oder im Namen der Liebe gemordet, geplündert, gebrandschatzt und gedemütigt worden ohne Ende. Dennoch ist unser Gewissen bis heute nie völlig verstummt. Sein zartes Stimmchen wispert und wispert ... welch ein Trost!

Allerdings sollten wir eines bedenken: Es gibt im Konfliktfall eine Argumentation, mit der unser Gewissen nahezu ausgetrickst werden kann, und das ist der Rekurs auf die *Schandtaten der Gegenseite.* Der Gegner hat mit der Aggression begonnen, der Gegner ist schuld an unserem Zorn, schließlich muss man sich wehren dürfen, und dergleichen mehr. Damit lässt sich das Gewissen angesichts eigener

Schandtaten vordergründig beschwichtigen. Dazu kommt, dass viele Menschen ihre Konfliktaustragungen wie zivile Kriegsführungen betrachten. Sie setzen alles daran, um zu gewinnen, und die Gegenseite soll um jeden Preis verlieren. Das häufigste Ergebnis ist, dass alle verlieren. Im besten Fall siegt tatsächlich einer und schafft sich damit Feinde auf Lebenszeit. Sinnvolle Konfliktlösung hingegen verzichtet von vornherein auf den Untergang des »Feindes«. Sie zielt darauf ab, für sich selbst *und* den Gegner erträgliche Bedingungen zu schaffen und Chancen für gegenseitige Akzeptanz zu eröffnen. (Der Bestsellerautor Stephan Covey, ein großer Verehrer Viktor E. Frankls, hat diese kluge Strategie »play win/win« genannt, also »verhandle so, dass beide Seiten gewinnen!«.)

Wenn nun »Sinn« dasjenige ist, was für alle Beteiligten gut ist, dann muss im Konfliktfall jeder erforschen, *was für seinen Gegner gut wäre.* Das ist ein schweres Unterfangen! Was *für einen selbst* gut wäre, weiß man sofort, glasklar – aber für den »Feind«? Von dem ist man innerlich weit entfernt, den sieht man verzerrt, dem dichtet man nur noch negative Absichten an ... von dem, wie er wirklich ist, weiß man kaum mehr etwas. Doch es hilft nichts; wenn man wissen will, was für ihn gut wäre, muss man lauschen, seine Signale empfangen und sich mit Anstrengung in ihn einfühlen. In der »sinnzentrierten Familien- und Paartherapie« (Lukas, 1990) ist auf der Grundlage der Frankl'schen Thesen ein Konzept des Sich-gegenseitig-Einfühlens entwickelt worden, das erstaunlich effizient ist. Diese Effizienz möchte ich – dem konzeptionellen Unterbau vorgreifend – anhand eines einfachen Fallbeispieles aufzeigen.

Ein Ehepaar kam zur Eheberatung. Bereits in der ersten Viertelstunde ihrer Anwesenheit steigerten sich die beiden Eheleute in ein lautstarkes Geschrei gegenseitiger Vorwürfe hinein. Dabei ging es, wie so oft im zwischenmenschlichen Gezänke, um eine Lappalie. Die beiden waren seit ca. einem Jahr miteinander verheiratet. Davor hatte der Ehemann eine enge Beziehung zu einer anderen Dame unterhalten, hatte sich aber später von ihr getrennt. Diese Dame hieß im Jargon der beiden Eheleute »die Ex(freundin)«. Mit der »Ex« hatte der Mann, ein begeisterter Bergsteiger, früher anspruchsvolle Bergtouren unternommen. Davon zeugten noch hübsche Fotos mit sturmumwehten Gipfelkreuzen und flammenden Sonnenaufgängen im Gebirge, die er eingerahmt im ehelichen Schlafzimmer aufgehängt hatte. Nur leider besaßen manche dieser Fotos einen kleinen »Schönheitsfehler«, denn es waren im Hintergrund ein paar Bergkameraden, darunter die »Ex« mitabgebildet. Die Ehefrau war empört. Es sei eine Zumutung sondergleichen, das Konterfei der »Ex« in ihrem Schlafzimmer dulden zu müssen. Sie schrie dem Mann ins Gesicht, dass er zwischen ihr und den Fotos wählen müsse und dass sie ihn samt den Fotos aus der Wohnung werfen werde, wenn er sich nicht definitiv für sie entscheide.

Hinter ihrer Aufregung steckte ein verborgenes größeres Problem. Sie war keine Bergsteigerin, im Gegenteil, sie fürchtete sich vor steilen Wänden und Abgründen, Seilbahnen und Sesselliften und mied jeden Ausflug in größere Höhen. Sie wusste, dass sie damit ihrem Mann die Freude am Bergsteigen trübte. Er musste entweder auf Bergtouren verzichten oder solche allein bzw. mit Gleichgesinnten unternehmen. Er beschwerte sich nicht darüber, aber in ihr schwelte ein Gefühl der Unzulänglichkeit, das ihre Eifersucht auf die im Unterschied zu ihr bergerprobte »Ex« schürte. Deren fröhliches Gesicht auf den Fotos erinnerte sie daran, dass sie selbst »dort oben« keinesfalls den Platz einer fröhlichen Partnerin an seiner Seite einnehmen konnte. Genau genommen ärgerte sie sich über sich selbst; was eine der häufigsten Ursachen für inadäquate Überreaktionen ist.

Der Ehemann ahnte von diesen komplizierten Seelenvorgängen nichts. Für ihn waren die Fotos Trophäen seiner Gipfelstürmer-Leidenschaft. Momente ergreifendster Erlebnisse waren darauf eingefangen, z. B. der weite Blick über ein Meer steinerner Wellen nach einem erschöpfend langen Aufstieg oder der erste Hauch des Morgenlichts nach einer eiskalten Nachtwanderung. Er verstand die Forderung nach Entfernung der Aufnahmen nicht und war auch nicht zimperlich, sein Unverständnis auszudrücken, indem er seine Frau als eine »blöde Ziege« und eine »hysterische Gans« beschimpfte. Auch dahinter steckte verborgen Ernsteres, nämlich die bange Frage, ob sie ihn denn überhaupt liebe, wenn sie ihn schon wegen ein paar Fotos hinauswerfen wollte?

Ich führte mit den beiden Eheleuten eine sinnzentrierte Paartherapie durch, die nicht mehr als drei Einzelgespräche pro Person sowie drei gemeinsame Gespräche, also insgesamt neun Termine benötigte, was angesichts der frappierenden Ergebnisse ein absoluter Kürzerekord war. Die Grundlinien dieser Paartherapie, bei der beide lernten, sich gegenseitig ineinander einzufühlen, wird im Folgenden noch detailliert dargelegt werden. Hier sei zunächst nur ein Blick auf die Ergebnisse geworfen:

Das dritte gemeinsame Gespräch eröffnete die Ehefrau mit den Worten an ihren Mann: »Du, ich muss dir etwas sagen. Ich verstehe inzwischen, wie viel dir die alten Fotos bedeuten. Ich möchte dir die Erlaubnis, sie an der Wand hängen zu lassen, zum Geschenk machen.« Der Ehemann schaute sie verblüfft an, dann schüttelte er vehement den Kopf. »Nein, nein,« sagte er, »die Fotos tun dir weh, und das will ich nicht. Ich habe darüber nachgedacht, und mir ist eine Idee eingefallen. Du weißt, ich habe einige seltene Alpenblumen in dicken Büchern gepresst. Ich werde die getrockneten Blumen vorsichtig herausnehmen und auf den Fotos über die Köpfe der Bergsteiger kleben. Dieser Schmuck wird die Fotos sogar verzieren.« »Was«, rief die Ehefrau, »das würdest du für mich tun?« Die Rührung öffnete ihre Seele. »Ich möchte dich ja gerne in die Berge begleiten«, gestand sie, »aber ich habe so schreckliche Angst auf den schmalen Graten und neben den schaurigen Steilabhängen.« Der Ehemann setzte sich kerzengerade auf. »Du würdest mit mir in die Berge gehen?«, brach es staunend aus ihm heraus.

»Hör zu, du brauchst keine Angst zu haben. Wenn du willst, können wir mit ganz sanften Wegen beginnen. Ich werde dich behutsam in die Schönheit der Bergwelt einführen, und wenn dir bange wird, sagst du es mir, dann nehme ich dich fest an meine Hand.«

Als dieser Dialog stattfand, standen gerade die Sommerferien vor der Tür. Die beiden beschlossen, ihren Urlaub auf einer Almhütte zu verbringen. Sicherheitshalber bestellte ich sie zu einem Kontrollgespräch im Herbst wieder zu mir ein. Als sie kamen, war ich aufs Äußerste gespannt, wie es ihnen ergangen sein mochte. Sie trafen mit fröhlichen Gesichtern ein. Es sei ein rundum harmonischer Urlaub gewesen. Der Mann hatte mit einem Bergführer mehrere Klettertouren absolviert, während sich seine Frau auf der Alm sonnte. Die Frau hatte dank der Hilfe ihres Mannes einen Großteil ihrer Scheu vor der Höhe abgelegt und die gemeinsamen Spaziergänge über die Hügel zunehmend genossen. Die beiden holten eine Mappe hervor, entnahmen ihr ein Bündel großformatiger Fotos und breiteten sie auf meinem Tisch aus. »Wir haben jetzt so viele neue Fotos, dass wir die prächtigsten davon gegen die alten Fotos in den Bilderrahmen austauschen werden«, erklärten sie. Mir blieb bloß noch übrig, die beiden zu beglückwünschen.

Es wäre wohl so manchen benachbarten Völkern zu empfehlen, eine Anleihe bei dieser sinnzentrierten Paartherapie zu machen ...

Eine Schlussbemerkung: Die Orientierung am Sinn (d. h. an demjenigen, was »für alle Beteiligten gut ist«) ermöglicht friedliche Konfliktlösungen, und *die* gewähren uns ein gigantisches Ausmaß an Freiheit und emotionaler Ausgeglichenheit. Denn nicht nur sitzen Hass und Groll stets im eigenen Herzen und nirgends sonst und vergiften unsere Lebensatmosphäre – nicht nur dies. Dissonanzen mit den Mitmenschen fesseln uns! Sie fesseln unsere Aufmerksamkeit, unser Fühlen und Denken an diese Mitmenschen. Ich erwähnte bereits, dass wir an niemanden so klebrig gebunden sind wie an den persönlichen »Feind« in seiner intrinsischen »Allgegenwart«. Das saugt uns sämtliche Energien ab. Wer Konflikte sinnvoll lösen kann, entfeindet daher nicht nur seine Feinde, sondern befreit sich gleichzeitig selbst zu einer Zukunft, in der sich sein Denken und Fühlen wieder den liebevollen Neigungen zuwenden kann, die es wert sind, dass er sich mit ihnen beschäftigt.

Die »Zauberkraft« der »finalen Vorleistung«

Tasten wir uns jetzt an den angekündigten konzeptionellen Unterbau der »sinnzentrierten Familien- oder Paartherapie« heran.

Zunächst dies: Es stimmt nicht, dass an einem familiären Zerwürfnis stets alle Familienmitglieder gleichermaßen »schuld« sind. Letztlich kommt es immer und überall auf den Einzelnen an, und der Einzelne hat Entscheidungsfreiheit und Wahlmöglichkeiten. Er muss nicht in einer bestimmten Weise auf die Handlungen der anderen reagieren. Es heißt zwar volkstümlich, dass zum Streiten zwei gehören, aber zum Kränken genügt *einer*, und Kränkungen sind typische Primärauslöser für ellenlange Querelen.

Es stimmt auch nicht, dass stets ein ganzes Beziehungssystem gestört ist, wenn es zwischen Menschen kracht. Denn der Einzelne ist im Prinzip mehr als »die Funktion eines Systems«. Er ist nicht Funktion, sondern *Person*, und als Person niemals völlig abhängig von einem bestehenden Beziehungsgeflecht. Im Gegenteil, nur der Einzelne kann ein solches durchbrechen und verändern, indem er sich geradezu »afunktional« bzw. akausal verhält. Von daher lohnt es sich nicht, kausale Erklärungsmodelle zur Erhellung von

Familienfehden heranzuziehen. Solche haben lediglich die unerfreuliche Auswirkung, die Verantwortung der Einzelnen scheinbar in einer diffusen Gemeinschaftsverantwortung aufzuweichen, was niemandem dienlich ist. Am Ende bleiben dann bloß Opfer und keine Täter mehr übrig. Opfersein ist jedoch keine gesunde Basis für einen gemeinsamen Neubeginn.

Hier ein Beispiel unfruchtbarer kausaler Erklärungsmodelle:

Der Vater trinkt, *weil* ihn seine Frau frustriert. Seine Frau frustriert ihn, *weil* sie sich regelmäßig über ihren ältesten Sohn ärgert. Der älteste Sohn ärgert die Mutter, *weil* er sich schon als Kind von ihr abgelehnt gefühlt hat. Die Mutter hat ihn abgelehnt, *weil* sie zur Zeit seiner Zeugung noch nicht hat schwanger werden wollen. Sie wurde damals schwanger, *weil* sie und ihr Mann nicht in der Lage gewesen sind, eine vernünftige Familienplanung durchzuführen. Sie waren es deshalb nicht, *weil* für ihre eigenen Eltern das Thema »Sexualität« ein Tabu gewesen ist. Für diese Großeltern ist es ein Tabu gewesen, *weil* die Urgroßeltern ... Hier versickert die kausale Kette im Sand der Geschichte und endet bei Adam und Eva.

Das kausale Erklärungsmodell ist auch nach der anderen Seite hin »unendlich«:

Weil der Vater trinkt, drängt die Tochter früh aus dem Haus. *Weil* sie oft ausgeht, sind die jüngeren Geschwister eifersüchtig. *Weil* diese ihre Schwester beneiden, machen sie sie vor der Mutter schlecht. *Weil* die Mutter Negatives zugetragen bekommt, reagiert sie psychosomatisch. *Weil* sie häufig krank ist, vernachlässigt sie den Haushalt. *Weil* im Haushalt alles drunter und drüber geht, kommt der Vater ungern nach Hause. *Weil* er lieber ausbleibt, geht er ins Wirtshaus und trinkt ... Hier klinkt die kausale Kette wieder in ihren Ausgangspunkt ein.

Auf der Suche nach konstruktiven Konfliktlösungen muss der kausale Denkansatz durch einen *finalen* Denkansatz ersetzt werden. Dabei wird das Verhalten der Einzelnen nicht nach seiner (hypothetischen) Entstehungsgeschichte, sondern nach seiner (antizipierten) Sinnhaftigkeit beurteilt. So könnte man etwa fragen, ob es dem Gedeihen der Familie förderlich ist, wenn der Vater übermäßig trinkt, und wenn nein, ob er nicht seiner Familie zuliebe damit aufhören könnte, egal, aus welchem Grund er damit angefangen hat, und unabhängig davon, ob dieser Grund noch existiert?

Um bei obigem Beispiel zu bleiben: Angenommen, der Vater würde von einem gewissen Moment an weniger trinken und netter zu seiner Frau sein, *obwohl* sie ihn frustriert (weil sie sich über ihren ältesten Sohn ärgert ...), was würde geschehen? Die Tochter fühlte sich zu Hause wohler. Sie ginge weniger aus. Es käme zu weniger Reibereien zwischen ihr und den jüngeren Geschwistern. Diese bombardierten die Mutter nicht mehr mit Beschwerden. Die Mutter bliebe körperlich-seelisch stabiler. Sie ertrüge das Geärgert-Werden vom ältesten Sohn besser und frustrierte ihren Mann nicht mehr – auf einmal hätte der Vater gar keinen Grund mehr zum Trinken! Man beachte: *Er hätte aufgehört mit dem Trinken, als er noch Grund zum Trinken hatte, und durch sein Aufhören schwände der Grund!*

Um eine der unglückseligen Endlosschleifen zu kappen, genügt es manchmal schon, wenn ein einziges Familienmitglied eine »finale Vorleistung« (Lukas) erbringt, die den Abläufen eine neue und sinnvollere Richtung gibt.

Analoges haben wir bei der im vorigen Kapitel anskizzierten Paarberatung gesehen. Als die Ehefrau ihrem Mann gestattete, seine alten Fotos an den Schlafzimmerwänden hängen zu lassen, kam so viel Bewegung in die Beziehung, dass die Frau am Ende nicht nur die unerwünschten Fotos loswurde, sondern im gemeinsamen Wandern mit ihrem Mann eine neue Lebensdimension dazugewann.

Finale Vorleistungen sind reine Willensakte, getragen vom »Willen zum Sinn«, wie Frankl es ausdrücken würde. Sie sind durch nichts bewirkt oder verursacht, sondern eben gewollt gesetzt, im überwiegenden Falle akausal (eigentlich fühlte man sich geneigt, anders zu reagieren), aber dafür final, also auf ein gutes Ziel hin gerichtet. Man denke an die Symbolik des Echos. Ruft man Negatives in eine Bergschlucht hinein, schallt ein negatives (Gefühls-)Echo zurück, das einen veranlasst, wieder Negatives von sich zu geben, und so fort. Ein solcher Prozess ist durch eine Analyse der Herkunft des negativen Echos nicht zu stoppen. Er kann einzig und allein dadurch gestoppt werden, dass jemand (»der Held«!) trotz negativem Echoklang im Ohr Positives in die Schlucht hineinruft. Das verändert mit einem Schlage alles.

Natürlich geschieht im zwischenmenschlichen Bereich nichts zwingend. Hier gelangt die Symbolik des Echos an ihre Grenzen. Zwischen Menschen kann trotz positiver Zurufe an einen Kontrahenten von dessen Seite Negatives zurückhallen. Bei dem erwähnten Ehepaar hätte der Ehemann auf das Zugeständnis seiner Frau, die alten Fotos im Schlafzimmer hängen zu lassen, achselzuckend und befriedigt reagieren können; ohne Dank, ohne Lob und ohne liebevolles Gegenangebot. Auch im Beispiel mit dem trinksüchtigen Vater muss sich bei den Gewohnheiten der übrigen Familienmitglieder nichts ändern, wenn der Vater seine Trinkerei reduziert. Finale Vorleistungen erhöhen die Chancen auf ein glückendes Miteinander erheblich, aber es wohnt ihnen nicht die Zauberkraft inne, *jedes* Blei in Gold zu verwandeln. Dennoch ist ihre konfliktlindernde Wirkung mitunter so frappant, dass sie an Zauberei denken lässt.

Dazu noch ein Beispiel aus meiner Praxis:

Eine in München ansässige Dame stammte aus Graz. Dort lebte noch ihr alter Vater, den sie gelegentlich besuchte. Allerdings endeten ihre Besuche meistens zutiefst enttäuschend. Ihr Vater, ein einsamer Mann, hatte es versäumt, sich beizeiten einen Bekanntenkreis oder wenigstens ein interessantes Hobby aufzubauen. Er verbrachte seine Tage – von den nötigen Besorgungen abgesehen – hauptsächlich vor dem Fernseher. Er kannte sämtliche Fernsehserien, Talkshows etc. und bezog die gesamte Faszination seines kümmerlichen Rentnerdaseins aus deren Fortsetzungen. Wenn nun die Tochter plötzlich bei ihm auftauchte, was sowieso nicht oft geschah, vermochte er nicht schnell genug »umzuschalten«. Es kam dann vor, dass gerade ein Film lief, den er sehen wollte, woraufhin er der soeben eingetroffenen Tochter mit der Hand deutete, sie möge sich vorerst still hinsetzen und nicht stören. Dies empörte und beleidigte sie. Aus ihrer Sicht war sie Hunderte Kilometer von München nach Graz gefahren, um ihren Vater mit ihrer Anwesenheit zu überraschen, um schließlich festzustellen, dass er überhaupt keine Freude an ihr hatte, ja, dass sie ihm sogar im Wege war.

Die Wahrheit dürfte irgendwo in der Mitte gelegen haben. Der Vater freute sich durchaus über das Kommen seiner Tochter. Er verstand bloß nicht, warum sie sich so »rücksichtslos« verhielt und mit dem Kaffeekochen und Plaudern nicht ein bisschen warten konnte, bis der laufende Film zu Ende war. Die Situation pflegte sich zuzuspitzen, und mehrmals hatte die Tochter noch im Vorraum der väterlichen Wohnung am Absatz wieder kehrtgemacht und war schnurstracks heimgefahren, nicht ohne dem Vater zynisch einen vergnüglichen Fernsehnachmittag zu wünschen. Das hinterließ bei beiden einen bitteren Nachgeschmack.

Nachdem mir die Frau ihr Besuchsproblem geschildert hatte, weihte ich sie in den Geheimtipp »finale Vorleistung« ein. Ich spornte sie an, ihrer Fantasie freien Lauf zu lassen und bei ihrer nächsten Ankunft im Grazer Domizil des Vaters unbeirrt von seinen Macken eine völlig akausale freundliche Begrüßungsgeste zu setzen. Sie war skeptisch, versprach mir aber, es zu versuchen. Bei unserem nächsten Treffen berichtete sie mir von einem »Wunder«. Bei ihrer Ankunft habe ihr Vater wie üblich im Lehnstuhl vor dem Fernseher gehockt und nur

»Hallo« gemurmelt. Da habe sie sich über ihn gebeugt und ihm einen Kuss auf die Stirne gedrückt. Eine Minute sei verstrichen, dann sei ihr Vater wie abrupt aufgewacht, sei aufgestanden, habe sich ihr zugewandt und erfreut gesagt: »Kind, fein, dass du da bist!« Er sei mit ihr in die Küche gegangen, um die Kaffeetassen zu holen, und habe den Fernseher drei volle Stunden lang nicht mehr beachtet. Das Strahlen in den Augen der Frau während ihres Berichts war unübersehbar.

Ja, manchmal könnte man glauben, der finalen Vorleistung wohne tatsächlich ein Zauber inne ...

In einer »teuflischen« Falle verstrickt

Die sinnzentrierte Familien- oder Paartherapie gewährt den einzelnen Personen, die in einen Konflikt miteinander verwickelt sind, Beistand bei der Suche nach demjenigen, was ihnen im Namen aller Beteiligten »abverlangt und aufgetragen ist«, und zwar nicht seitens einer menschlichen Instanz, sondern vielmehr vom »Logos«, vom Sinn des Ganzen, vom Überleben der Gemeinschaft in Würde und gegenseitigem Respekt. Sie ermutigt die Personen, finale Vorleistungen als persönliche Beiträge zu erbringen, also gleichsam zu säen, um Ernte für alle Beteiligten zu ermöglichen und, eher als Begleiterscheinung, selbst daran mitzupartizipieren.

Bevor wir uns dem konkreten stufenweisen Vorgehen bei der sinnzentrierten Familien- oder Paartherapie zuwenden werden, welches komplikationslos auf jedwede mediatorische Arbeit mit beliebigen Konfliktpartnern oder Geschäftspartnern übertragbar ist, seien noch drei Basisüberlegungen vorgeschaltet. Sie gelten für die kleinen Reibereien im häuslichen Bereich genauso wie für die großen Kriegsschauplätze unserer Zeit und sollten daher bei jedwedem Vermittlungsversuch ins Kalkül gezogen werden.

Basisüberlegung Nr. 1

Menschen intendieren weniger Böses, als man angesichts der fürchterlichen Streitigkeiten in der Welt meint. Sie *wollen* eigentlich gar nicht in erster Linie anderen etwas antun. Wenn zwei oder mehrere Menschen einander kontinuierlich ein Leid zufügen, sind sie im Allgemeinen »verstrickt«. Sie sitzen sozusagen in einer Falle. Das »Teuflische« an dieser Falle ist, dass sie umso fester zuschnappt, je wilder die Menschen sich daraus zu befreien versuchen. Die Falle funktioniert nicht unähnlich einer simplen Mausefalle, die umso tiefer ins Fleisch des Tieres einschneidet, je heftiger das gefangene Tier darin zappelt.

Betrachten wir die »Keimzelle« einer solchen Falle:

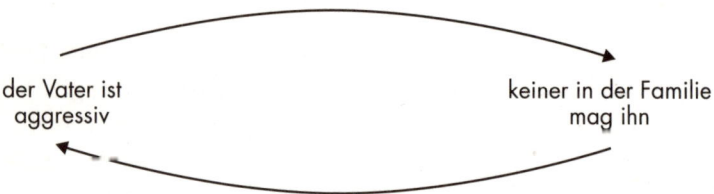

der Vater ist aggressiv — keiner in der Familie mag ihn

Der Vater ist aggressiv, weil keiner in der Familie ihn mag. Keiner in der Familie mag den Vater, weil er aggressiv ist ...

Das ist ein geschlossener Teufelskreis, der von allein nicht aufspringt, denn die Falle ist komplizierter, als sie zunächst scheint. Würde man nämlich mit den Konfliktpartnern einzeln sprechen, würde sich zeigen, dass sie einer anthropologischen Fehlvorstellung anhängen, die für geschlossene Fallen charakteristisch ist. Der Vater würde sagen: »Ich wäre doch gar nicht aggressiv, wenn die anderen lieb und freundlich zu mir wären!« Der Rest der Familie würde sagen: »Wir wären doch lieb und freundlich zum Vater, wenn er nicht so aggressiv wäre!« Damit erst ist die Falle komplett. Jede Seite schiebt der anderen Seite die Schuld zu. Mehr als das: Jede Seite fordert, dass die andere Seite den Anfang mache, um eine Änderung herbeizuführen. Noch mehr als das: Jede Seite begründet ihr eigenes Verhalten unhinterfragt mit dem Verhalten der Gegenseite und *wartet* auf eine Änderung des Verhaltens der Gegenseite. Alle *warten* – bis sie alt und grau sind. Freilich, wenn der andere den ersten Schritt täte, dann würde man selber nachziehen, aber der andere tut nicht, was er tun sollte ... wieder schneidet die Falle ein Stück tiefer ins Fleisch.

Nicht einmal die Verhaltenstherapie, die gewiss kein Freund kausaler Erklärungsmodelle ist (wie sie etwa in den psychoanalytischen Denkansätzen Usus sind), hat in ihren therapeutischen Konzepten die Warteposition überwunden. Lautet doch ihr Rezept vereinfacht, dass einer den anderen mit einem »reinforcement« (Verstärkung) belohnen solle, sobald der andere erwünschtes Verhalten zeige. Was bedeutet dies aber in der Praxis? Bedeutet es nicht, dass jeder eine *warten* muss, bis der andere sich erwünscht verhält, um ihn *danach* zu loben und zu »verstärken«? Nein, die Warteposition ist ausweglos, sie ist Bestandteil jenes »teuflischen« Fallenmechanismus, der sich einer vorgegaukelten Logik bedient, die eben nicht funktioniert. So logisch es klingt, Böses mit Bösem und Gutes mit Gutem zu vergelten, so sinnwidrig ist es in Wirklichkeit. Was andere an Bösem oder Gutem tun bzw. einem antun, muss – obwohl das entsetzlich schwer ist! – für diesen einen irrelevant bleiben. Für ihn relevant ist einzig, *was er tut*.

Basisüberlegung Nr. 2

Menschen sind in ihren Handlungen freier, als sie denken. Sie re-agieren nicht bloß, sondern sie agieren; und nichts kann sie hindern, auf der Stelle anders als erwartet, als bisher, als die Kollegen raten oder als ihnen ihre eigenen Stimmungen suggerieren, zu agieren. Das psychologische Marionettenbild von einst ist längst überholt. Zwar ist jeder bis zu einem gewissen

Grad von seiner Kindheit geprägt, von Vorbildern beeindruckt, von Trieben geschoben und von Gewohnheiten festgezurrt. Dennoch steht auch jedem, sofern er bei klarem Bewusstsein ist, ein freier Gestaltungsspielraum zur Verfügung, in dem er sich selbst prägen und umprägen kann, in dem er Vorbildern nacheifern oder ihnen eine Absage erteilen kann, in dem er seine Triebe ausleben oder beherrschen kann, und in dem er die Bande seiner Gewohnheiten behalten oder abstreifen kann. Der psychophysischen Statik des Menschen steht seine geistige Dynamik gegenüber, den Abhängigkeiten der Seele widersteht die »Trotzmacht des Geistes«, wie Viktor E. Frankl nicht müde geworden ist, zu betonen, und anhand seiner dramatischen Erlebnisse in den Konzentrationslagern glaubwürdig belegt hat. Denn gerade dort, an diesen jämmerlichen Orten, hat sich das volle Spektrum der menschlichen Freiheit vor seinen Augen offenbart, wenn z. B. gut erzogene, unbescholtene Bürger in SS-Kleidung plötzlich sadistisch auf Gefangene eindroschen, oder umgekehrt: halb verhungerte Gefangene ihr letztes Stück Brot einem Mithäftling zusteckten. Niemand ist Produkt und Ausgeburt seiner Erziehung und Veranlagung, jeder kann auch ganz anders handeln, als man (oder er selbst) meint, dass er handeln müsse. Es kostet zwar Anstrengung, vertraute Habits zu verlassen, aber die dafür nötige Plastizität ist im menschlichen Wesen bis ins hohe Alter hinein verankert.

Warum ist es wichtig, das Moment der geistigen Freiheit des Menschen hochzuhalten? Weil es die vorhin erwähnte anthropologische Fehlvorstellung als eine solche entlarvt. Nicht, was wir von anderen Personen empfangen, bestimmt, was wir an jene anderen Personen »absenden«, und schon gar nicht automatisch. Im Satz: »Ich wäre doch gar nicht aggressiv, wenn die anderen lieb und freundlich zu mir wären«, enttarnt sich das überholte Marionettenbild. Es besagt im Klartext, *dass die anderen entscheiden*, ob ich aggressiv bin oder nicht. Sind sie grauslich, bin ich auch grauslich, sind sie freundlich, bin ich auch freundlich. *Sie* ziehen an den Fäden, und ich hüpfe ... In Wirklichkeit *entscheide ich allein* und niemand sonst, ob ich aggressiv bin oder nicht.

Im Beispiel ist es der Vater, der zu begreifen lernen müsste, dass er weder der Ablehnung durch seine Angehörigen noch etwaigen inneren Wutgefühlen hilflos ausgeliefert ist, sondern dass er selbstständig verantwortlich zeichnet für sein eigenes Verhalten den anderen gegenüber und dass er sich – entgegen allen Einflüsterungen der Falle – trotz erfahrener Ablehnung und trotz Wutgefühlen im Bauch für ein korrektes Verhalten entscheiden könnte, wenn er dies nur ehrlich wollte. Analoges trifft für seine Angehörigen zu. Ihnen wäre begreiflich zu machen, dass es in ihrer Freiheit liegt, den Vater zu achten, auch wenn sie seine Aggressivität zu Recht verurteilen, ja, dass es sogar in ihrer Freiheit liegt, ihm einen Vertrauensvorschuss entgegenzubringen, den er sich keineswegs »verdient« hat.

Menschen sind »Absender« (und nicht bloß Empfänger), und was sie »absenden«, ist *ihres*. Trotz empfangenem Guten kann Böses »ausgesandt« werden. Trotz empfangenem Bösen kann Gutes »ausgesandt« werden. Da darf man voller Ehrfurcht staunen vor den Potenzen des menschlichen Geistes! Staunen und danken, denn wer möchte schon Marionette sein? Aber auch staunen und spüren, dass die so leichte und beschwingte Freiheit, nach der wir im Grunde lechzen, das Schwergewicht »Verantwortung« in ihrem Schlepptau mit sich zieht.

Basisüberlegung Nr. 3

Wir haben die »teuflische« Falle betrachtet, in der sich Konfliktpartner verstricken. Man könnte endlos viele Beispiele dafür aufzählen, und sie ähneln sich alle. Der Lehrer bemüht sich um keinen spannenden Unterricht, weil ihn die Schüler andauernd provozieren. Die Schüler provozieren den Lehrer andauernd, weil der Unterricht so langweilig ist.

Klick – die Falle schnappt zu! Die Eltern nörgeln ständig an ihrer erwachsenen Tochter herum, weil diese sich so selten blicken lässt. Die erwachsene Tochter besucht ihre Eltern so selten, weil diese ständig an ihr herumnörgeln. Klick – die Falle schnappt zu! Der Chef kontrolliert seine Untergebenen permanent, weil sie so langsam und unwillig arbeiten. Die Untergebenen arbeiten so langsam und unwillig, weil sie von ihrem Chef auf Schritt und Tritt kontrolliert werden. Klick – die Falle schnappt zu! Person A glaubt, alles tun zu müssen, weil Person B nichts tut. Person B tut nichts, weil Person A ohnehin alles tut. Klick – die Falle schnappt zu! Und so fort, und so fort.

Im Buch »Lösungen« (Huber, Bern, 1988) erläuterte der bekannte Psychologe Paul Watzlawik eine solche typische Fallenkonstellation mit einem sehr passenden Gleichnis, das ich zur Vertiefung der Einsicht des Lesers wiedergeben möchte. Er schrieb:

»In Ehebeziehungen ergibt sich nicht selten ein Konflikt dadurch, dass die Partner sich individuell in einer Weise verhalten, die jeder für sich für die angebrachteste Reaktion auf ein unerwünschtes Verhalten des anderen hält. In anderen Worten: beide sehen im spezifischen Korrekturverhalten des Partners ein Verhalten, das der Korrektur bedarf. So mag die Frau zum Beispiel den Eindruck haben, dass der Mann sich ihr nicht genügend eröffnet und sie daher nicht weiß, wie er zu ihr steht, was in seinem Kopf vorgeht, was er tut, wenn er von daheim fort ist, usw. Verständlicherweise wird sie daher versuchen, diese ihr fehlende Information irgendwie zu erhalten, sei es durch Fragen, durch Beobachtung seines Verhaltens, durch gewisse Nachforschungen und dergleichen mehr.

Wenn er seinerseits ihr Verhalten für zu aufdringlich hält, wird er dazu neigen, sich noch mehr abzuschließen und ihr Information vorzuenthalten, die an und für sich harmlos und unbedeutend wäre –, nur, um ihr beizubringen, ›dass sie nicht alles zu wissen braucht‹. Dieser Lösungsversuch führt aber meist nicht nur nicht zur gewünschten Änderung ihres Verhaltens, sondern verdoppelt ihr Unbehagen und ihr Misstrauen: ›Wenn er mit mir nicht einmal über diese belanglosen Dinge spricht, dann muss etwas dahinterstecken.‹ Je weniger Information er ihr gibt, desto hartnäckiger wird sie sie suchen, und je mehr sie sie sucht, desto weniger wird er ihr geben. Ist es dann so weit, dass der Psychiater beigezogen wird, fällt es diesem nicht mehr schwer, ihr Verhalten als pathologische Eifersucht zu diagnostizieren …

Was dieses Beispiel veranschaulichen soll, ist die Tatsache, dass unter bestimmten Umständen das Entstehen von Problemen die unmittelbare Folge falscher Lösungsversuche einer bestehenden Schwierigkeit ist. Im Falle der eben erwähnten Ehepartner drängt sich dem Beobachter das Bild von zwei Seglern auf, von denen jeder für sich und auf seiner Seite weit über Bord hängt, um das Boot im Gleichgewicht zu halten: Je mehr der eine sich hinauslehnt, desto weiter muss sich auch der andere hinauslehnen, um die Gleichgewichtsstörungen ›auszureiten‹, die die Stabilisierungsversuche jenes einen verursachen, während das Boot selbst durchaus im Gleichgewicht wäre, wenn die beiden es nicht unter so akrobatischen Anstrengungen zu stabilisieren trachteten.

(aus: »Lösungen« von P. Watzlawik, J.H.: Weeakland und R. Fisch. Huber, Bern 1988)

Die Lösung dieser bizarren Lage erfordert ganz offensichtlich, dass wenigstens einer der beiden etwas scheinbar sehr Unvernünftiges tut, nämlich nicht noch mehr, sondern *weniger* zu ›stabilisieren‹, da dies den Partner sofort zwingt, auch seinerseits *weniger desselben* zu tun, um nicht ins Wasser zu geraten. Nur auf diese Weise werden sich die beiden schließlich wieder sicher, bequem und gemeinsam an Bord des nunmehr stabilen Boots befinden.«

So weit Paul Watzlawik, der sich jahrzehntelang mit der Untersuchung von Problemlösemustern beschäftigt hat und dabei auf die Bedeutung paradoxer (»akausaler«) Verhaltensweisen gestoßen ist.

Nun, wir haben verstanden, dass die beschriebene »teuflische« Falle durch die anthropologische Fehlvorstellung gefestigt wird, man könne auf empfangenes Negatives nur negativ reagieren. Bei sich zusammenballenden Verfeindungen spielt noch eine weitere Komponente eine wichtige Rolle, wie ich bereits angedeutet habe. Unser Gewissen, das zarte »Sinn-Organ«, das wir besitzen, ist »einschläferbar« mittels Rekurs auf etwas Böses, das andere tun. Wahrscheinlich ist dies *die Schwachstelle schlechthin* in unserer menschlichen Gesellschaft. Die Argumente: »Der andere hat mit der Aggression angefangen!«, »Der andere ist selber schuld, wenn man ihm hart begegnet!«, »Man muss sich doch schließlich wehren!«, »Man wäre dumm, wenn man den Aggressor gewähren ließe!« schläfern das Gewissen ein. Auf einmal protestiert es nicht mehr, wenn man den »bösen Feind« attackiert. Einer schlägt auf den anderen ein, und das Gewissen jedes Schlägers ist durch die von der Gegenseite empfangenen Schläge wie betäubt. Ist es nicht in Ordnung, zurückzuschlagen? Eine ganze Weltreligion hat das uralte Aug-um-Auge-und-Zahn-um-Zahn-Prinzip zu überwinden versucht, bisher ohne nennenswerten Erfolg. Kein waches Gewissen – kein Ende der Gewalt!

Was kann also die Falle trotz allem sprengen? Wer bisher aufmerksam mitgedacht hat, weiß es längst. Nur eine finale Vorleistung an den Gegner kann es, denn sie reißt die Falle aus ihren sämtlichen Angeln. Die finale Vorleistung beendet augenblicklich die Warteposition. Sie fordert die geistige Freiheit ein, selbstständig zu entscheiden, wie man handelt. Und sie weckt das Gewissen des Gegners wieder auf.

Letzteres ist besonders interessant. Angenommen, der Vater aus unserem »Keimzellen«-Beispiel nähme sich ernsthaft vor, seine Aggressionen in Zukunft zu unterdrücken und ruhig zu bleiben, auch wenn seine Angehörigen ihn missachten. Niemand würde ihm deswegen sogleich um den Hals fallen. Seine Familie würde zwar aufatmen, aber im Misstrauen verharren. Sie würde Vaters »Bravsein« für »die Stille vor dem Sturm« halten und ihn nach wie vor ausgrenzen. Angenommen jedoch, der Vater hielte seine finale Vorleistung durch. Er verbreitete eine friedliche Atmosphäre, verzichtete auf Vorwürfe, zeigte sich umgänglich und verständnisvoll. Allmählich würde bei seinen Angehörigen eine innere Dissonanz entstehen. Er ist freundlich und sie lehnen ihn ab – merkwürdig! Ihr »Sinn-Organ« Gewissen würde erwachen und sich rühren. Es hat tief geschlafen, solange der Vater herumgetobt hat, aber jetzt, nachdem er sich zum Positiven gewandelt hat, träte es wieder in Aktion und flüsterte, dass es nicht rechtens ist, den Vater schlecht zu behandeln. Warum denn? Die Angehörigen gerieten in eine Art »gesunde Zwickmühle«. Aus Trägheit und Gewohnheit lassen sie den Vater links liegen, aber ihr Gewissen würde zunehmend munter werden und sie auf einen milderen Kurs dirigieren. Langsam würde sich die ganze Familie auf einander zubewegen ...

Es ist einfach in höchstem Maße Abscheu erregend, Menschen, die sich wie Freunde verhalten, ins Gesicht zu schlagen. Wer kann das schon über längere Zeit? Nur sehr »abgebrühte« Personen schaffen das, und auch sie nicht ohne Unbehagen. Nein, die finale Vorleistung weicht selbst harte Herzen auf.

Die »Keimzelle« des Friedens

In der Geschichte »Der kleine Weg zum Frieden« von Bert Losse (Körner, Fellbach, 1993) beschreibt Losse – im Kontrast zur »Keimzelle« der Falle – die »Keimzelle« des Friedens. Man könnte auch sagen, er beschreibt, was dem Zuschnappen der Falle vorbeugt. Hier ein Auszug daraus:

»Ein Mann setzt sich im Park auf eine Bank. Ein fünfjähriger Junge klettert neben ihn. ›Guten Tag‹, sagt der Mann. ›Das ist meine Bank!‹, sagt der Knirps. ›Hmm‹, sagt der Mann und kramt in seiner Hosentasche. Zwei Bonbons kommen zum Vorschein. ›Kannst ja eines haben‹, sagt der Mann. ›Joooh.‹ Beide betrachten angestrengt ihre Schuhe. Der Knirps malt mit seinen Zehen Kreise in die Luft. ›Kannst auch ein Stück von meiner Bank haben.‹ Schweigend sitzen sie nebeneinander und lutschen ihre Bonbons.«

In einer Zeitschrift fand ich den Text eines unbekannten Autors, der ebenfalls die »Fallen-Prävention« deutlich macht. Da dieser schlichte Text noch in einer zusätzlichen Hinsicht lehrreich ist, sei er hier abgedruckt:

»Schon aus meiner Kindheit mag ich Frau Thurner. Sie war zu mir und meinen Altersgenossen immer freundlich, hatte sozusagen ein Herz für Kinder. Selbst hat sie sechs zur Welt gebracht und nicht immer gute Zeiten erlebt. Einer ihrer Söhne verunglückte tödlich, ein anderer hat gesundheitliche Probleme. Frau Thurner ist inzwischen verwitwet. Ein- bis zweimal die Woche sehe ich sie, wenn sie in ihrer Wohnung zum Fenster hinausschaut, Richtung Parkplatz, auf dem ich mein Auto abstelle.
    Immer nickte ich ihr zu, und sie grüßte erfreut zurück.
    Eines Tages stellte sie das Grüßen ein. Ich hatte keine Erklärung dafür, dachte mir insgeheim, dass ihr fortgeschrit-

tenes Alter vielleicht schuld daran wäre. Bedauerte diese Entwicklung.

Monate später kreuzten sich unsere Wege auf dem Gehsteig. Im Moment des Näherkommens überlegte ich, ob ich sie noch grüßen sollte. Tat es aber doch. Sie wandte sich mir zu und sagte: ›Aha, der Helmut. Du musst wissen, ich erkenne die Leute nur mehr an der Stimme, mein Sehvermögen hat sehr stark nachgelassen.‹ Meine Genugtuung über mein bescheidenes Tun des Grüßens war unbeschreiblich.«

Beide Kurztexte handeln von der Begegnung zweier Menschen. Im Park begegnen sich ein Mann und ein Kind. Auf der Straße begegnen sich Helmut und Frau Thurner. In beiden Fällen ist die Begegnung überschattet. Das Kind beansprucht die Bank für sich allein und signalisiert, dass der Mann verschwinden möge. Frau Thurner wiederum hat seit längerer Zeit das Grüßen eingestellt. Scheinbar signalisiert sie, dass sie die Beziehung zu Helmut aufgekündigt hat. Sowohl der Mann im Park als auch Helmut mögen sich gekränkt fühlen. Jetzt kommt es nur auf die beiden an, wie sie reagieren werden. Die Falle umzüngelt sie und raunt ihnen mit logischer Brisanz zu: »Setz dich demonstrativ hin. Mach dem Jungen klar, dass die Parkbänke für die Öffentlichkeit da sind!« und »Geh an der alten Frau vorbei. Die will sowieso nichts mehr von dir wissen!« Aber die beiden Akteure machen von ihrer Freiheit Gebrauch, alogisch final zu reagieren. Der Mann verschenkt ein Bonbon. Helmut grüßt, als wäre nichts geschehen. Die Falle – hat keine Chance mehr! So sehen die »Keimzellen« des Friedens aus.

Ich erwähnte, dass der zweite Text noch etwas Lehrreiches enthält. Obwohl simpel und undramatisch, zeigt die kleine Grußangelegenheit dennoch gestochen scharf, wie schnell Missverständnisse zu Konflikten führen. Aus meiner jahrzehntelangen Erfahrung mit Streithähnen aller Art möchte ich behaupten, dass hinter 80 % aller Konflikte am Anfang bloß Missverständnisse stecken. Einer versteht den anderen nicht, weiß nicht genug von ihm, kann sich in den anderen nicht einfühlen. Daher missinterpretiert er das Verhalten des anderen. Es kommt noch schlimmer. Er unterschiebt dem anderen *negative Intentionen*. Wenn Helmut auf dem Parkplatz steht, kommt er nicht auf die Idee, dass Frau Thurner ihn nicht mehr erkennen könnte. Also grüßt sie ihn nicht, weil »sie ihn nicht mehr mag«. Und schon ist die Wirklichkeit für Helmut verzerrt, das heißt, jetzt ist er der Kurzsichtige, der etwas nicht erkennen kann. Zwei Kurzsichtige in feindlichem Schweigen – eine Situation, wie sie sich vor und nach zwischenmenschlichen Dramen häufig präsentiert.

Fassen wir zusammen:

Konfliktpartnern kann man nur helfen, indem man sie zu finalen Vorleistungen an den Gegner motiviert. Solche Vorleistungen sind nicht leicht zu erbringen, weil sie einerseits dem logischen Denken zuwiderlaufen und andererseits nicht ausreichend von einem »eingeschläferten« Gewissen gestützt werden. Die reine Logik spricht für ein »Wie du mir, so ich dir«, ein Eskalationsprinzip, und das Gewissen ist durch die Angriffe der Gegenseite »betäubt«. Gelingt es trotzdem, wenigstens *einen* Konfliktpartner zu einer finalen Vorleistung zu motivieren, lockert sich die »teuflische« Falle, in die beide Partner verstrickt sind. Mitunter bricht sie völlig auf, denn der Gegner wird durch die finale Vorleistung, die im Grunde nichts anderes als ein winziger »Vorschuss an Liebe« ist, entfeindet. Dadurch kann er von sich erzählen (siehe Frau Thurner!), sich verständlich machen, seine Meinung ändern (siehe Knirps!), sich eventuell entschuldigen und auf künftige Attacken verzichten. Sein Gewissen ist ja wieder hellwach und *sinnvital*. Gelingt es darüber hinaus, *beide* Konfliktpartner zu einer finalen Vorleistung an den jeweils anderen zu motivieren, findet alsbald Versöhnung statt. Um ein letztes Mal auf unser Beispiel von der »Keimzelle« der Falle zurückzugreifen: Sollte der Vater seine Aggressivität konsequent zurückschrauben, und sollten gleichzeitig seine

Angehörigen ihn wieder kulant in ihrer Mitte aufnehmen, wäre die einstige Falle bloß noch eine blasse Erinnerung an eine traurige Phase, die vergangen ist.

Die sinnzentrierte Familientherapie hat zum Ziel, Menschen instand zu setzen, Sinn zu vernehmen und danach zu handeln. Dasselbe gilt für ein Konfliktmanagement nach Viktor E. Frankl. Auch dieses ist der Ziellinie untergeordnet, auf sinnvollen Wegen Frieden zu schaffen. Und Sinn ist eben weder identisch mit dem, was uns der »Kopf« sagt, noch identisch mit dem, was uns der »Bauch« sagt. Verstand und Gefühl können den Menschen täuschen, insbesondere in bedrückenden und aufgeheizten Lebenslagen. *Wenn* schon unbedingt ein Körperteil zur Symbolik herangezogen werden soll, dann entspricht Sinn wohl am ehesten der Weisheit des »Herzens«; und mit dieser in Verbindung zu bringen, ist Anliegen des konkreten stufenweisen Vorgehens im Konfliktfall, das wir im Folgenden erörtern wollen.

Benützen wir dafür ein Fallbeispiel aus der Arbeitswelt.

Eine Frau mittleren Alters war in einer Firma als Buchhalterin beschäftigt. Sie machte freiwillig Überstunden, die ihr nicht bezahlt wurden. Oft saß sie noch in den Abendstunden in ihrem Büro und war die Letzte, die den Betrieb verließ. Da die Buchhaltung stets in Ordnung war, kümmerte sich niemand besonders um sie. Dann kam es zu einem Wechsel in der Betriebsleitung. Der neue Vorgesetzte der Frau missbilligte ihre Angewohnheit und untersagte ihr strikt die freiwilligen Überstunden. Sie brach in Tränen aus und erklärte, dass sie ohne die Überstunden mit der anfallenden Arbeit nicht fertig werden könne. Der neue Chef antwortete kühl, dass sie eben ihr Arbeitstempo erhöhen müsse. Anderenfalls sähe er sich gezwungen, sie gegen eine flinkere Arbeitskraft auszutauschen.

Die Kollegen der Frau, die den sich hochschaukelnden Konflikt mit Spannung beobachteten, waren geteilter Meinung. Etwa die Hälfte fand den neuen Chef unsympathisch und seine Entlassungsandrohung der Frau gegenüber gemein. Die andere Hälfte war für klare Verhältnisse. Die Arbeitszeit eines jeden Mitarbeiters sollte korrekt eingehalten und bezahlt werden, um Ungerechtigkeiten zu vermeiden.

Die Auseinandersetzung spitzte sich zu. Die Frau meldete sich krank, eine herbeizitierte Ersatzbuchhalterin kannte sich nicht hinreichend aus, die Auszahlung der Gehälter inklusive Berechnung von Urlaubsgeldern stand vor der Tür. Der junge, noch unerfahrene Chef ließ der kranken Frau ausrichten, er sei mit seiner Geduld am Ende. Sie schrieb zurück, sie werde das Arbeitsgericht einschalten. Da bot sich ein logotherapeutisch geschulter Mitarbeiter als Mediator an. Er verwendete das dreistufige Modell aus der Paartherapie, das sich als überaus effizient erwiesen hat, in modifizierter Form.

Zur Vorbereitung von Konfliktpartnern

Schieben wir ein bisschen Theorie ein, ehe wir diese spannende Fallgeschichte fortsetzen.

Bevor man mit Konfliktpartnern gleichzeitig verhandelt, ist es notwendig, mit jeder Seite Einzelgespräche zu führen. Warum es notwendig ist? Fünf gute Gründe sprechen dafür.

Der *erste* Grund ist die sensible Affektlage der Beteiligten. In Konflikten sind Menschen wütend, zornig, traurig, ängstlich, auch unfair und unberechenbar. Prallen sie aufeinander, schäumen die Emotionswogen hoch. Der eine schreit, der andere heult, der Redestrom des einen ist nicht einzudämmen, dem anderen verschlägt es die Sprache und er gibt keinen Pieps mehr von sich. Mit solchen Pärchen zu verhandeln, ist wenig aussichtsreich. Deshalb ist es klug, die beiden zunächst getrennt zu betreuen. Im Einzelgespräch kann jeder Konfliktpartner seine Position erläutern, was meistens nicht ohne Geschimpfe auf den Gegner vor sich geht, aber zumindest bekommt der *Mediator* die Flut an Klagen und Vorwürfen ab, und nicht der Gegner, der sofort die »Retourkutsche« fahren würde. (Eine Parallele dazu: Auch am Anfang fast jeder psychotherapeutischen Intervention muss der Therapeut die ihm aufgedrängte Rolle der »Klagemauer« schlichtweg aushalten, damit ein Großteil der aufgestauten Affekte seines Patienten abfließen kann und eine vernünftige Kommunikation mit diesem wieder möglich wird.)

Dabei ist zu bedenken, dass die beiden Konfliktpartner manchmal schon lange nicht mehr miteinander gesprochen haben, höchstens über Dritte, z. B. über Rechtsanwälte, und dass sich dadurch ihre Vorstellungen vom anderen erheblich verzerrt haben. Sie haben Feindbilder ausgebrütet, die sie voller Empörung schildern wollen und nun im Erstgespräch an den Mediator herantragen. Es bleibt nichts anderes übrig, als dem eine Weile stattzugeben. Wichtig ist, dass die Feindbilder nicht den »Feind« treffen und dessen eigene Empörung über den Gegner potenzieren.

Der zweite Grund schließt nahtlos an den ersten an. Während der Mediator die Rolle der »Klagemauer« innehat, kann er sich ein erstes Bild von der Person machen, die ihm gegenübersitzt. Er wird zwar ihre Seele nicht mit Röntgenaugen durchleuchten können, auch dann nicht, wenn er bereits über sehr viel Praxis verfügt, denn Menschen sind immer für eine Überraschung gut. Dennoch wird er mit einigem Geschick und diagnostischen Kenntnissen abschätzen können, ob die Person vor ihm trotz ihrer vielleicht gegenwärtig angeschlagenen Verfassung (noch) seelisch gesund ist oder ob sie an einer seelischen Störung leidet.

Sollte Letzteres der Fall sein, sollte der Mediator also zunehmend den Verdacht hegen, dass bei dieser Person eine Angststörung, eine Suchterkrankung, eine Zwangsneurose, eine Depression, eine paranoide Schizophrenie oder Ähnliches vorliegt, müsste er von einer Paarberatung zunächst Abstand nehmen. Dann hätte nämlich die Behandlung der Krankheit Vorrang vor jeder weiteren Bemühung um Konfliktlösung. Es ist klar, dass seelisch kranke Menschen Konflikte mit ihren Mitmenschen haben, weil sie sich »abnormal« und unangepasst verhalten, aber solche Konflikte sind sekundäre Krankheitssymptome und lösen sich im Allgemeinen wieder mit dem Abklingen der Krankheit auf, was primär zu erreichen wäre.

Ein *dritter* Grund, zunächst Einzelgespräche zu führen, liegt in der Chance, den Einzelnen zu »schulen«. Es ist erstaunlich, welches Wissensdefizit im Bereich »Kommunikation« weithin herrscht. Faktisch behauptet jeder Konfliktpartner, dass »seine Welt in Ordnung wäre«, wenn bloß der andere, der Widersacher, sich besser verhalten würde. Da aber der andere nicht tut, was man gerne hätte ... ist die persönliche Welt nicht in Ordnung. Dem muss eisern gegengehalten werden. Die persönliche Welt eines Menschen ist *dann* in Ordnung, wenn er mit sich selbst zufrieden ist. Und ändern bzw. verbessern kann jeder seine Welt nur selbst.

Der Einzelne wird vom Mediator in den Begriff des »eigenen Freiraums« eingeweiht. Neben allen unabänderlichen Schicksalsfaktoren steht Menschen (solange sie bei Bewusstsein sind) stets ein persönlicher Freiraum zur Verfügung, in dem sie gegenwärtig ihre Handlungen und inneren Haltungen – angesichts irgendwelcher unabänderlicher Schicksalsfaktoren – frei wählen können. In diesem Freiraum können sie geistig »spazieren gehen« und sich aussuchen, was sie in die Realität hinein verwirklichen möchten. Dort geschieht Veränderung: Verschlechterung oder Verbesserung, je nachdem. Ein Kurzbeispiel: Der Gegner verhöhnt einen. Das ist ein Stück »Schicksal«. Man spaziert in den eigenen Freiraum und inspiziert das »Auswahllager« an Handlungen und Haltungen. Wie reichhaltig dieses Lager doch ist! Man findet diverse Reaktionsvarianten vor, von der Rache bis zur

Vergebung, vom Ignorieren bis zum psychosomatischen Kollaps durch Aufregung, von der klärenden Rückfrage bis zur Handgreiflichkeit. Ein ganzer »Sternenhimmel« an Möglichkeiten glitzert am dunklen Firmament des erlittenen Schmerzes, aber man muss den Blick zu ihm emporheben, anstatt ohnmächtig in das Dunkel der Kränkung hineinzustarren.

Der *vierte* Grund, der für vorbereitende Einzelgespräche spricht, ist eine wichtige Weiterführung der angelaufenen Schulung. Einer der hellsten Sterne am Himmel des eigenen Freiraums ist der nie zu unterlassende Versuch, den Konfliktpartner zu verstehen. »Alles verstehen« heißt zwar nicht automatisch, »alles verzeihen«, wie es in einem Bonmot heißt, aber wenn es einem gelingt, den anderen zumindest in Ansätzen zu verstehen, ist der Hass schon gebannt, der die Rutschpartie ins Menschenunwürdige startet. »Versuche immer erst, zu verstehen, und danach, verstanden zu werden«, ist auch einer der erfolgversprechendsten Slogans des amerikanischen Bestsellerautors Stephan Covey, womit er völlig recht hat. Zumal jedwede finale Vorleistung kinderleicht zu erbringen ist, sobald man den anderen versteht, aber beinhart wird, wenn sie ohne das geringste Verständnis für den anderen und dessen »Fehlverhalten« vorgeschossen werden soll. Man erinnere sich nur an Helmuts Geschichte. Hätte er verstanden, dass Frau Thurner schlecht sieht, wäre ihm der Gruß auf der Straße oder zu ihrem Fenster hinauf wie selbstverständlich über die Lippen geflossen. Ohne Verstehen ihres Handikaps war ihm sein Trotzdem-Grüßen jedoch so schwergefallen, dass er es später der Mühe wert fand, die Story aufzuschreiben.

Fragen wir uns: Wie können einzelne Konfliktpartner geschult werden, ihre Gegner zu verstehen? Nun, nachdem der Mediator sie zu »Spaziergängen« in ihren eigenen Freiräumen animiert hat, lehrt er sie die Bedeutung des aktiven Zuhörens und des Sich-Einfühlens.

Beide Fähigkeiten sind heutzutage fast am Verkümmern, was ein großes Problem darstellt. Eine Generation, die von klein auf lernt, Informationen gleichzeitig über Bild und Ton zu erhalten und zu verarbeiten, verlernt es sukzessive, Informationen über *einen* sensorischen Kanal allein aufzunehmen. Das Lesen (nur Bild allein!) kostet sie erhebliche Anstrengung. Das Zuhören (nur Ton allein!) fällt ihr ebenfalls schwer. Letzteres erwischt die zwischenmenschliche Kommunikation an ihrer empfindlichsten Stelle. Wenn Person A nicht mehr zuhört, was Person B sagt, und Person B nicht mehr zuhört, was Person A sagt, stirbt der Dialog zwischen den beiden. Allenfalls halten sie Monologe zu zweit, aber dies erhöht ihr Verständnis für einander um kein Jota. Zuhören ist ja keineswegs identisch mit einem Sich-akustisch-berieseln-Lassen seitens einer anderen Person, sondern meint genau genommen, sich innerlich mit Aufmerksamkeit und Interesse jener Person zuzuwenden und die Inhalte mitzubetrachten, mit denen sich jene Person gerade beschäftigt. Es ist kein passiver Prozess, sondern ein hochaktiver und unter Umständen auch ermüdender, weil man dabei über die Brücke vom Ich zum Du hinüberbalanciert.

Und wiederum schließt der *fünfte* Grund für Einzelgespräche nahtlos an den vierten an. Denn, selbst das aktive Zuhören zu erlernen, reicht noch nicht für kreative Konfliktlösungen aus. Der Einzelne muss befähigt werden, im Zuge seines Balanceaktes auch wirklich beim Du anzukommen. Das heißt konkret, er muss auch noch lernen, sich in den anderen *einzufühlen* und hineinzudenken. Hier haben wir die »conditio sine qua non ...«, die »Bedingung, ohne die es nicht funktioniert« direkt im Visier. Die Einfühlung ist der Bagger, der Mauern zwischen Menschen niederwalzt; die fehlende Einfühlung hingegen ist der Zement, der solche Mauern festigt. Hiermit haben wir aber nicht nur die entscheidende Konfliktlösungsbedingung beim Namen genannt, sondern auch die größte Hürde auf dem Weg zum Frieden identifiziert, falls die gegenseitige Einfühlung unterbleibt.

Nun gilt für das Einfühlungsvermögen der Menschen in unserer modernen Medien-Gesellschaft dasselbe wie für das Zuhören-Können: darin sind sie nicht geübt. Wie sollten sie es auch sein? Informationen aller Art prasseln über Fernsehen, Internet, Handys und Werbetrommeln auf sie ein, da braucht es kein sanftes »Erraten«, kein Erfühlen und Erspüren mehr, es gibt keine Geheimnisse mehr – außer dem Innenleben der Mitmenschen, und das ist in den geistigen Strömungen einer narzisstischen Zeit, in der Geld, Karriere, »Fun« und »Wellness« regieren, ziemlich egal.

Warum aber muss im Rahmen eines Konfliktmanagements ausgerechnet in Bezug auf dieses Defizit nachgelernt werden? Weil die finalen Vorleistungen (sollten Konfliktpartner zu solchen motiviert werden können) ohne Einfühlung in den Gegner trotz edelster Motivation in die falsche Richtung laufen können. Erinnern wir uns an Losses Parkbank-Geschichte. Der Mann schenkte dem Jungen ein Bonbon. Das freute den Jungen, und er »schenkte« dem Mann einen Platz auf »seiner« Bank. Es gehört zur Finalität des Ursprungsgeschenkes dazu, dass es »kalküllos« erbracht wird, also nicht auf ein Rückgeschenk spekulierend, sondern bar jeder Berechnung. Nicht der Platz auf der Bank, sondern die Freude des Jungen wurde durch das Bonbon »erkauft«, und da man Freude bekanntlich nicht kaufen kann, verlor die Aktion somit ihren geschäftlichen Touch. Dennoch ist eines wesentlich: Das Geschenk sollte tatsächlich Freude machen! Es sollte die Botschaft transportieren: »Ich bin dir nicht gram«, vielleicht sogar: »Ich mag dich – trotzdem«. Hätte der Mann dem Jungen ein Taschentuch oder einen Zahnstocher geschenkt, wäre die Parkbank-Geschichte wahrscheinlich schlechter ausgegangen, denn die Botschaft wäre unterwegs gestrandet. Nur mittels *Einfühlung* war es dem Mann möglich, zu ahnen, worauf der Bub Gusto hatte.

Die Buchhalterin und ihr Vorgesetzter

In der Summe kann der Mediator die Einzelgespräche mit den Konfliktpartnern abschließen, wenn

1) die Konfliktpartner ihre aufgestauten Emotionen abfließen haben lassen und relativ ruhig und sachlich sprechen können,

2) er selbst zu der Auffassung gelangt ist, dass bei keinem von ihnen die Indikation zu einer psychotherapeutischen Behandlung vorliegt,

3) die Konfliktpartner verstanden haben, dass nur sie allein, und zwar innerhalb ihres gegenwärtigen persönlichen Freiraums, Änderungen herbeiführen können,

4) die Konfliktpartner willig geworden sind, einander zuzuhören, und sich möglichst bereits darin eingeübt haben,

5) die Konfliktpartner erste zaghafte Versuche gemacht haben, sich in den jeweils anderen einzufühlen und einzudenken.

Dann ist der Boden vorbereitet für gemeinsame Gespräche.

Schalten wir jetzt zu unserem Fallbeispiel aus der Arbeitswelt zurück.

Der logotherapeutisch geschulte Mitarbeiter führte sowohl mit der Buchhalterin als auch mit ihrem Vorgesetzten je fünf Einzelgespräche nach dem oben besprochenen Muster.
    Anfangs weinte die Frau sehr und entrüstete sich über den erfahrenen Undank. Wie viel Lebenszeit habe sie in die Firma investiert, wie viel Freizeit auch, wenn sich die Abgabetermine ihrer Berechnungen drängten! Nie habe sie sich

beklagt, stets habe sie korrekt gearbeitet, und zum »Dank« wolle man sie hinauswerfen! Der junge Chef war anfangs ungeduldig und aufbrausend. Er werde nicht vor einer starrköpfigen Untergebenen zu Kreuze kriechen. Das würde seine Autorität in der Firma ein für allemal untergraben. In den Arbeitsverträgen seien Löhne, Leistungen und Arbeitszeiten exakt geregelt, und wer sich nicht daran halte, setze sich selbst vor die Tür. Vor Ärger war er hochrot im Gesicht. Der Mediator ließ jede Seite (getrennt) ausreichend zu Wort kommen. Dabei beobachtete er die beiden und stellte fest, dass sie zwar auf ihre eigenen Standpunkte fixiert, aber nicht in irgendeiner Weise psychisch abnorm waren.

Ab dem zweiten Einzelgespräch begann er, sie auf die zu erarbeitende Konfliktlösung vorzubereiten. Sie lernten, gedanklich ihre Freiräume auszuschreiten. Dabei begegneten sie den bizarrsten Möglichkeiten, aber auch lustigen und charmanten, an die sie nie gedacht hätten. Freilich konnte sich die Frau in Krankheit flüchten, aber sie musste es nicht tun. Sie konnte sich ebenso gut in der Aufmerksamkeit sonnen, die ihr seitens der Firma plötzlich zuteil geworden war. Sie konnte zu sich selbst sagen, dass sie, ein »Mauerblümchen«, endlich zu einer starken, dornigen Heckenrose erblüht war. Sie konnte einem eventuellen Arbeitsplatzwechsel vergnügt entgegensehen, weil er Abwechslung und Thrill in ihr eintöniges Leben bringen würde ... Auch der Vorgesetzte war nicht gezwungen, sich in einen nervenaufreibenden Rechtsstreit zu verbeißen. Er konnte ebenso gut eine neue Verordnung erlassen, wonach Personen, die in seiner Firma freiwillig Überstunden leisteten, künftig zu einer »ehrenamtlichen Brigade« zusammengefasst würden, der einmal im Jahr während der Weihnachtsfeier ein »Ständchen« vorgesungen würde. Oder er konnte langjährigen Mitarbeitern (wie der Buchhalterin), die einen sitzenden Beruf ausübten, die Mitgliedschaft in einem Fitness-Klub bezahlen mit der Auflage, mindestens dreimal wöchentlich abends zu turnen (anstatt in der Firma zu hocken) ...

Die beiden Konfliktpartner amüsierten sich bei solchen Fantasieausflügen, begriffen aber, dass es an ihnen selbst lag, die Situation produktiv zu gestalten, ohne jegliches Warten darauf, dass erst der andere Initiativen setzen müsse.

Ab dem vierten Einzelgespräch erfuhren sie die Bedeutung des Zuhörens und des Sich-Einfühlens für die zwischenmenschliche Kommunikation. Dass *Wissen* der Schlüssel zur Macht, zum Erfolg und zum Angesehensein in unserer nüchternen Welt ist, war ihnen bei ihren bisherigen Studien und Fortbildungen sowieso schon eingebläut worden. Deswegen betonte der Mediator die Frage, wo denn nun das Wissen über die innerseelischen Vorgänge eines anderen Menschen bliebe? Und wie man dazu gelange? Was wisse einer vom anderen? Was wissen Eheleute voneinander? Was wissen erwachsene Kinder von ihren Eltern und umgekehrt? Meistens alarmierend wenig! Was wissen Vorgesetzte von ihren Untergebenen und umgekehrt? Noch viel weniger! Menschen öffnen sich nicht leicht voreinander und legen gar ihre geheimsten Ängste und intimsten Sehnsüchte auf den Tisch. Sich vor anderen zu »entblößen«, macht verletzlich ...

Wenn einer jedoch wenig oder nichts vom anderen weiß, täuscht er sich in ihm, interpretiert ihn falsch, behandelt ihn falsch und verletzt ihn unter Umständen erst recht. Also bekam die Buchhalterin die »Hausaufgabe«, sobald sie vom Krankenstand zurück sei, dem jungen Chef zuzuhören, wenn er spreche, ohne sofort in die Defensive zu gehen. Sie solle einfach seinen Worten »nachlauschen« und herauszuspüren versuchen, was hinter ihnen stecken könne, z. B. an Zukunftsvorstellungen und Plänen, oder auch an Sorgen und Stressfaktoren.

Der junge Chef bekam seine eigene »Hausaufgabe«. Er solle seinen Mitarbeitern, darunter der Buchhalterin, ab sofort gezielt Raum für verbale Äußerungen gewähren und ihnen keineswegs das Wort abschneiden. Er müsse nicht alles gutheißen, was sie von sich geben. Wesentlich sei, dass er aus den Inhalten, die die Mitarbeiter an ihn herantrügen, Schlüsse darauf ziehe, unter welchen äußeren und inneren Bedingungen sie ihre tägliche Arbeit verrichteten und wie es ihnen körperlich-seelisch dabei ergehe.

Nachdem die Konfliktpartner solcherart vorbereitet worden waren, entschloss sich der Mediator, das elfte Gespräch (nach zweimal fünf Einzelgesprächen) gemeinsam mit den beiden zu führen, und zwar strikt nach dem *dreistufigen Paarschema* aus der sinnzentrierten Familientherapie.

Zum näheren Verständnis sei dazu wiederum ein Theorieteil eingeschoben, ehe wir uns der Fortsetzung des Falles widmen.

Bei Vermittlungsgesprächen mit zwei Personen, die einander spinnefeind sind, darf *ein Kardinalfehler* nicht passieren. Keine der beiden Personen darf die Gelegenheit erhalten, auf die andere Person loszukeifen. Um dieses verheerende Ventil nicht aufzudrehen, darf z. B. niemand gefragt werden, was ihn am anderen stört, ärgert oder unverschämt erscheint. Es wäre in der Tat katastrophal für die weitere Mediation, wenn eine der beiden Personen in die alte Leier hineinrutschen würde, die zweite (diesmal anwesende!) Person anzuklagen. Das Klagen müssen die Einzelgespräche abgefangen haben, so gut es ging (Stichwort: Klagemauer). Würde sich das Klagen und Anklagen im gemeinsamen Gespräch fortsetzen, würde die zweite, die angeklagte Person keineswegs seelenruhig danebensitzen, sondern zunehmend kribbelig werden, würde innerlich »hochkochen« und würde – wenn sie nicht schon mittendrin mit ihrer Gegenversion herausplatzt – kaum, dass sie an der Reihe ist, auf den Vorredner zurückhacken. Der Kampf fände lediglich in neuen Räumen statt, ansonsten wie am »Tatort«, und die Chance zur Reparation und Renovation wäre dahin.

Dem vorzubeugen bedarf es eines *kreuzweisen Ansatzes*. Es soll ja nicht verdrängt werden, was den einen am anderen stört, ärgert oder unverschämt erscheint, jedoch soll der andere selbst der »Entdecker« jener Stolpersteine werden, die er dem einen vor die Füße streut. Jeder wird von Anfang an dazu geleitet, herauszufinden, womit er seinen Konfliktpartner kränkt und beleidigt, bzw. womit er es ihm erschwert, mit ihm zusammenzuleben (Ehe, Gefährtenschaft), zusammenzuarbeiten (Team, Betriebskollegen), zusammenzuwohnen (Nachbarn, Volksgruppen) etc. Freilich bedarf es dazu einer horrenden Einfühlung – nun ja, der Boden ist schon beackert! Und wo die Einfühlung nicht ausreicht, kann der Mediator mit kleinen Denkimpulsen behilflich sein. Das Verstehen ist der Anfang vom Ende des Feindbildes. Nichts Menschliches ist Menschen fremd, alles Menschliche kennen Menschen von sich selbst. Sobald sie erfassen, dass ihr Gegner Befürchtungen hat wie sie, Wünsche hat wie sie, überleben möchte wie sie und sich zwischendurch erholen möchte wie sie (altrömisch gesagt: »Brot und Spiele« möchte), sobald sie dessen gewahr werden, ist der Gegner kein satanisches Phantombild mehr, sondern ein Mensch aus Fleisch und Blut wie sie, ausgesetzt in brüchiger Existenz und strampelnd um ein bisschen Lebensqualität wie sie. In besonders dichten Augenblicken des Verstehens blitzt er sogar im Ebenbild des Bruders oder der Schwester auf. *Dann* lösen sich die Konflikte fast von allein.

Ein dreistufiges Schema der Paartherapie

Lädt ein Mediator vorbereitete Konfliktpartner zu einem gemeinsamen Dreiergespräch ein, muss er sich genügend Zeit dafür reservieren, am besten einen ganzen Nachmittag. Diese Zeitfülle lohnt sich. Ich pflege ein derartiges Dreiergespräch mit einer mehrstündigen Herzoperation zu vergleichen; auch dabei ist Eile nicht angebracht, und auch dabei hängt viel für die Zukunft der Betreffenden ab. Der Mediator muss die drei Stufen durchziehen, kann aber nach Erreichen der ersten Stufe eine Pause einlegen. Ferner muss er die Gesprächsführungsrolle behalten und darf sich unter keinen Umständen aus dem Konzept bringen lassen. Das Dreiergespräch erfordert ein ausgeprägtes Fingerspitzengefühl von ihm, denn er muss die Kontrahenten an einer ziemlich »kurzen Leine« führen, ohne dass sie sich von ihm gegängelt fühlen. Überdies sind »todernste« Themen abzuhandeln, und dennoch sollen die Kontrahenten bei guter Laune bleiben. Das ist nur zu erreichen, wenn der Mediator jene ernsten Themen mit einer gewissen Leichtigkeit und, wo passend, Humorigkeit abhandelt. Schließlich braucht er noch ein exzellentes Gedächtnis für alles, was seine Klienten sagen, denn es gehört zur hohen Kunst des Konfliktmanagements, mit dem *personeneigenen Material* der Konfliktpartner zu argumentieren und möglichst wenig »fremde« (hier: vom Mediator produzierte) Ideen und Lösungsvorschläge an sie heranzutragen.

Freilich hätte der neutrale Dritte, der Außenstehende, der emotional nicht involviert ist und einen hinreichenden inneren Abstand zur Streitsache hat, die besten Ideen und Lösungsvorschläge anzubieten. Doch leider stößt nicht nur der Körper des Menschen fremde Organe ab (selbst wenn diese gesund sind!), wie es etwa bei Herztransplantationen lange Zeit das Haupthindernis gewesen ist. Auch die Seele des Menschen stößt fremde Ratschläge kategorisch ab (selbst wenn sie klug sind!). Man wird daher im Dreiergespräch nur im Notfall kleine Anregungen mit einwerfen und ansonsten versuchen, durch geschicktes Fragen günstige Antworten seitens der Kontrahenten zu erzielen.

Durchlaufen wir nun die drei Stufen anhand unseres Fallbeispieles:

1. Sich in den Gegner einfühlen

Die Buchhalterin und ihr Vorgesetzter nahmen gegenüber dem Mediator Platz. Er begrüßte sie zum ersten gemeinsamen Gespräch und erwähnte, dass beide sehr verantwortungsvolle Positionen innehätten, die auszufüllen genügend Nervenkraft benötige. Es wäre schade, wenn sie sich zusätzliche Lasten auf ihre Schultern aufladen würden. Vernünftiger sei es, Stress und Frust abzubauen, wo es nur gehe, und zu diesem Zweck seien sie nun zusammengetroffen.

Dann wandte sich der Mediator an den Chef und fragte ihn, was dieser denn glaube, warum seine Mitarbeiterin so heftig auf seine Anweisung, sie solle in Zukunft auf Überstunden verzichten, reagiert habe. »Was ich Sie bitte zu suchen«, erklärte der Mediator, »ist sozusagen der wunde Punkt, den Sie damals bei ihr getroffen haben. Womit haben Sie Ihre Mitarbeiterin verletzt? Was hat ihr bei der Auseinandersetzung mit Ihnen besonders wehgetan? Was hat sie buchstäblich krank gemacht?« Der Chef wollte ausweichen. »Wie soll ich wissen, warum sie überempfindlich ist?«, fragte er zurück, doch ließ sich der Mediator nicht beirren. »Wenn Sie es nicht wissen, dann müssen Sie jetzt raten«, meinte er. »Stellen Sie sich vor, Sie sollten ein Rätsel entziffern. Setzen Sie Ihren Ehrgeiz darein, dem Unbekannten auf die Spur zu kommen. Was könnte den Schock bei Ihrer Buchhalterin ausgelöst haben, als Sie ihr verboten, abends nach Dienstschluss noch weiterzuarbeiten?«

Der Chef wand sich und murmelte ein paar Gemeinplätze. Sie sei eben eine zimperliche Person, eine »Mimose«, das habe vielleicht mit ihrer Erziehung zu tun ..., aber der Mediator nagelte ihn fest. Glaube er wirklich, das gegenwärtige Hauptproblem seiner Buchhalterin läge in deren einstiger Kinderstube ...? Nein, der Mann glaubte es nicht. Nach einigem Nachdenken gab er zwei angemessenere Varianten zur Antwort. Es könnte sein, dass sie erschrak, weil sie Angst hatte, ohne Überstunden ihr Arbeitspensum nicht zu bewältigen. Der Mediator lobte den Mann für diese Äußerung. Es könnte auch sein, fügte der Chef hinzu, dass sie enttäuscht war, weil sie sich für ihren Fleiß Anerkennung statt Kritik erwartet hatte. Der Mediator lobte wiederum. »Sie beweisen ein großes Einfühlungsvermögen«, sagte er. »Nun spüren Sie genau hin: Haben Sie Ihrer Buchhalterin vorrangig mit Ihren Worten Angst eingejagt, oder haben Sie sie gekränkt, weil Sie die für die Firma unentgeltlich geleisteten Verdienste abgewertet haben? Was wog schwerer; was war das für sie Schlimmere?«

An dieser Stelle sei mir ein kurzer Einwurf gestattet. »Oder-Fragen« wie die letztgestellte sind eine bewährte Taktik, um den Klienten schwierige Differenzierungen zu erleichtern. Nur wenige Menschen sind darin geübt, in der Alltagskonversation punktgenaue Aussagen zu machen. Die meisten stellen vage Schätzungen, unüberprüfte Meinungen und mehrdeutige Formulierungen in den Raum. Nehmen wir zum Beispiel die Aussage: »Heute ist es schön.« Durch eine »Oder-Frage« könnte eruiert werden, was für jemanden schön ist, etwa durch die Frage: »Findest du das heutige Wetter schön, oder gefällt dir die Natur draußen, oder fühlst du dich einfach wohl?« Ein weiterer Vorteil der »Oder-Fragen« ist, dass sie in keine Richtung suggestiv wirken. Der Adressat, an den die Frage gerichtet ist, kann unbeeinflusst auswählen, ob ihm das Wetter, die Natur draußen oder sein Wohlbefinden gefällt.

Dem Chef aus unserer Fallgeschichte fiel die Wahl allerdings schwer. Er dachte ernsthaft über die Frage des Mediators nach und antwortete dann zögernd: »Sie erzählte mir zwar von dem Zeitdruck, unter dem sie manchmal steht, aber, wenn ich ehrlich bin, vermute ich doch, dass sie erwartete, man werde ihre Dienstbeflissenheit honorieren. Vielleicht hat sie das schon seit langer Zeit erwartet, bereits von meinem Vorgänger. Es stimmt ja auch, dass es nicht recht war, ihre

Arbeit völlig unkommentiert und unentgeltlich entgegenzunehmen, als wäre es selbstverständlich, dass sie ihre Abende der Firma schenkt ...«

Als der Chef dies sagte, tupfte sich die Buchhalterin eine Träne aus den Augenwinkeln, aber es war eine »gute« Träne, eine Träne des Aufatmens. Der Mediator fasste die Antwort des Chefs mit eigenen Worten zusammen: »Sie sind also der Ansicht, dass Sie Ihre Mitarbeiterin am meisten dadurch verletzt haben, dass Sie ihre Überstunden nicht gewürdigt haben, als sie ihr diese kurzerhand verboten. Das klingt plausibel. Sie könnten den tiefsten Schmerz Ihrer Mitarbeiterin erraten haben.«

Damit wandte er sich der Frau zu und setzte gleichermaßen *kreuzweise* an: »Nun zu Ihnen: Was glauben Sie, warum Ihr Vorgesetzter so heftig auf Ihre Weigerung, auf Überstunden zu verzichten, reagiert und sogar mit Kündigung gedroht hat? Welchen wunden Punkt haben Sie bei ihm berührt, womit haben Sie ihn bei der damaligen Auseinandersetzung erschüttert?« Im Gesicht der Frau arbeitete es. Am liebsten hätte sie losgeschimpft, ihn einen arroganten, groben Kerl genannt, der halt keine Manieren habe; aber der bisherige Gesprächsverlauf hatte sie besänftigt. Er hatte sich so sehr bemüht, sie zu verstehen ... Sie verbiss sich das Gekeife, wusste aber sonst nichts zu äußern. Der Mediator versuchte, ihr auf die Sprünge zu helfen. »Erinnern Sie sich an den ersten Zusammenstoß mit Ihrem Chef. Was haben Sie da gesagt oder getan, was ihn aufgebracht haben könnte?« Sie dachte nach. »Ich habe geweint«, wisperte sie. »Und dann?« »Dann bin ich aus dem Zimmer gerannt und habe die Türe hinter mir zugeknallt.« »Und Ihr Chef – ?« »Na ja, ich gebe zu, er stand wie ein begossener Pudel im Zimmer. Er ist mir gleich nachgekommen, aber ich habe nicht mehr mit ihm geredet.« »Wie könnte diese Situation für ihn gewesen sein?« »Peinlich«, murmelte die Frau und senkte den Kopf. Der Mediator lobte sie für ihr Einfühlungsvermögen, verlangte aber auch von ihr noch mehr Differenzierungsleistung. »Was war nun das Schlimmste für Ihren Vorgesetzten: dass Sie sich seiner Anordnung widersetzt haben oder dass Sie geweint haben oder dass Sie weggerannt sind oder dass Sie jeden weiteren Dialog mit ihm boykottiert haben?« Die Frau schüttelte den Kopf. »Ich habe keine Ahnung.« Der Mediator ließ nicht locker. »Jetzt sind Sie mit dem Rätselraten an der Reihe«, lächelte er, »versuchen Sie, das Geheimnis zu lüften!«

Die Frau schwieg und niemand störte sie. Ein Mediator ist es gewohnt, Pausen auszuhalten, und der danebensitzende Chef nahm zufrieden zur Kenntnis, wie sehr seine Mitarbeiterin darum rang, ihn zu verstehen. Dann begann die Frau zu sprechen und schien dabei über sich selbst hinauszuwachsen: »Er ist noch jung, mein Chef. Er muss sehr tüchtig sein, wenn er so jung schon als Führungskraft berufen worden ist. In seiner Generation gibt es große Autoritätsprobleme. Die Eltern, die Lehrer sind nicht mehr die Autoritätspersonen, die sie früher einmal gewesen sind. Die Sitten haben sich gelockert ... Ich könnte mir vorstellen, dass ein junger Chef sich irgendwie Respekt verschaffen muss, sonst tanzt ihm jeder Angestellte auf der Nase herum und macht, was er will. Ich könnte mir vorstellen, dass er Angst hat, nicht mehr Herr der Lage zu sein, wenn er sich nicht durchsetzen kann. Wenn ich damals mit ihm im Zimmer geblieben wäre, wäre er vielleicht kompromissbereit gewesen, aber als ich hinauslief und meine Kollegen mich heulen sahen, konnte er nur noch vor aller Augen nachgeben oder hart bleiben. Ich glaube, das war das Schlimme für ihn. Er fürchtete, ein Nachgeben würde seine Autorität untergraben. Die Kollegen würden munkeln, bei dem ›Neuen‹ brauche man bloß auf die Tränendrüsen zu drücken, um ihn um den Finger zu wickeln ...« Als die Buchhalterin dies sagte, staunte ihr Chef nicht schlecht. Er sah sie geradezu mit Bewunderung an, und auch der Mediator strahlte. »Das hört sich ebenfalls sehr plausibel an«, erklärte er. »Sie beide dürften auf dem besten Weg zur Rätsellösemeisterschaft sein. Fragen wir zur Sicherheit nach, ob das Wichtigste erraten worden ist.«

Noch der Frau zugewandt meinte er: »Tat es wirklich so bitter weh, dass Ihre Überstunden nie anerkannt worden sind?« Sie nickte zustimmend. Er wechselte zum Chef: »Und Sie waren wirklich in Sorge um Ihre Autorität?« »Ja«, antwortete dieser schlicht und knapp. »Bravo«, rief der Mediator aus und fasste beide Konfliktpartner in seinen Blick. »Sie haben sich hervorragend ineinander eingefühlt. Jetzt werden wir uns bei einer Tasse Kaffee stärken, und danach ebnen wir gemeinsam den Weg zu einem angenehmen Arbeitsklima in Ihrer Firma.«

2. Den Gegner weniger verletzen

Die erste Stufe des dreistufigen Paargesprächs wird also mit einer Kontrollfrage an jeden Konfliktpartner beendet, wobei kontrolliert wird, ob jeder richtig »erraten« (bzw. eingestanden) hat, womit er seinen Gegner bei den Auseinandersetzungen am meisten verletzt hat. Freilich kann der Gegner das Herausgefundene korrigieren. Z. B. hätte der Chef in obiger Fallgeschichte einwenden können, dass es ihm weniger auf seine Autorität als vielmehr auf das Prinzip der Gleichbehandlung aller Untergebenen ankomme. Oder die Buchhalterin hätte darüber informieren können, dass ihr der Zeitdruck mehr zu schaffen mache als die Frage vermisster Anerkennung.

Dennoch erfolgen solche Korrekturen meiner Erfahrung nach überraschend selten. Es ist nicht zu fassen, wie genau »Feinde« wissen, womit sie den jeweils anderen am meisten quälen und ärgern – vorausgesetzt, sie sind ehrlich zu sich selbst und »beichtbereit« gegenüber einem Dritten, was sie üblicherweise beides nicht sind. Dass sie dieses hohe ethische Niveau schon innerhalb der ersten Gesprächsstufe erreichen, liegt einerseits an der stattgefundenen Einschulung in Sachen »Einfühlungsvermögen« während der vorbereitenden Einzelgespräche, und andererseits am *kreuzweisen* Frageansatz des

Mediators, ein Ansatz, der konsequent durchgehalten wird und kein Ausweichen auf Nebenthemen erlaubt.

Mit Abschluss der ersten Stufe sind somit die Zielpunkte fixiert, die der zweiten Gesprächsstufe ihr Gepräge geben werden. Ziel ist es, dass jeder Konfliktpartner ein Verhaltensmuster entwirft, mit dem er in Zukunft in einer ähnlichen Konfliktsituation seinen Gegner weniger verletzt. Ziel ist es, dass jeder – wenn es hart auf hart kommt – dem anderen zumindest den größten und heftigsten Schmerz erspart, den er ihm bislang zugefügt hat.

Dabei muss das neue Verhaltensmuster für den Betreffenden »lebbar« und zumutbar sein und darf ihn nicht überfordern, sonst würde er es trotz bester Vorsätze alsbald wieder sein lassen. Der Weg zur Hölle ist bekanntlich mit guten Vorsätzen gepflastert ... Deswegen ist es die paradoxe Aufgabe des Mediators, nicht nur Verhaltensverbesserungsfantasien zu wecken, sondern solche auch zu bremsen, wo sie für den Betreffenden auf Dauer unrealisierbar wären. Der Mediator hat vom Friedensstifter zum *advocatus diaboli* zu wechseln und wieder zurück, wo nötig.

Die Buchhalterin und ihr Vorgesetzter setzten sich zur zweiten Runde nieder. Sie waren entspannter und zuversichtlicher als zu Beginn, weil sie sich gegenseitig verstanden fühlten. Diese angenehme Startbasis nützte der Mediator, indem er sie nochmals um ihre Kooperationsbereitschaft bat. Jetzt komme der entscheidende Verhandlungsteil, betonte er, und jeder sei gefordert, ein klein wenig über seinen Schatten zu springen.

Er wandte sich diesmal als Erstes der Frau zu. »Machen wir beide jetzt einen Spaziergang in Ihrem Freiraum«, lud er sie ein. »Angenommen, die für Sie schwierige Szene mit Ihrem Chef wiederhole sich. Er betritt Ihr Büro und donnert los: ›Was machen Sie um diese Zeit noch im Büro? Ich habe Ihnen doch untersagt, Überstunden abzusitzen! Verschwinden Sie!‹ Gibt es in Ihrem Freiraum andere Möglichkeiten als weinend aus dem Zimmer zu laufen? Und: Gibt es unter diesen anderen Möglichkeiten eine, die seine Autoritätsposition *nicht* gefährden würde? Könnten Sie irgendwie anders reagieren, so, dass Sie vor sich selbst bestehen können, aber trotzdem Ihren Chef schonen?« Die Frau seufzte und suchte nach Worten. »Na ja«, sagte sie resigniert, »ich könnte meine Sachen packen und nach Hause gehen.« Der Mediator räusperte sich skeptisch. »Wäre das in Ordnung für Sie?« »Nein!« »Suchen wir weiter in Ihrem Freiraum. Vielleicht findet sich eine Reaktionsmöglichkeit, mit der Sie sich eher einverstanden erklären könnten.« Die Frau rümpfte die Nase. »Ich könnte ihm raten, einen Benimm-dich-Kurs zu buchen.« »Würde ihm diese Reaktion Schmerz ersparen?« »Nein!« »Dann suchen wir weiter in Ihrem Freiraum. Es gibt unzählige Möglichkeiten darin, aber nur einige davon sind Ihrer und seiner würdig. Einige haben sogar Heilkraft, können Wunden schließen, statt Wunden zu schlagen. So eine Möglichkeit wollen wir entdecken.«

Die Frau riss sich zusammen: »Ich könnte versuchen, mich nicht aufzuregen, sondern ruhig mit ihm zu sprechen. Ich könnte ihm zeigen, woran ich gerade arbeite, und ihn fragen, ob diese Arbeit eilig ist oder bis morgen Zeit hat. Dann könnte ich ihm die Entscheidung überlassen, ob ich meine Arbeit ausnahmsweise noch fertigstellen soll, oder ob ich, wie gewünscht, meinen Feierabend antrete.« Der Mediator sann ihren Worten nach. »Das klingt souverän«, sagte er schließlich. »Wie denken Sie, würde Ihr Chef wohl darauf reagieren?« »Er würde auch ruhiger werden und vermutlich meine Arbeit ansehen.« »Wäre das für Sie okay?« »Gewiss, ich wäre froh, wenn er sähe, was ich alles auf dem Schreibtisch liegen habe.« »Gut«, nickte der Mediator und schlüpfte in die Rolle des advocatus diaboli, »aber wie gelingt es Ihnen, sich nicht aufzuregen, wenn Ihr Chef Sie mit Vorwürfen bombardiert? Wie gelingt es Ihnen, mit aufsteigenden Tränen und einem Kloß im Hals gelassen zu sprechen? Ist das in solch einem Moment nicht zu viel für Sie?«

Die Buchhalterin zuckte die Achseln. »Ich muss es mir einfach vornehmen«, meinte sie. Dem Mediator dünkte dies zu unsicher. Er forschte weiter: »Was könnte Ihnen helfen, Ihrem Chef gegenüber ruhig zu bleiben, selbst wenn er Sie barsch anredet? Überlegen Sie: Was würde Sie in Ihrem Vorhaben stützen, was würde Ihnen in solch einem Augenblick Kraft verleihen?« Erneut trat Stille ein, in der die Frau nach inneren Haltegriffen suchte, während der neben ihr sitzende Chef schon fast ein schuldbewusstes Gesicht machte. Begriff er doch plötzlich, wie sehr ein paar unbedacht hingeworfenen Äußerungen von ihm seine Mitarbeiterin aus dem Gleichgewicht zu bringen vermochten.

»Ich weiß etwas«, meldete sich die Frau und stockte. Eine Minute verrann. »Ich hätte ein Kind gehabt«, begann sie leise und senkte den Kopf. »Es ist in der 21. Schwangerschaftswoche gestorben. Es ist ein Bub gewesen, und wenn er gelebt hätte, wäre er jetzt ungefähr so alt wie mein Chef. – Wenn ich mir vorstelle, es könnte mein Sohn sein, der die Abteilung einer Handelsfirma zu leiten hätte und sich dort behaupten müsste, dann ... ja dann ... könnte ich ihm nachsehen, wenn er einmal den falschen Ton trifft, weil er Prinzipien durchsetzen will ... Ja, ich glaube, wenn ich daran denke, dass er mein Sohn sein könnte, brächte ich es fertig, ruhig mit ihm zu sprechen und ihm meine Arbeitsaufträge zu zeigen.«

»Ein rührender Gedanke«, lobte der Mediator sie, »und bestimmt auch ein wirksamer. Nichts ist so stark wie die Mutterliebe, selbst wenn sie nicht an ein eigenes Kind verschenkt wird. Ich beschreibe also nochmals die neue Möglichkeit, die Sie in Ihrem Freiraum erspäht haben. Sollte es wieder eine Auseinandersetzung mit Ihrem Chef geben, könnten Sie mit ihm in ein sachliches Gespräch einsteigen, auf Ihre Arbeit verweisen und ihm die Entscheidung zum Arbeitsabbruch oder zur Arbeitsfortsetzung übertragen, was seine Autoritätsposition sogar noch unterstriche. Das würden Sie emotional schaffen, weil Sie sich in dieser Belastungssituation an Ihren verlorenen Sohn erinnern würden, der etwa gleich alt wäre und in seinem jugendlichen Überschwang vielleicht auch nicht immer den richtigen Tonfall fände, trüge er eine vergleichbare Verantwortung. Habe ich das richtig verstanden?« »Ja.«

Nun kam der Vorgesetzte an die Reihe. Auch er wurde zu einem gedanklichen Spaziergang in seinem Freiraum aufgefordert. »Angenommen, Sie haben einen anstrengenden Tag in der Firma hinter sich und wollen gerade nach Hause fahren. Da sehen Sie noch Licht im Büro Ihrer Buchhalterin. Sie ärgern sich. Sie haben ihr doch nachdrücklich mitgeteilt, dass Sie keine Extratouren mehr wünschen und dass sie ihr Arbeitspensum während ihrer Dienstzeit zu erledigen habe. Zorn kriecht in Ihnen hoch. Diese Frau ignoriert Ihre Anweisungen. Sie glaubt wohl, sie hätte Sonderrechte, nur weil sie schon länger in der Firma beschäftigt ist und älter ist als Sie! Statt zum Ausgang lenken Sie Ihre Schritte zum hellerleuchteten Büro. Sie reißen die Türe auf. – Gibt es in Ihrem Freiraum noch eine andere Möglichkeit, als Ihrer Mitarbeiterin jetzt knallhart mit Kündigung zu drohen? Eine Möglichkeit, die deren Fleiß nicht abwertet, sondern eher positiv bewertet?«

»Wenn ich ihren Fleiß anerkenne, hört sie nie damit auf!«, knurrte der Chef. »Suchen wir weiter«, schlug der Mediator vor. »Suchen wir eine Möglichkeit, die Ihren Argumenten Platz bietet und dennoch Ihre Mitarbeiterin nicht verletzt.« Der Chef runzelte die Stirne. »Soll ich einen Kniefall vor ihr machen?«, zischte er zynisch, doch der Mediator blieb unbeirrt auf seiner Linie. »Auch das ist eine Möglichkeit in Ihrem Freiraum, aber wahrscheinlich keine, die Ihnen und Ihrer Mitarbeiterin zusagt.« »Nein.« »Tasten Sie sich tiefer in Ihren Freiraum hinein«, ermunterte ihn der Mediator. »Schlendern Sie durch ihn durch wie mit einem Geigerzähler in der Hand. Dort, wo es strahlt, nämlich im Guten strahlt, wird ein Signal ertönen ...« »Wenn ich meinen Zorn unterdrücken kann«, unterbrach ihn der Chef, »dann kann ich mein Anliegen auch freundlich vorbringen. Ich kann das Büro meiner Mitarbeiterin betreten, sie begrüßen, ihren Diensteifer loben und sie danach bitten, für heute Schluss zu machen. Vielleicht habe ich sogar die Geduld, ihr zum wiederholten Male zu erklären, wozu es eine Dienstordnung gibt ...«

Hier griff der Mediator ein. »Warten Sie«, rief er aus, »die erste Hälfte der von Ihnen anskizzierten Möglichkeit strahlt tatsächlich im Guten. Nur nimmt ihr der Seitenhieb mit der Dienstordnung wieder etwas von ihrer Strahlkraft hinweg. Fällt Ihnen dazu noch eine mildere Variante ein?«

»Ja«, erwiderte der Chef nachdenklich. »Ich habe mir schon länger etwas überlegt. Ich werde einen Zettel mit der Dienstordnung in jedem Bürozimmer aufhängen lassen. Das ist kein Affront gegen jemand Bestimmten, denn die Dienstordnung gilt ganz genauso für mich wie für alle. Sollte ich also einmal Anlass haben, meine Buchhalterin freundlich zu bitten, Feierabend zu machen – die strahlende Möglichkeit, wie Sie sie nennen! –, bräuchte ich nur zum Zettel an der Wand hinzuzeigen, und sie verstünde mich sofort.«

»Das klingt besser«, bestätigte der Mediator, zögerte aber noch mit seiner vollen Zustimmung. »Sie haben vor unserer Gesprächspause so treffend erraten, dass Ihrer Buchhalterin seit vielen Jahren eine Würdigung ihrer Treue zur Firma und ihres Engagements versagt geblieben ist. Sie entdeckten, dass dies ein wunder Punkt in ihrer Seele ist. Jetzt frage ich Sie: Genügt es im Bedarfsfall, Ihre Mitarbeiterin freundlich und unter Verweis auf die Dienstordnung heimzuschicken, um diesen wunden Punkt auszukurieren?«

Der Chef schwieg eine Weile, dann sprang er ein gehöriges Stück über seinen Schatten. »Ich hab's«, sagte er. »Ich werde ihr eine Urkunde überreichen, die von meinem Vorgänger und von mir unterschrieben ist und in der ihre korrekte Arbeit und ihr besonderer Einsatz für die Firma hervorgehoben werden. Diese Urkunde hängen wir dann auch in ihrem Büro auf, sodass der Zettel mit der Dienstordnung, auf den ich vielleicht gelegentlich hinzeigen muss, daneben ... verblasst.« Bei diesen Worten lachten alle drei Anwesenden, die Frau, der Chef und der Mediator.

»Eine letzte Frage hätte ich noch«, ließ sich der Mediator vernehmen. »Sie sagten, Sie könnten freundlich sein, wenn Sie Ihren Zorn unterdrücken können. Aber wie unterdrücken Sie diesen? Was würde zum Beispiel Ihren Zorn des Abends auf dem Weg zum hell erleuchteten Büro Ihrer Mitarbeiterin besänftigen?« Der Chef schüttelte hilflos den Kopf. »Ich bin ein bisschen aufbrausend«, gestand er, »das ist mein Temperament.« »Da müssen wir nochmals Ihren Freiraum durchforsten«, entschied der Mediator. »Bestimmt enthält er eine kleine Möglichkeit, wie Sie Ihr Temperament zu zügeln vermögen, wenn es Ihnen wichtig ist.«

Allmählich wurde der Chef ungeduldig, doch der Mediator sprach sein Vertrauen in den Fantasiereichtum des Mannes aus und ermutigte ihn dadurch, auch diese letzte Frage kreativ zu beantworten. »Sicher kann und will ich mein Temperament nicht ablegen, denn es gehört zu mir«, erklärte der Chef. »Aber ich verstehe das Problem. Der Zorn, insbesondere über die Unfolgsamkeit einer Untergebenen, könnte mich erneut zur Unhöflichkeit verleiten. – Ich müsste mich an eine bemerkenswerte Eigenschaft dieser Person erinnern oder an ein Talent, das ihre Unfolgsamkeit aufwiegt. O, da fällt mir ein: Mathematik war meine Schwachstelle im Gymnasium! Ansonsten hatte ich vorzügliche Noten, aber in Mathematik brauchte ich ständig Nachhilfe. Ich bewundere Leute, die sich im Rechnen auskennen. Das ist die Lösung! Sehe ich eines Abends wieder das hell erleuchtete Büro meiner Buchhalterin, dann werde ich am Weg zu ihr daran denken, wie sie Tag für Tag komplizierte Berechnungen fehlerlos durchführt – da wird mein Zorn einer gewissen Hochachtung weichen.«

Zufrieden fasste der Mediator die neuen Möglichkeiten zusammen, die der Chef in seinem Freiraum anvisiert hatte:

»Verstehe ich richtig, dass Sie sich folgendes Kombiprogramm vorstellen könnten: 1) Zettel mit einem Abdruck der Dienstordnung in allen Zimmern aufhängen zu lassen, 2) Ihrer Buchhalterin eine Dankesurkunde der Firma zu überreichen, und 3) im Falle, dass Ihre Buchhalterin trotzdem wieder einmal zu lange im Büro bleibt, sie freundlich zu bitten, heimzugehen. Um sich zu dieser Freundlichkeit aufzuschwingen, könnten Sie sich unmittelbar vor Betreten ihres Büros in Erinnerung rufen, wie tüchtig sie auf mathematischem Gebiet ist. Das würde es Ihnen erleichtern, sie mit der Wucht Ihres Zorns zu verschonen. Stimmt das so?« »Ganz genau.«

Der Mediator blickte die Frau an. »Angenommen, Ihr Chef würde dieses Kombiprogramm in die Tat umsetzen; wie ginge es Ihnen dabei?« Entspannt lächelte sie. »Sehr gut!« Der Mediator schaute zu dem Mann zurück. »Und wie ginge es Ihnen, wenn Ihre Mitarbeiterin die von ihr ausgedachte neue Verhaltensweise ergriffe, das heißt, im Konfliktfall sachlich bliebe, auf ihre dringende Arbeit verwiese, Ihnen die Entscheidung übertrüge und Ihnen Ihr aufschäumendes Temperament nicht übel nähme?« Entspannt lächelte er. »Hervorragend!«

3. Den guten Willen bestätigen

Die zweite Stufe des dreistufigen Paargesprächs endet wie die erste Stufe mit einer Kontrollfrage an jeden Konfliktpartner, wobei kontrolliert wird, ob die mühsam ausgetüftelte »Schonvariante« seines Gegners ihn auch wirklich schonen würde. Ich habe niemals erlebt, dass einer der beiden Streithähne eine solche »Schonvariante« in Bausch und Bogen abgeschmettert hätte, jedoch habe ich mitunter erlebt, dass *noch mehr* Entgegenkommen vom jeweils anderen gewünscht worden ist. Ich habe dies das »Kleine-Finger-ganze-Hand-Syndrom« genannt: Man bekommt einen »kleinen Finger«

angeboten und fordert die »ganze Hand«! Menschen neigen dazu, die Flexibilität ihrer Gegner zu überschätzen. Es kommt ihnen nämlich kinderleicht vor, was denen höchste Überwindung abverlangt.

So hätte im obigen Fallbeispiel der Chef auf die Kontrollfrage etwa antworten können: »Es ginge mir gut, aber noch besser ginge es mir, wenn meine Buchhalterin einfach meine Anweisungen befolgen würde, und damit basta.« Auch die Frau hätte antworten können: »Es ginge mir gut, aber noch lieber wäre mir, wenn mein Vorgesetzter mich in Ruhe arbeiten ließe, solange ich will.« Zum Glück griff im Fallbeispiel keiner von beiden nach der »ganzen Hand«. Sollte jedoch dergleichen passieren, darf der Mediator nicht darauf eingehen, sondern muss sofort klarstellen, welcher »kleine Finger«, sprich, welche Möglichkeiten-Kombination soeben verhandelt wird, und dass diese bereits das Maximum dessen darstellt, zu dem sich der Gegner – mit sehr viel gutem Willen! – aufraffen könnte. Mehr ist sozusagen nicht im Angebot, nicht im Freiraum der Person und gegenwärtig nicht umsetzbar. Wir wissen bereits: Menschen ändern sich nicht um 180°, und schon gar nicht von einer Stunde zur nächsten. Allenfalls ändern sie sich um 1° bis 2°, und dies ist schon gewaltig. Tun sie es für den Frieden, ist es geradezu heroisch.

Blättern wir gedanklich noch einmal zurück zu Csikszentmihalyis Studien über den »Flow-Kanal«. Wir haben gehört: Der Flow-Kanal ist dadurch definiert, dass sich in ihm die Schwierigkeit einer gestellten Aufgabe und die Fähigkeiten einer Person, diese Aufgabe zu lösen, die Waage halten. Wir erfuhren ferner, dass im unteren Bereich des Kanals Richtung »niedrige Anforderungen« die besten Leistungen bei Wettbewerben, Prüfungen und in sonstigen emotional belastenden Situationen erbracht werden.

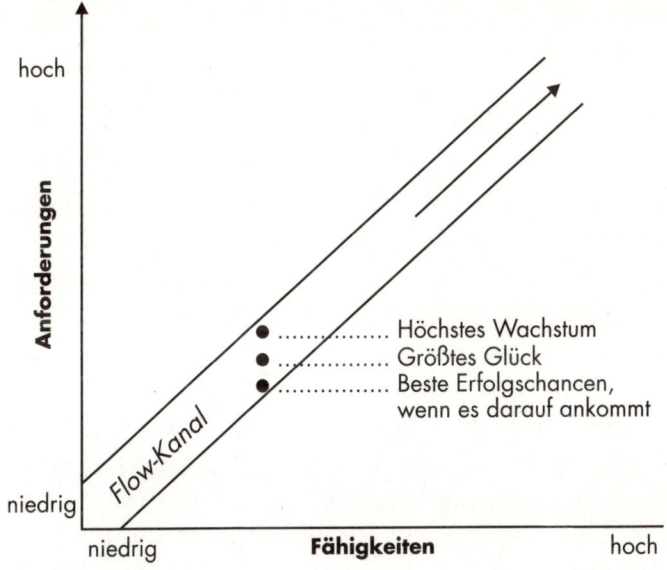

Nun, ein Konfliktfall *ist* eine emotional belastende Situation. Wenn unter dieser Belastung eine Lösung auf Dauer gelingen soll, müssen die Anforderungen an die Beteiligten daher grenzwertig niedrig gehalten werden, zwar durchaus ihren Fähigkeiten entsprechend, aber dennoch »sanft«.

Das ist der Grund, warum der Mediator auf der zweiten Gesprächsstufe manchmal sogar Übereifer bremsen muss und stets nach kognitiven und imaginativen »Hilfsstrategien« fahndet, die es den Konfliktpartnern erleichtern würden, ihre »strahlenden« Möglichkeiten im Ernstfall zu ergreifen. In unserem Beispiel waren die Gedankenbrücken zum verlorenen Baby (bei der Frau) bzw. zur Rechenschwäche im Gymnasium (bei dem Mann) solche Hilfsstrategien, die mitten im aufbrausenden Gefühlssturm noch ein Quäntchen Nachsicht für den Gegner erretten konnten. Wie sagte doch Adalbert Balling einst so schön:

> Gott gab uns zwei Augen, damit wir
> manchmal eines zudrücken können.

Mit einem Wort: Ein geschickter Mediator flicht, während er seine Klienten bei ihrem »Spaziergang durch den Freiraum« geleitet, kleine Tipps ein, wie das gelegentliche »Zudrücken eines ihrer Augen« funktionieren kann.

Nach Beendigung der zweiten Gesprächsstufe ist noch eine dritte Kurzstufe unverzichtbar. Warum? Rekapitulieren wir, was das bisherige Paargespräch erbracht hat. Auf erster Stufe hat jeder Konfliktpartner die »Achillesferse« des anderen aufgespürt. Er hat »erraten«, womit er seinen Gegner am ärgsten kränkt und verletzt. Auf zweiter Stufe hat jeder Konfliktpartner eine realisierbare Möglichkeit bei sich selbst erarbeitet, wie er in einer Analogsituation handeln könnte, ohne in die »Achillesferse« des Gegners hineinzustechen. Er hat entdeckt, wie er seinem Gegner die ärgste Kränkung und Verletzung ersparen könnte. So weit, so gut. Aber was ist eine Möglichkeit schon? Ein *Nichts*! Eine Möglichkeit ist, für sich genommen, unwirksam. Die Möglichkeit, Selbstmord zu begehen, tötet nicht. Die Möglichkeit, einen Supermarkt zu überfallen, bringt nicht ins Gefängnis. Möglichkeiten sind unwirksam, solange sie nicht in *Wirklichkeiten* umgewandelt werden, solange sie unverwirklicht bleiben. Erst die Verwirklichung von Möglichkeiten verändert die Welt.

Für die Familien- oder Paartherapie bedeutet dies, dass ein Jonglieren mit positiven Möglichkeiten nicht die letzte Ergebnisstufe sein kann. Sind positive Möglichkeiten aus gedanklichem Stoff geformt worden, müssen sie im Ofen des festen Vorsatzes zu Wirklichkeiten »gebrannt« werden, um ihre Fruchtbarkeit zu entfalten.

In unserem Fallbeispiel bedankte sich der Mediator bei seinen Klienten für ihre bisherige Kooperation und für ihren Verzicht auf Bissigkeiten und Sticheleien, was keinesfalls selbstverständlich war. (Das gemeinsame Ringen auf Stufe 2 kann außerordentlich zäh verlaufen.) Es haben beide Konfliktpartner konstruktiv an den gegenseitigen Leidentlastungen gearbeitet und entsprechende Varianten eigener Verhaltensänderungen ausformuliert. Jetzt fehlte bloß noch eines, und das war ihr ernst gemeintes Vorhaben, diese Varianten in Zukunft zu wählen – ohne Wenn und Aber.

»Ich bitte Sie um Ihr Ja«, sagte der Mediator, und es klang fast ein wenig feierlich. »Ich bitte Sie um ein ganzherziges und aufrichtiges Ja zu dem, was Sie selbst in Ihrem Freiraum als schmerzlindernd für den jeweils anderen herausgefunden haben, und was der andere als für ihn erträglich rückbestätigt hat. Aber bevor Sie Ihr Ja sprechen, möchte ich Ihnen noch die volle Bedeutung dieses Ja erläutern. Es soll ein Ja ohne *Vor- oder Nachbedingung* sein, sonst rutschen Sie in das alte Schlamassel zurück. Ihr Ja heißt also nicht: ›*Wenn* der andere seine neue Möglichkeit ergreift, ergreife ich auch meine ...‹ und es heißt auch nicht: ›Wenn ich meine neue Möglichkeit ergreife, *muss* der andere auch seine ergreifen ...‹. Nichts dergleichen ist ausgemacht! Sie beide treiben keinen Handel miteinander, und jeder Hauch von ›Wie-du-mir-so-ich-dir‹ ist abgeschafft. Zu Ihrer neuen Möglichkeit Ja sagen, heißt, in Zukunft die eigene Verhaltensverbesserung dem anderen schenken, *unabhängig davon*, wie sich der andere verhält, ob er sich darüber freut, ob er es überhaupt bemerkt, oder ob er vielleicht irrtümlich genauso ekelhaft ist wie bisher. Es geht um ein freiwilliges Ja zu einer Korrektur von sich selbst als Ausdruck des guten Willens und als Beitrag zur Harmonisierung des zwischenmenschlichen Gesamtklimas in Ihrer gemeinsamen Arbeitsstätte. Haben Sie das verstanden?«

Die Buchhalterin und ihr Vorgesetzter signalisierten Zustimmung. Man merkte ihnen an, dass sie ahnten, an einem entscheidenden Erkenntnis- und Wendepunkt angelangt zu sein. *So frei* von Fremdbedingungen waren ihre Aktionen nie gewesen! *So viel* Authentizität statt Automatismus hatten sie noch nie bewusst gelebt! Und drehte es sich zunächst auch nur um ein einziges eng umrissenes Verhaltensmuster, war damit doch ein Anfang für ein Umdenken »kopernikanischen« Ausmaßes gesetzt.

Der Mediator wandte sich an die Frau. »Darf ich Sie fragen, ob Sie bereit sind und den festen Vorsatz fassen, in einer wieder auftretenden Konfliktsituation mit Ihrem Vorgesetzten die von Ihnen herausgefundene neue Möglichkeit zu verwirklichen?« Sie nickte und sprach ein lautes Ja. Der Mediator wandte sich dem Mann zu und stellte ihm dieselbe Frage. Er erhielt dieselbe Antwort.

Man könnte denken, damit sei die Intervention abgeschlossen, aber es empfiehlt sich ein letzter Hinweis des Mediators vor der Verabschiedung seiner Klienten. Analog zu den Kontrollfragen beim Ausklang der ersten und zweiten Gesprächsstufe ist eine vorwegnehmende »Kontrolle der Geschenkannahme« vonnöten, so absurd dies klingt. Schließlich sollen die wunderbaren gegenseitigen Vorleistungen, die in Zukunft (hoffentlich!) erbracht werden, nichts von ihrem Glanz einbüßen. Sie dürfen nicht mittels alteingeschliffener Feindbildinterpretationen entwertet werden.

Deshalb ermahnte der Mediator seine Klienten, die neue Verhaltensweise des jeweils anderen, sollte sie irgendwann einmal zu beobachten sein, dankbar und anerkennend zu registrieren, ohne etwa zu argwöhnen, der andere wolle sich nur einschmeicheln, wolle einen austricksen, wolle gut dastehen und dergleichen Unsinn mehr. »Vergessen Sie nie«, sagte der Mediator mit Nachdruck, »dass eine freundlichere Verhaltensweise Ihres (einstigen) Gegners nur zu dem Zweck gewählt wird, *Ihnen weniger wehzutun* – also praktisch Ihnen zuliebe! Und dass es Ihren (einstigen) Gegner enorm viel Kraft und Überwindung kostet, diese freundlichere Verhaltensweise zu wählen, denn Gewohnheit und Affekt sind mächtige Gesellen, die ihn immer wieder in einen Rückfall hineindrängen wollen. Rechnen Sie auch damit, dass es Rückfälle auf der Gegenseite und bei Ihnen selbst geben wird, und schätzen Sie umso mehr alles, was Ihnen beiden an Innovation gelingt! Ich bin gespannt, was Sie mir berichten werden, wenn wir uns in ca. einem Monat wieder treffen werden. Bis dahin wünsche ich Ihnen eine ruhige und stressfreie Zeit!«

Instruktionen zum dreistufigen Schema

Meiner Erfahrung nach reichen zwei bis fünf solche Dreiergespräche, die in größeren zeitlichen Abständen geführt werden, um die Konflikte zwischen den Beteiligten auszuräumen. Meistens ist schon beim zweiten Treffen der ursprüngliche Streitanlass beigelegt.

Auch die Buchhalterin und ihr Vorgesetzter haben das Überstundenproblem rasch gelöst. Sie hatten dann noch ein kleines Nachfolgeproblem, weil aus Sicht der Buchhalterin Schreibarbeiten zur Erledigung auf ihren Tisch gelangten, die sie nichts angingen und die sie bei ihrer eigentlichen Arbeit aufhielten. Aus Sicht des Chefs gehörte es hingegen zu ihrem Ressort dazu, Informationen zum Zahlungsverkehr schriftlich einzuholen bzw. zu versenden und nicht das sowieso überlastete Sekretariat damit zu behelligen. Im zweiten Dreiergespräch mit dem Mediator fanden beide Personen wiederum akzeptable Möglichkeiten in ihrem Freiraum, dem jeweils anderen in dieser Angelegenheit ein Schrittchen entgegenzukommen, und beim dritten Treffen wussten sie kein »Schlichtungsthema« mehr, weil ihre tägliche berufliche Zusammenarbeit reibungslos klappte.

Es ist einer der großen Vorteile dieser Paartherapie, dass die Konfliktpartner den Mechanismus erlernen, der die Falle öffnet, in die sie sich hineinmanövriert haben. Ohne dass der Mediator sie in das Dreistufenschema einweiht, bewirkt doch die »kurze Leine«, an der er sie hält, alsbald einen »Aha-Effekt« der Art: »Aha, wenn es zwischen uns kracht, muss ich hinfühlen, was den anderen aufregt, muss ich mir ein neues Verhalten überlegen, das mir selbst gerecht wird und den anderen trotzdem weniger aufregt, und muss ich es ungeachtet seiner Allüren mutig ausprobieren. Dann können noch Zeichen und Wunder geschehen ...« Allmählich brauchen die Paare keinen Mediator mehr, weil sie in der Lage sind, ihre Differenzen mit Toleranz und gegenseitigem Respekt anzuschauen und auszudrücken, aber auch zu entschärfen und in gütlichen Kompromissen der lauernden Eskalationsgefahr zu entgehen.

Die verschiedenen Meinungen, die Menschen vertreten, sind im Grunde eine Bereicherung der Menschheitsgattung und stellen deren Vielfalt dar. Wie öde wäre doch unser Leben, würden wir alle synonym denken! Dazu kommt, dass oft selbst kontroverse Meinungen das berühmte Körnchen Wahrheit enthalten, jede für sich. Der Rest ist die Irrigkeit eines fehlbaren Wesens, das nicht hellsehen kann. Neben der Erheiterung über die Meinungsvielfalt ist daher stets eine gesunde Demut angesagt; niemand kennt die »ganze Wahrheit«, niemand weiß im Konfliktfall mit Sicherheit, ob *er* es ist, der recht hat, oder ob der *andere* zufällig über ein größeres Körnchen Wahrheit gestolpert ist als er.

Nachstehend sei das dreistufige Schema zur Paartherapie nochmals in Kurzform aufgelistet, das, wie erwähnt, auf der Grundlage der Frankl'schen Anthropologie entwickelt worden ist und bei sämtlichen Reibereien zwischen zwei Familienmitgliedern, Arbeitskollegen, Nachbarn, Konkurrenten, im Prinzip sogar zwischen zwei Parteien, Volksgruppen oder Religionsanhängern mit Gewinn verwendet werden kann.

Start

Begrüßung der beiden (in Einzelgesprächen bereits vorbereiteten) Konfliktpartner durch den Mediator. Zweck des Dreiergesprächs sei eine dauerhafte Konfliktberuhigung. Der Mediator warnt vor den kritischen Folgen eines ungelöst schwelenden Konflikts (Gesundheitsschäden, Schäden für Unbeteiligte wie z. B. unschuldige Kinder, usw.) und appelliert an das Verantwortungsbewusstsein der Konfliktpartner. Frage des Mediators, wie es den Konfliktpartnern in jüngster Zeit ergangen ist bzw. ob es erneut Anlass zu Zerwürfnissen gegeben habe. Fast immer war der Streit wieder irgendwie aufgeflammt. Der Mediator erlaubt den Konfliktpartnern nicht, darüber zu berichten, verspricht aber, genau *dieses aktuelle* und für beide unerfreuliche *Vorkommnis* mit ihnen so durchzusprechen, dass es sich künftig nicht mehr wiederholen wird.

Stufe 1

Ab hier adressiert der Mediator (mittels Blickkontakt und Körperhaltung) eindeutig *einen* der beiden Konfliktpartner. Der andere muss zuhören, was ihm dank des *kreuzweisen* Frageansatzes des Mediators nicht schwerfällt. Der Mediator bittet seinen Adressaten, herauszumodellieren, womit dieser beim aktuellen Vorkommnis den anderen am meisten verletzt und gekränkt hat.

Ein Schweigen des Adressaten wird ausgehalten, Ausflüchte werden ignoriert, brauchbare Kommentare werden lobend aufgegriffen und unterstrichen. Jede Antwort wägt der Mediator sorgfältig auf ihren Wahrscheinlichkeitsgrad ab. Notfalls hilft er mit Denkanstößen aus. Hat der Adressat schließlich eine glaubhafte Gesamtantwort zustande gebracht, wird sie prägnant zusammengefasst.

Danach adressiert der Mediator (mittels Blickkontakt und Körperhaltung) eindeutig den zweiten Konfliktpartner, stellt ihm dieselbe Frage und verfährt in gleicher Weise mit ihm. Auch dessen glaubhafte Gesamtantwort wird prägnant zusammengefasst.

Kontrolle

Der Mediator fragt jeden Konfliktpartner einzeln, ob der andere richtig herausgefunden hat, was ihn (den Konfliktpartner) beim aktuellen Vorkommnis am meisten verletzt und gekränkt hat. Korrekturen werden zur Kenntnis genommen aber nicht diskutiert. Korrekturen auf Stufe 1 sind selten.

Der Mediator wendet sich an beide Konfliktpartner *gemeinsam*, lobt ihr bewiesenes Einfühlungsvermögen und dankt ihnen für ihre Kooperation.

Stufe 2

Der Mediator adressiert wieder (mittels Blickkontakt und Körperhaltung) eindeutig *einen* der beiden Konfliktpartner. Der andere muss zuhören, was ihm dank des *kreuzweisen* Frageansatzes des Mediators nicht schwerfällt. Der Mediator lädt seinen Adressaten zu einer Besinnung auf dessen persönlichen Freiraum ein und bittet ihn, darin eine besondere Möglichkeit zu orten. Der Adressat möge die Möglichkeit suchen, in einer identisch schwierigen Situation, wie sie beim aktuellen Vorkommnis für ihn vorlag, *so* verändert zu reagieren, dass er seinen Gegner weniger verletzt und weniger kränkt.

Ein Schweigen des Adressaten wird ausgehalten, Ausflüchte werden ignoriert, brauchbare Ideen werden lobend aufgegriffen und unterstrichen. Jede Antwort wägt der Mediator sorgfältig auf ihren Tauglichkeitsgrad ab. Notfalls hilft er mit Anregungen aus.

Hat der Adressat schließlich eine neue Verhaltensmöglichkeit entwickelt, die das Kriterium, weniger verletzend bzw. kränkend zu sein, erfüllen könnte, stellt der Mediator sicher, dass sie vom Adressaten de facto *umsetzbar* wäre, ggf. unter Zuziehung einer Hilfsstrategie. Derlei ausfantasierte Möglichkeiten dürfen den Adressaten auf keinen Fall überfordern! Das Endergebnis wird prägnant zusammengefasst.

Danach adressiert der Mediator (mittels Blickkontakt und Körperhaltung) eindeutig den zweiten Konfliktpartner, stellt ihm dieselbe Aufgabe und verfährt in gleicher Weise mit ihm. Auch das mit ihm ausgetüftelte Endergebnis wird prägnant zusammengefasst.

Kontrolle

Der Mediator fragt jeden Konfliktpartner einzeln, ob die Verwirklichung des veränderten Verhaltens, das der andere als Möglichkeit in seinem Freiraum entdeckt hat, für ihn (den Konfliktpartner) in einer identisch schwierigen Situation wie sie beim aktuellen Vorkommnis für ihn vorlag, schmerzlindernd wäre. Korrekturen werden zur Kenntnis genommen, aber nicht diskutiert. Wenn Korrekturen auf Stufe 2 bestehen, dann meistens in einem Verlangen nach noch mehr Rücksichtnahme und Nachgiebigkeit der Gegenseite. Dieses Verlangen ist abzublocken, wohingegen die schmerzlindernde Wirkung der von der Gegenseite angedachten Möglichkeit rückzubestätigen und hervorzuheben ist.

Der Mediator wendet sich an beide Konfliktpartner gemeinsam, lobt ihre Kreativität und ihren Ideenreichtum und dankt ihnen für ihre Kooperation.

Stufe 3

Der Mediator erläutert – noch an *beide* gerichtet – die Bedeutung und Tragweite eines echten und ehrlichen Vorhabens, sich in Zukunft für das neu entdeckte Verhalten zu entscheiden, sollte der alte Konflikt wieder aufwallen. Das Vorhaben ist *dann* echt und ehrlich, wenn es an keinerlei Bedingung an die Gegenseite gebunden ist.

Danach fragt der Mediator jeden Konfliktpartner *einzeln*, ob er zu solch einem Vorhaben bereit ist. Er erbittet dessen Ja zur Verwirklichung der auf Stufe 2 herausgefundenen Möglichkeit im Bedarfsfall. Er verankert sozusagen die Notwendigkeit der jeweils zu erbringenden sinnvollen Vorleistung zur Streitbesänftigung mnemotechnisch im Bewusstsein der Konfliktpartner.

Sollte einer der Konfliktpartner das Ja verweigern, was extrem selten geschieht, bleibt der Mediator gelassen und bemerkt lediglich, dass nunmehr die ganze Hoffnung auf dem Ja des anderen ruht, denn selbst *wenn einer sich ändert*, kann die Falle schon aufschnappen und beide zum Frieden freigeben. Diese Bemerkung erhöht die Chance, dass der Verweigerer letztlich doch das Seine leistet.

Kontrolle

Der Mediator mahnt – wieder an *beide* gerichtet – die Konfliktpartner, sich das neue schmerzlindernde Verhalten des Gegners, falls es erfolgt, mit Freude schenken zu lassen und keinerlei fragwürdige Motive dahinter zu wittern. Er betont, dass es den Betreffenden erhebliche Anstrengung kostet und dass sich dieser nur dazu überwindet, um den anderen zu schonen. Dies verdient, honoriert zu werden!

Ende

Verabschiedung der beiden Konfliktpartner durch den Mediator, der ihnen für ihr Kommen und Mitmachen dankt, jedem viel Erfolg bei der Durchführung des je eigenen Vorhabens wünscht und ihnen einen Termin nennt, an dem sie sich wieder mit ihm in Verbindung setzen sollen.

Eine Schlussbemerkung dazu: Mit einigem Geschick ist dieses Paarschema auf drei oder vier Personen ausdehnbar, weshalb es sich in der Familientherapie ausgezeichnet bewährt hat. Auch kommt es vor, dass einzelne Personen in

Kenntnis des genannten Vorgehens die Konflikte mit ihren Mitmenschen generös lösen, indem sie einseitig und selbstständig jenen Part übernehmen, den ein logotherapeutisch geschulter Mediator ihnen im Rahmen einer Paarberatung abverlangen würde. Ihre »Gegner« wissen dann gar nicht, wieso sie sich plötzlich zu versöhnungsstiftenden Zugeständnissen geneigt fühlen bzw. wieso ihre Animositäten jenen Einzelpersonen gegenüber sukzessive »verrauchen«. Man hat mir in dieser Hinsicht schon die seltsamsten und rührendsten Geschichten berichtet.

Reflexionen über Beziehungskrisen

Beziehungskrisen sind komplexe Gebilde, die sich niemals monokausal erklären lassen. Nicht nur haben sie ihre »donnergrollartige« Vorgeschichte, fallen also kaum jemandem aus heiterem Himmel in den Schoß. Auch haben die in Beziehung zueinander stehenden Personen höchst unterschiedliche (und nicht nur nützliche) Lernerfahrungen im Umgang mit anderen Menschen gemacht.

Um unser Beispiel aus der Arbeitswelt ein letztes Mal zu strapazieren: Hätte die Buchhalterin schon Jahre zuvor ihren damaligen Vorgesetzten auf ihre freiwilligen und unbezahlten Überstunden hingewiesen, hätte sie sich entweder längst das ersehnte Lob »abgeholt«, oder sie hätte bereits damals gehört, dass die Firmenleitung ihren Übereifer gar nicht gerne sieht, und hätte sich arrangiert. Jedenfalls wäre der Zusammenstoß mit dem neuen Chef unterblieben. Warum hat sie »still und leise« gedient, keinen Mucks von sich gegeben, ihre kostbaren Abendstunden geopfert und insgeheim auf irgendeine plötzliche Ehrung gewartet, die nie eintrat? Hat sie nicht gelernt, dass man in Beziehungen miteinander reden muss und dass man insbesondere Erwartungen an andere offen aussprechen oder zurückschrauben muss? Die anderen sind keine Detektive, die geheime Erwartungen an sie entschlüsseln – weder können noch wollen. Wer ihnen nichts sagt, wird von ihnen leicht übersehen. Offenbar hat die Buchhalterin das nicht gewusst.

Auch beim jungen Chef könnte man überlegen, warum er »mit Kanonen auf Spatzen schoss«. Droht man einer treuen, fleißigen Mitarbeiterin bei der geringsten Differenz sogleich mit Kündigung? Schöpft man nicht erst harmlosere Mittel zur Beilegung eines Disputs aus? Die Ängste des jungen Mannes müssen massiv gewesen sein, wenn er blitzschnell zum Angriff überging. Vielleicht hat er gelernt, dass Angriff die beste Verteidigung ist, aber musste er sich überhaupt verteidigen? Gegen eine weinende Frau? Beziehungen scheitern, wenn einer glaubt, sich ständig verteidigen zu müssen, denn in der Verteidigungsrolle werden Menschen ungenießbar und roh gegen andere. Offenbar hat der Chef das nicht gewusst.

Wo lernt man, welches Rüstzeug für glückende Beziehungen relevant ist? Am besten lernt man es natürlich von guten Vorbildern. So, wie manche Personen mit einem »grünen Daumen« begabt sind und jedes Fleckchen Garten zum Blühen bringen, gibt es auch Beziehungsgenies, die intuitiv das rechte Benehmen im rechten Moment an den Tag legen. Ihnen kann man manches abschauen. Wer keine solchen Beziehungsgenies in seinem Umkreis kennt, möge sich mit einigen Reflexionen zur Vorbeugung von Beziehungskrisen behelfen, die aus dem Erfahrungsschatz meiner langjährigen psychotherapeutischen Praxis stammen.

a) Zunächst dies: Es zählt zu den aussichtslosesten Unternehmungen, einen anderen Menschen ändern zu wollen. Ändern kann man nur sich selbst. Tausende von Ehefrauen und Ehemännern, von Müttern und Vätern, von Arbeitgebern und Arbeitnehmern haben diesbezüglich

Enttäuschungen am laufenden Band einsammeln müssen, bis sie endlich begriffen haben, dass ihre »Lieblinge« nicht zu ändern sind, weder mit Versprechungen noch mit Androhungen, ja, nicht einmal mit vernünftigen Argumenten. Mittels Druck kann man Menschen zwar für kurze Zeit in die gewünschte Richtung »biegen«, aber mit dem Nachlassen des auf sie ausgeübten Drucks schnellen sie in ihre eigene charakterliche Disposition zurück wie eine mit der Hand verbogene Weidenrute, die man auslässt. Und wer kann schon ständig – gegen wachsenden Widerstand? – Druck ausüben?

Freilich gibt es pathologische symbiotische Abhängigkeitsbeziehungen zwischen »Herren-« und »Sklaven«-Individuen, aber dann ist (von Tyranneien abgesehen) die Verbogenheit des einen nicht das Werk des anderen, sondern die seelische Gebrochenheit des einen selbst, der auch ohne den anderen in irgendeiner kriecherischen Weise dahinvegetieren würde.

Erwachsene Menschen soll man nehmen, wie sie sind. Es gibt psychologische Experimente, die belegen, dass wiederholte Kritik an ihnen im Durchschnitt keine Reduzierung, sondern sogar eine Steigerung des kritisierten Verhaltens nach sich zieht. Ermahnt man z. B. einen schlampigen Kollegen, doch mehr Ordnung zu halten, wird daraus kein ordnungsliebender Geselle. Vielleicht verbirgt er sein »Chaos« besser, etwa in Schrankfächern und Schubladen, in die er alles kunterbunt hineinstopft, aber auch dies wird nicht lange währen. Oder wirft man einem Ehepartner dessen exzessiven Alkoholkonsum vor, wird daraus kein Antialkoholiker. Wahrscheinlicher ist, dass er trotzig weitertrinkt. Zenta Maurina hat in ihren »Zwölf Lebensregeln« sehr klug geschrieben:

»Ehe du dich an einen Menschen bindest, gedenke seiner größten Schwächen; ehe du dich von einem Menschen trennst, gedenke seiner stärksten Seiten.«

Das Zitat gibt zu bedenken, dass die Schwächen eines anderen eben nicht einfach abschaffbar sind, dass dieser andere aber daneben auch Stärken besitzt, die vielleicht manches Ärgernis mit ihm aufwiegen. Tun sie dies nicht, muss man sich selbst schützen, eventuell durch klare Abgrenzung, räumliche Distanz oder sonstige Konsequenzen. In diesem Zusammenhang ist das Sprichwort, wonach »sich Gegensätze anziehen«, mit Skepsis zu bewerten. Die Anziehung unterschiedlicher Charaktere ist höchstens auf ihre Kennenlernphase beschränkt. Es mag vorkommen, dass einer schüchternen Frau ein lebenslustiger Mann imponiert, und umgekehrt, dass der Mann ihre noble Zurückhaltung attraktiv findet. Doch im Alltag, wenn sie still und häuslich ist und den Mann ganz für sich allein haben möchte, während er in seiner Kontaktfreudigkeit und mit überschäumendem Charme ständig unterwegs ist, brauen sich die Konflikte unvermeidlich zusammen.

b) Ansprüche an andere Menschen erzeugen oft paradoxe Trotzreaktionen. Man stelle sich vor, jemand würde zu einem Verwandten sagen: »Vergiss nur ja nicht, zu meinem Geburtstag eine schöne Feier vorzubereiten!« Würde dies nicht die Lust des Verwandten dämpfen, sich eine Geburtstagsüberraschung für den Betreffenden einfallen zu lassen? Das Kostbarste und Wichtigste in zwischenmenschlichen Beziehungen ist – wie die Liebe – weder einklagbar noch bestellbar. Es ist Geschenk, oder es ist nicht.

Man senke daher die Ansprüche an andere Menschen, insbesondere die fatalen Ansprüche, von ihnen geliebt, geehrt, berücksichtigt, verstanden zu werden etc., und besinne sich stattdessen auf eigene Quellen der Selbstachtung und Selbstsicherheit. Niemand ist gezwungen, uns zu mögen. Sollten wir jedoch die anderen mögen, so, wie sie eben sind, wird uns genügend positives Feedback ihrerseits dazugeschenkt werden.

c) Gleichzeitig mit dem Absenken der Anspruchshaltung gegenüber unseren Mitmenschen könnten wir auf eine weitere krisenträchtige Unsitte verzichten, nämlich darauf, uns »argusäugig« mit anderen Menschen zu vergleichen. Genau genommen gibt es nur einen einzigen wahren Konkurrenten für uns, und das sind wir selbst auf unserem gegenwärtigen ethischen und fachlichen Kompetenzniveau. *Dieses* gilt es, immer noch ein bisschen zu überrunden! Wir dürfen ruhig versuchen, an Ausgeglichenheit und Tüchtigkeit dazuzugewinnen, und zwar bis ins hohe Alter hinein – es wird uns in keinen krankhaften Ehrgeiz hineinjagen! Die Verklemmungen und Spannungen beginnen erst dort, wo sich Vergleiche mit den anderen breitmachen, mit denjenigen, die scheinbar tüchtiger sind als wir, mehr Glück haben als wir, mehr Zuwendung erhalten als wir und so fort. Plötzlich umwölken Neid und Missgunst unsere Stirn, Angst vor Blamage und Versagen trübt uns den Schlaf, böse Wünsche gegen jene, die sich im Rampenlicht des Lebens sonnen, vergiften unser Gemüt. Wozu das ganze Malheur? Wie es opportun ist, die anderen zu akzeptieren, wie sie sind, so ist es auch opportun, sich selbst zu akzeptieren, wie man ist und mit dem Stand, auf dem man gerade steht, und von dort aus seine individuelle Entwicklung voranzutreiben. Vergleiche heizen nur Konflikte an!

d) Insgesamt ist nachgewiesen worden, dass Personen mit einem tragenden Urvertrauen wesentlich weniger Konflikte mit ihren Mitmenschen haben als Personen, die in ständiger Urangst durchs Leben gehen. Das Urvertrauen macht souverän. Man muss nicht von anderen geliebt werden, denn man weiß sich »urgeliebt«. Man muss nicht vor anderen glänzen, denn man kennt seine eigene bedingungslose Würde. Man muss nicht an anderen klammern, denn man fühlt sich niemals total verlassen. Man muss keine Siege und Erfolge einheimsen, denn man ist auch in Krankheit und Schwäche noch geborgen. Man kann nachgeben, verzeihen und anderen alles Gute der Erde gönnen, weil man den »Segen von oben« auf sich spürt.

Menschen voller Urangst haben diese Privilegien nicht. Sie bewegen sich im eingebildeten »Feindesland« und sind hauptsächlich damit beschäftigt, vor dräuenden Schrecken davonzulaufen. Dadurch laufen sie in immer neue Schrecknisse hinein. Weil sie jedem misstrauen, rückt jeder von ihnen ab. Ach, könnten sie glauben! Wenn schon nicht an einen gütigen Gott, so wenigstens an einen umfassenden Letztsinn des Universums, in dem alle Geschöpfe in Gnade »aufgehoben« sind, lebendig oder tot.

Wie viele ihrer Konflikte würden wie Seifenblasen zerplatzen!

Wege zur Konfliktdeeskalation

Unsere Wahrnehmung kann trügen

Im Buch »Der Wille zum Sinn« von Viktor E. Frankl findet sich im Kapitel über die »Humanistische Psychologie« eine interessante Passage zum menschlichen Phänomen des Hasses. Menschen, so Frankl, haben nicht bloß triebhafte Aggressionen in sich, die sie von Zeit zu Zeit an irgendwelchen Objekten auslassen wollen, sondern Menschen sind – im Unterschied zu den Tieren – *intentionale Wesen* und als solche auf Inhalte und Ziele ausgerichtet, selbst dann, wenn diese destruktiv sind. Frankl schrieb:

»... auf menschlicher Ebene hasse ich! Und der Hass ist, eben im Gegensatz zur Aggression, intentional gerichtet auf etwas, das ich hasse, und leider auch auf jemanden, den ich hasse (denn sinnvoll ist nur, etwas an ihm zu hassen und nicht ihn selbst; hasse ich ihn selbst, dann hypostasiere ich das an ihm Hassenswerte, identifiziere ihn mit dem an ihm Hassenswerten und blockiere in ihm die Fähigkeit, es jemals abzustreifen).«

In einem schlichten Klammersatz ist hier Wesentliches ausgesagt. Wer zum Frieden beitragen will, darf sich nicht mit biologischen oder psychologischen Theorien über Aggressionsursachen aufhalten, sondern muss sich um das menschliche Phänomen des Hasses kümmern. Er muss überzeugend darlegen, dass es absolut ungerechtfertigt ist, einen Menschen zu hassen, und sollte dessen Verhalten noch so abscheulich sein – sein *Verhalten* ist das Hassenswerte, das Ablehnenswerte, das Verwerfliche, nicht der Mensch an sich, der sich der Potenz nach immer auch anders verhalten kann, der sich wandeln und bessern kann, der Mensch, in dem der Geist wohnt, der alles neu macht ...

Konflikte eskalieren, wenn statt Verhaltensweisen Menschen gehasst werden. Das ist eine Grundformel, die wir uns gut merken wollen. Prüfen wir sogleich in unserem eigenen Leben, an welchen Beziehungsknoten eine solche Eskalationsmine vergraben sein könnte. Wo ist eine »Bodenmine« versenkt, die bei der leisesten Berührung explodieren kann? Gehen wir in Gedanken sämtliche uns bekannten Personen durch, die sich (unserer subjektiven Meinung nach) gelegentlich danebenbenommen haben bzw. benehmen, und markieren wir diejenigen, die wir insgeheim oder offen bereits *als Person* verurteilen; bei denen wir also mehr als deren Verhalten verurteilen. Sie, die wir mit ihrem Negativverhalten gleichsetzen, sind schon nicht mehr unsere Konfliktpartner, sondern bereits unsere »Feinde« geworden. Bei »Feinden« aber läuft eine tragische Verkennung der Realität an, eine Verzerrung unserer Wahrnehmung, die von uns selbst kaum mehr durchschaubar ist. Seien wir dessen gewiss: In den Personen, deren Namen wir in Gedanken soeben mit einem Leuchtstift gekennzeichnet haben, täuschen wir uns in einem folgenschweren Maße.

Der Politikwissenschaftler Friedrich Glasl hat in seinem Buch »Selbsthilfe in Konflikten« neun Eskalationsstufen von ausufernden zwischenmenschlichen Konflikten beschrieben. Diese Stufen verdeutlichen, wie recht Viktor E. Frankl hatte, als er behauptete, dass man die Fähigkeit eines Menschen blockiere, das an ihm Hassenswerte abzustreifen, sobald man ihn mit dem an ihm Hassenswerten identifiziere. Vereinfacht ausgedrückt: Feinde entstehen, indem man sie als Feinde wahrnimmt. Tatsächlich betreffen die beiden ersten Eskalationsstufen nach Glasl innere Vorgänge der Verhärtung und entsprechend polemische Reden dem Gegner gegenüber.

Danach erst folgen Direktattacken gegen den »Feind«, gemixt mit Sanktionen, Drohgebärden, doppelzüngigen Angeboten, Beschämungen und allmählich sich steigernden Vernichtungsschlägen bis hin zur neunten Stufe, die Glasl sehr anschaulich »Gemeinsam in den Abgrund« betitelt hat. Ist diese letzte Eskalationsstufe einmal erreicht, wird auch vor der Selbstzerstörung nicht mehr zurückgeschreckt, wenn bloß der Feind dabei mit zugrunde geht. Sein Untergang steht über allem ...

Wie kann man den Anfängen dieser entsetzlichen Stufenleiter wehren? Die Antwort lautet: indem man ein Bewusstsein für die eigene Wahrnehmungsverzerrung entwickelt, die, wie gesagt, in dem Augenblick anläuft, da der Konfliktpartner zum »Feind« avanciert, weil man zwischen ihm und seinem Verhalten, das einem missfällt, nicht mehr genügend unterscheidet. Was da genau anläuft, hat Glasl ebenfalls zusammengetragen:

a) Die Aufmerksamkeit wird selektiv: Bedrohliches seitens des Gegners wird deutlicher gesehen als Kooperatives. Des Gegners störende Eigenschaften fallen ins Gewicht, seine liebenswürdigen Eigenschaften werden übersehen oder bagatellisiert.

b) Es kommt zu einer »kognitiven Kurzsichtigkeit«. Das heißt, längerfristige Folgen des Streites bzw. des eigenen Tuns in Richtung Streitfortsetzung schwinden zunehmend aus dem Bewusstsein. (Wir werden später noch darauf zurückkommen.)

c) Ereignisse werden teilweise verdreht aufgefasst oder verdreht erinnert, je nachdem, wie sie ins Feindbild passen. Komplexe Geschehnisse werden nach simplen Schlüsseln decodiert und in ein Schwarz-Weiß-Raster eingeordnet.

Glasl schreibt dazu:

»Problematisch ist nicht nur, dass die Wahrnehmungen weitgehend verfärbt, getrübt und verzerrt werden, sondern dass sich diese Bilder immer mehr festsetzen, eingravieren und schwer verändern lassen. Im Laufe der Zeit schieben sich zwischen die Streitenden immer mehr die Bilder, die sie sich voneinander gemacht haben, und verstellen den Blick auf die wahre Person.«

Damit sind wir wieder bei unserem Ausgangspunkt angelangt. Die »Ursünde« ist die Verwechslung der Taten einer Person mit ihr selbst. Statt ihre negativen Taten abzulehnen und die Person zu achten, wird die Person als Ganzes abgelehnt. Dieser »Sündenfall« führt zum Feindbild, und das Feindbild verbaut immer mehr den Blick auf die »wahre Person«. Allein dieser Mechanismus erklärt die unbegreiflichen und blutrünstigen Gräueltaten der Menschheit. Würden *Personen* gesehen, die da bluten müssen, würde das Blutvergießen ein Ende nehmen. Man brächte es nicht übers Herz, *Personen* zu verletzen, zumindest nicht in horrendem Ausmaß. Jedermann fühlt: Durch die Person »personat« (lat.: durchklingt) etwas Heiliges. Aber weil nur noch »Feinde«, Teufel, Bösewichter gesehen werden, dinghafte Unpersonen ohne Lebensrecht und Lebenswert, hört das Blutvergießen nicht auf.

Stellen wir uns also jetzt vor, der Konflikt zwischen zwei Menschen (Seiten, Parteien, Völkern ...) sei bereits bis zur zweiten Eskalationsstufe nach Glasl gediehen. Als Nächstes stehen »Taten« ins Haus, keine rühmlichen Taten, sondern gegeneinander gerichtete Aktionen, die dem anderen wehtun sollen. Jede Seite ist sich sicher, dass das Miteinander-Reden und -Verhandeln an seine Grenzen gestoßen ist und keinen Erfolg mehr erwarten lässt. Der andere soll durch Negativkonsequenzen seines Negativverhaltens zur Raison gebracht werden, wobei es stets der eine ist, der das Verhalten des anderen als negativ deklariert und die strafenden Konsequenzen für den anderen aussucht und inszeniert. »Audiatur et altera pars!« (Man höre auch die Gegenseite!), hieß es dazu schon im alten Rom. Für die Gegenseite sieht es nämlich meistens genau umgekehrt aus, und die sogenannten Negativkonsequenzen des einen werden vom anderen als provokative Aggressionsattacken interpretiert. Strafen haben praktisch noch niemanden »zur Raison gebracht«, was sich bisher lediglich in der pädagogischen Arbeit mit Kindern herumgesprochen hat, und nicht einmal dort generell und unwidersprochen.

Stellen wir uns also zwei Menschen im Streit auf der zweiten Eskalationsstufe vor, und fragen wir uns, wie wir sie vor dem Betreten der dritten Eskalationsstufe bewahren können. Seien wir übermütig und überlegen wir sogar, wie wir sie auf die erste Eskalationsstufe zurückholen können. Im Prinzip würde ich dringend zu Einzelgesprächen mit ihnen raten, bevor sie es wieder miteinander wagen. Was aber vermitteln wir ihnen in den Einzelgesprächen? Das Allerwichtigste, nämlich dass ihr »Feind« nicht böse *ist*, sondern sich allenfalls böse *verhält* oder gar (irrtümlich) *für böse gehalten wird*. Setzen wir ihnen eine Brille auf die inneren Augen, damit sie wahrnehmen, was der Wirklichkeit entspricht und nicht den Bildern von der Wirklichkeit, die sie sich zwei Stufen lang gemacht haben. Korrigieren wir

a) ihre selektive Aufmerksamkeit, indem wir verdrängtes Gutes (hüben und drüben) ans Tageslicht holen,

b) ihre kognitive Kurzsichtigkeit, indem wir an einem umfassenden Zukunftsdenken polieren,

c) ihre verdrehten Erinnerungen an Ereignisse, an denen der »Feind« beteiligt war, indem wir nach Spuren der Wahrheit fahnden.

Und vor allem: Lehren wir sie aufs Neue die bedingungslose Ehrfurcht vor der Person, die zwar verantwortlich ist für ihr Tun, aber essenziell um Äonen *mehr* ist als ihr Tun.

Wenn sich Menschen böse verhalten

Ist dieses Allerwichtigste zu vermitteln geglückt, stellt sich die Frage nach dem Umgang mit einem objektiv »bösen Verhalten« eines Gegners. Schließlich kann man von niemandem verlangen, dass er sich wehrlos von anderen schinden lässt. Die folgenden Informationen eignen sich, um beim Umgang mit Aggressionsattacken von Gegnern zu angemessenen Entscheidungen zu führen. Sie dienen zur Aufklärung von Menschen im Kriegszustand, können aber genauso bei weniger spektakulären Dramen wie kleinen Mobbing-Zwischenfällen, Eifersuchtspläneleien und undiplomatischen Ausrutschern eine heilsame Nachdenklichkeit anregen, die ein unkontrolliert eskalierendes Hickhack bereits im Anfangsstadium einbremst.

Information Nr. 1

Menschen, die sich böse verhalten, sind oft verletzte Menschen. Das ist keine »Ausrede« für Gemeinheiten, die sie anderen antun, und dennoch ist es bedenkenswert. Wer diese Information hat, hält unwillkürlich nach Verletzungen seines Gegners Ausschau. Nicht immer sind solche Verletzungen auf Anhieb sichtbar. Schon deshalb nicht, weil sie keineswegs vom gegenwärtigen Konflikt verursacht worden sein müssen. Die Verletzungen des Gegners können uralt sein, aus Kindestagen stammen, von Außenstehenden produziert worden sein, ja, schicksalhafter Natur sein. Ein Hund, der Bauchweh hat, knurrt; und zwar knurrt er auch denjenigen an, der an seinem Bauchweh unschuldig ist. Jedes Tier, das Schmerz empfindet, ist gereizt. Der Mensch kann zwar besser als der Hund zwischen Schuld und Unschuld unterscheiden, aber das schützt ihn nicht vor animalischen Reflexen. Die Figur des schwächlichen Mannes, der tagsüber in der Firma von seinen Kollegen gehänselt wird und abends daheim Frau und Kinder terrorisiert, ist leider keine Witzfigur, sondern mitunter schaurige Realität.

Was würde es nun seiner Ehefrau nützen, zu wissen, dass ihr Mann an seinem Arbeitsplatz gedemütigt und gequält wird? Nun, vielleicht doch etwas. Sie könnte ihn darauf ansprechen, was Schleusen der Verzweiflung und Zerknirschtheit bei ihm öffnen könnte. Sie könnte gemeinsam mit ihm nach Auswegen und Hilfsstrategien suchen. Sie könnte ihn künftig bei seinen Entgleisungen leichter stoppen, indem sie bei den ersten Gefahrenanzeichen sofort klarstellt, dass sie und die Kinder nicht seine Arbeitskollegen sind. Sie könnte einen Teil ihrer Wut gegen ihren Mann in Mitleid umwandeln. Sie könnte ihn abends nach seiner Heimkehr mit häuslichen Sorgen verschonen und ihm vorerst ein wenig Erholung gönnen. Sie könnte mit ihm einen Wechsel seines Arbeitsplatzes durchdiskutieren, und vieles mehr.

Wer hinter »Bösewichtern« seelisch verletzte Menschen vermutet, ist gegen Feindbilder weitgehend immunisiert. Er braucht und soll deswegen deren schlechtes Verhalten nicht tolerieren. Kein seelisches oder körperliches Leid rechtfertigt die Weitergabe eines Leides an andere Menschen. Wenn Leid immer wieder Leidvermehrung erzeugt, reißt die Kette des Elends in unserer Welt nicht ab. Nein, erfahrenes Leid ruft auf zum Heldentum, es eben *nicht* an anderen auszulassen, schon gar nicht an Unschuldigen und Unbeteiligten, sondern es eigenständig mit inneren Kräften zu bewältigen, ihm die Stirn bietend oder es würdig tragend, je nachdem. Aber – wer ist ein Held? Solange wir nicht selbst unter Beweis gestellt haben, dass wir ein Leiden heldenhaft meistern, sollten wir vorsichtig damit sein, anderen Heldentum abzuverlangen. Menschen, die sich böse verhalten, sind keine »Teufel«, beileibe nicht, nur sind sie oft von Verletzungen geschwächt ..., zu schwach, um Helden zu sein.

Im Buch »... trotzdem Ja zum Leben sagen« von Viktor E. Frankl findet sich im Theaterstück »Synchronisation in

Birkenwald« eine Textstelle, die das großartigste Vermächtnis Frankls an die nächste Generation beinhaltet. Dort diskutieren Paul und Franz, zwei Brüder, die im Konzentrationslager auf ihren Tod warten, miteinander das seit Menschengedenken ungelöste Problem, was man mit Aggressoren tun soll. Zurückschlagen? Oder nicht? Franz kommt auf den ersten Mörder unter den Menschen zu sprechen, auf Kain, der laut Bibellegende seinen Bruder Abel erschlagen hat. Franz fragt Paul: »Wozu hat der Herrgott dem Kain wohl das Kainszeichen aufgedrückt?« Paul mutmaßt, dass es um eine Warnung vor dem Mörder ging, den man an seinem Mal erkennen sollte. Was Franz darauf antwortet, ist Botschaft pur, Botschaft an die heute und morgen Lebenden auf unserem Planeten:

Franz: »Falsch! Sondern das Kainszeichen sollte dazu dienen, dass Kain nichts geschieht, dass die Menschen ihm nichts tun, ihn nicht mehr weiter strafen, nachdem er vom Herrgott bestraft worden war, und damit sie ihn in Ruhe lassen. Geht dir jetzt ein, wozu das Kainszeichen da war? Denk doch nur einmal darüber nach, was sonst geschehen wäre: das Morden hätte einfach nicht mehr aufgehört, ein Mord hätte den anderen ergeben, ein Unrecht das andre gezeugt –, wenn man immerfort Gleiches nur mit Gleichem heimgezahlt hätte. Nein! Endlich einmal soll die Kette des Bösen abgerissen werden!! Wir wollen nicht wieder und immer wieder Unrecht mit Unrecht vergelten, Hass mit Hass erwidern und Gewalt mit Gewalt! Die Kette, Paul, die ... Kette – das ist es! Die muss endlich gesprengt werden ...«

Welch eine Vision! Die Kette muss endlich gesprengt werden ... Wenn der Leser in Zukunft besorgniserregende Nachrichten aus der Weltpolitik liest oder hört, möge er an die »Kette« denken, die alle verfeindeten Völker, Rassen und Parteien ehern umschlingt und nach Glasl »gemeinsam in den Abgrund reißt«, – wenn nicht *einer* davon ausbricht, *der*

Held, der sie sprengt. Dasselbe gilt für die Privatfehden verfeindeter Einzelpersonen. Wer sprengt die Kette?

Menschen, die sich böse verhalten, haben oft Schlimmes erduldet. Aber bedauerlicherweise lassen sie die Kette weiterlaufen.

Information Nr. 2

Menschen, die sich böse verhalten, handeln häufig aus Angst. Auch dies ist keine »Ausrede« für irgendwelche Schandtaten. Trotzdem hebt diese Information den Verständnispegel bei Konfliktbetroffenen an. Denn Angst ist niemandem unbekannt. Jeder hat schon seine eigenen »Horrorerfahrungen« gemacht und weiß, wie »kopflos« man in Paniksituationen reagiert. Keiner kann für sich selbst »die Hand ins Feuer legen« und garantieren, dass er unter immensem Angstdruck nicht gegen Moral und Gewissen verstoßen würde. Die Angst ist ein extremer Verführer zu Sinnwidrigkeiten, wie man sie zum Beispiel unter Diktaturen en masse beobachten kann, wenn Leute bespitzelt und willkürlich eingekerkert werden. Wo die Angst umgeht, hängt der Segen schief, auch im engsten Familienkreis.

Schon Kinder lügen aus Angst. Ein Beispiel:

Ein Mädchen hat eine Vase zerbrochen. Es fegt die Scherben unter eine Vitrine und flüchtet ins Kinderzimmer. Die Mutter findet die Scherben und stellt ihre Tochter zur Rede. Diese leugnet, die Vase überhaupt gesehen zu haben. Jetzt haben die beiden einen Konflikt miteinander. Dieser wird ausufern, wenn die Mutter meint, das Kind doppelt strafen zu müssen: für den Bruch der Vase und fürs Lügen. Das Kind wird trotzen, maulen, seine Tränen hinunterschlucken und lernen, geschickter zu lügen.

Die Mutter könnte die Kette des Leides auch abreißen lassen, indem sie dem Kind verdeutlicht: »Sag' mir die Wahrheit, dann freue ich mich über deine Ehrlichkeit. Und was die Vase betrifft, so überlegen wir, wie du den Schaden wieder gutmachen kannst. Vielleicht suchst du gemeinsam mit Papa eine neue Vase zu meinem nächsten Geburtstag aus und zahlst einen Teil davon von deinem Taschengeld. Dann bekomme ich eine schöne, neue Vase, und dein Missgeschick ist vergessen.«

Freilich gibt es nicht immer derartige Ideallösungen. Manche Angsttaten sind unverzeihlich, und ihre Folgen nicht wieder gutzumachen:

Ein Bekannter von mir fuhr gemütlich mit seinen Skiern einen Abhang hinunter, da raste ein unachtsamer Snowboarder in ihn hinein und rammte ihm beim Sturz die Spitze des Boards in die Lunge. Nicht genug damit: Der Snowboarder ließ den Schwerverletzten im Schnee liegen und huschte davon. Mein Bekannter wurde gerade noch rechtzeitig entdeckt und per Hubschrauber in ein Krankenhaus geflogen, wo er wochenlang auf der Intensivstation lag. Der flüchtige Rowdy wurde trotz breit angelegtem Polizeieinsatz nicht gefunden.

Das ist bitter. Kein Wunder, wenn die allgemeine Empörung Wellen schlägt. Dennoch ist die Spanne zwischen dem ängstlichen Mädchen und dem unbekannten Snowboarder nicht allzu groß. Die Angst jagt beide ins unethische Eck und hält sie dort in ihren Klauen fest. Wiederum würde es des Heldenmutes bedürfen, um sich nicht hineinjagen zu lassen bzw. um freiwillig daraus hervorzukriechen. Und so plädiere ich auch in diesen Fällen für einen Hauch von Mitgefühl – nicht nur mit den Opfern der »Feiglinge« (ein Mitgefühl, das ja keine Überwindung kostet), sondern mit den »Feiglingen« selbst. Ihre Schandtaten liegen auf ihrer Seele und wiegen schwer, erkannt oder nicht, offiziell geächtet oder nicht. Aus der geschichtlichen Wahrheit gibt es kein Entrinnen.

In diesem Zusammenhang noch eine Randbemerkung: Bei Friedensgesprächen argumentiere man möglichst nie mit Angstmacherei, indem man dem Gegner z. B. anbietet, auf eine Strafmaßnahme gegen ihn zu verzichten, wenn er seinerseits eine gewünschte Bedingung erfüllt. Solche Argumentationen werden als Erpressung empfunden. Und geht der Gegner wirklich auf die gewünschte Bedingung ein, dann bloß aus Angst vor der dräuenden Strafmaßnahme und nicht aus Einsicht, dass das Verlangte für etwas oder für jemanden gut sei. Ist aber ein Positivverhalten nicht von einer Werteeinsicht gedeckt, sondern nur »abgepresst«, währt es nicht lange und wird alsbald untergraben. Frieden ist auf diesem Wege fast nicht erzeugbar.

Information Nr. 3

Menschen, die sich böse verhalten, intendieren kaum jemals das Böse, sondern stattdessen etwas Nachvollziehbares und Akzeptables, und nehmen dabei das Böse bloß »in Kauf«. Das ist eine seltsame psychologische »Verrenkung«, die genauere Betrachtung verdient. Faktum ist, dass fast niemand das Böse will. Was Menschen wollen, ist entweder ein Vorteil für sich selbst oder die Erhaltung und Förderung eines Wertes, der ihnen viel bedeutet. Sie haben egozentrische oder selbsttranszendente Motive, wie die Motivforscher belegen, und beides mischt sich bunt durcheinander, was ganz in Ordnung ist. Man muss sich selbst vital erhalten, um Energie für Wertverwirklichungen zu haben, und man muss Ideale nähren, um Sinn im Dasein zu erleben. Weder egozentrische noch selbsttranszendente Motive zielen primär auf die Zerstörung von irgendetwas ab.

Allerdings gibt es die Konstellation, dass ein eigener Vorteil nur auf Kosten anderer zu gewinnen ist, ja sogar, dass ein ideales Ziel nur auf dem Umweg über die Realisierung eines Unwertes zu erreichen ist. Das ist eine vertrackte Situation mit ähnlich mächtigem Verführungspotenzial wie der Angstdruck. Beispiele dafür gibt es wie Sand am Meer. Zwei Optiker eröffnen zufällig in derselben Straße ihr Geschäft. Jeder begreift schnell, dass er sein Geschäft nur zum Blühen bringen kann, wenn er dem Konkurrenten Kunden wegschnappt. Eine kürzlich geschiedene Mutter registriert, dass ihr Kleinkind nach den Besuchssonntagen beim Vater wieder einnässt. Sie beantragt eine einstweilige Aussetzung des väterlichen Besuchsrechts bei Gericht, um ihrem Kind Irritationen zu ersparen. Ein religiöser Mensch kränkt sich, weil seine Religion öffentlich ins Lächerliche gezogen wird. Er denkt, dass nur die Ankündigung von schrecklichen Racheakten die Öffentlichkeit von weiteren Sakrilegen abhalten kann. Und so fort, und so fort.

Keiner der Genannten will etwas Böses. Die Optiker wollen Geld verdienen und nicht Pleite machen. Die Mutter will eine normale Entwicklung ihres Kindes. Der religiöse Mensch will seinem Gott Ehre erweisen. *Werte* stehen im Mittelpunkt ihrer Intentionen, denn auch ein selbst aufgebautes Geschäft stellt einen Wert dar, und Kind und Glaube sind sowieso hohe Werte. Der Knackpunkt ist, dass die Genannten bereit sind, anderen Menschen zu *schaden*, um ihre Werte zu *schützen*. Sie wollen das Böse nicht, aber sie nehmen es in Kauf, um ihre Ziele zu erreichen.

Die jeweiligen Gegenseiten sehen dies naturgemäß nicht so. Der Optiker, dem Kunden listig entzogen werden, wirft seinem Kollegen absichtliche Geschäftsschädigung vor. Der Mann, dessen Besuchsrecht beschnitten werden soll, klagt seine Exfrau an, ihm sein geliebtes Kind mittels Trick wegnehmen zu wollen. Die Öffentlichkeit, die sich von einem Religionsvertreter bedroht fühlt, stempelt diesen zum verbrecherischen Terroristen ab. Das ist das ideale Klima, in dem Feindbilder wuchern. Allen »Feinden« werden stets negative Intentionen unterstellt. Ein »Feind« kann keine wertorientierte Motivation haben, denn wertorientierte Menschen kann man nicht verdammen. »Der andere will mich ruinieren« – darauf sind Feindbilder geeicht, und davon rücken sie kein Jota ab.

Man sieht, welche Umwälzung im Denken die Information Nr. 3 bewirken könnte. »Was, der Gegner will nichts Böses, er will einfach (über)leben, er will seine Lieben und seine Werte schützen?« Steine könnten ins Rollen kommen, die bisher Herzen blockiert haben. Ein Restärger über den Gegner darf freilich bleiben. Schließlich nimmt er Böses in Kauf, und das ist nicht die feine Art. Darüber wird man sich verständigen müssen. Aber eine Verständigung ist erst möglich, nachdem die Feindbilder abgelegt sind.

Man merke sich daher, dass diejenigen, die uns angreifen, häufig ihre Existenz oder ihre Werte und Ideale verteidigen. Dieses Wissen rettet uns nicht vor ihren Angriffen, aber es behütet uns vor der Falle des Feindbildes, die zum Gegenangriff bläst, und hilft uns, die Angreifer trotz unseres riesigen und berechtigten Zorns immer noch für dialogwürdig und konsensfähig zu halten. Es erobert allen Beteiligten die Chance zur Konfliktbewältigung.

»Gut gemeint« ist eben nicht gleichzusetzen mit »gut ausgegangen«, was alle Eltern, Ehepartner, Arbeitskollegen, Führungskräfte, Lehrer, Ärzte, Politiker etc. schon hundertmal hautnah am eigenen Leib (und in der eigenen Seele) erfahren haben. Dennoch ist »gut gemeint« um Unendlichkeiten besser als »schlecht gemeint«, denn dazwischen liegt der Abstand zwischen »Himmel« und »Hölle«.

Information Nr. 4

Menschen, die sich böse verhalten, leiden nicht selten an einem reduzierten Selbstwertgefühl, einer verminderten Selbstkontrolle oder an einer verbalen Ausdrucksnot. Einzig die zweite »Minderung« kann als Entschuldigungsgrund gelten, und dies auch nur, wenn der partielle oder totale Selbstkontrollverlust nicht mutwillig herbeigeführt worden ist. Es gibt

Krankheiten, die zum Selbstkontrollverlust führen, ohne dass die Kranken etwas dafürkönnen. Hirnschäden, Psychosen und Altersdemenz zählen dazu. Es gibt ferner Suchtfolgen, die zum Selbstkontrollverlust führen. An ihnen haben die Kranken durch ihr Suchtverhalten fleißig (aber zunehmend unfreiwillig) mitgewirkt. Schließlich gibt es noch hypnotische und Massen-Phänomene bzw. »Gehirnwäschen«, die zum Selbstkontrollverlust führen. Auch daran sind die Betroffenen teilschuldig, weil sie nicht rechtzeitig gegengesteuert haben. Kinder und Jugendliche sind von solchen Mitschuldigsprechungen natürlich auszunehmen, da sie weder den Überblick noch die Widerstandskraft haben, dergleichen Verführungen die Stirn zu bieten.

Auf jeden Fall ist klar, dass z. B. ein schizophrener Patient, der einen Mitmenschen attackiert, nicht zur vollen Verantwortung gezogen werden kann. Wie groß oder klein seine Verantwortung, und das heißt, sein Selbstbeherrschungsvermögen unter Umständen *doch* sein kann, illustriert die Aussage eines mir befreundeten Chefs einer psychiatrischen Klinik in Norddeutschland, der mir einmal schmunzelnd erzählt hat, dass seine verwirrten schizophrenen Patienten bei unkontrollierbaren Wutausbrüchen Tische und Stühle zertrümmern, aber nie den Fernseher in der Zimmerecke ... Na ja, ein Quäntchen Entscheidungsfreiraum scheint ihnen demnach offenzustehen, und so kann man sie auch nicht völlig entlasten, wenn sie das Gesicht ihres Nächsten zu zertrümmern versuchen.

Für die Zwecke der Konfliktdeeskalation spielen die beiden anderen »Minderungen« bei Menschen mit bösem Verhalten eine wichtigere Rolle. Das schwache Selbstwertgefühl ist das »Markenzeichen« des Neurotikers, der kaum je offen aggressiv wird, dafür aber bei Gelegenheit hinterhältig und schadenfroh agiert. Da es ihm psychisch schlecht geht, wäre es Balsam auf seine gemarterte Seele, wenn es anderen auch schlecht ginge. Sein irrationaler Gefühlsknäuel, in dem sich Gekränkt-Sein, Gedemütigt-Fühlen, Scham-Empfinden,

Sich-abgelehnt-und-verachtet-Glauben, Sich-nichts-Zutrauen u. Ä. miteinander verschlingen, umwickelt sein Gewissen und lässt ihn jauchzen, wenn er einmal andere übertrumpft, heimtückisch aus dem Rennen wirft oder durch Intrigen zu Fall bringt. Er, der unbedeutende Wicht, hat Gott gespielt, wenn auch nur einen kurzen Moment lang – juhu! Wer diese Information hat, sieht hinter dem aufreibenden Gemauschel und Getuschel neurotischer Personen deren innere Armut und bringt es leichter fertig, es großmütig zu ignorieren.

Interessant ist auch der dritte »Minderungspunkt«, der böses Verhalten begünstigt: die verbale Ausdrucksnot. Sie wäre nämlich durch entsprechende Schulungen durchaus behebbar. Ich bin überzeugt, dass eine nicht unbeträchtliche Anzahl krimineller Delikte unterblieben, wären die Täter in der Lage, sich sprachlich treffsicher und gewandt auszudrücken. Alles, was Menschen bewegt, drängt nach Ausdruck. Es dürfte geradezu der Auftrag eines geistbegabten Wesens sein, Kunde von sich zu geben und seine Spuren in die Welt einzugravieren. Schon die frühesten Signale menschlicher Natur waren Ausdrucksformen: Die Höhlenzeichnungen drückten Beziehungen zu Tieren oder Pflanzen aus, die Grabgeschenke drückten Trauer um die Toten aus u.s.w. Seither haben ungezählte Dichter, Maler, Bildhauer, Architekten, Komponisten und Tänzer künstlerisch ausgedrückt, was in den Strömungen ihrer Zeit die Menschen bewegte und beschäftigte. Das überragendste Ausdrucksmittel des homo sapiens jedoch ist die Sprache, die im Laufe der Jahrtausende zusätzliche Funktionen zu ihrer ursprünglichen Ausdrucksfunktion dazugewonnen hat, sodass wir heute über das Medium der Sprache einen vorstellungsmäßigen Mikrozugang zum Kosmos besitzen.

Menschen, die sich sprachlich nur mit Mühe ausdrücken können, weil ihnen Talent, Vokabel, Übung, Vorbilder oder sonst etwas fehlt, haben ein echtes Problem. Die Gefühle, die in ihnen pochen, die Sehnsüchte, Enttäuschungen, Lebensfragen und Selbstdarstellungen, die über ihre Lippen wollen, stecken ihnen ungesagt im Hals. Niemand versteht sie. Ringen sie sich mit Anstrengung durch, sich verbal zu äußern, finden sie weder die richtigen Worte noch den passenden Tonfall noch die plausiblen Erklärungen, die nötig wären, um verstanden zu werden. Sie lernen, dass Sprechen sie nicht voranbringt. Was also tun in der Not? Sie nehmen ihre Fäuste zu Hilfe ... Die Politiker jeden Landes wären gut beraten, Pflicht-Rhetorikkurse für ihre halbwüchsigen Bengel, die auf den Straßen herumlungern, einzuführen. Wenn die (nicht nur) jungen Leute locker und frei darüber sprechen könnten, was ihnen Kummer bereitet, würden sie sich einen Haufen Übeltaten ersparen, um auf ihre prekäre Situation aufmerksam zu machen.

Für die Zwecke der Konfliktdeeskalation ist diese Information Gold wert. Denn wenn man die Möglichkeit einkalkuliert, dass der »Feind« verbal gehandikapt sein könnte, baut man ihm eher Gesprächsbrücken und übt sich in Nachsicht und Geduld, wenn er tollpatschig über die Brücken torkelt.

Information Nr. 5

Menschen, die sich böse verhalten, können sich in einem »existenziellen Vakuum« (Frankl) befinden. Das ist eine ernste Sache, keineswegs zu verwechseln mit einer kreativen Pause im Arbeitsgetriebe. Mit »existenziellem Vakuum« hat Frankl eine Lebenskrise umschrieben, in der sämtliche Bezüge zu Werten geschrumpft sind. Sei es durch äußere Umstände (Arbeitslosigkeit, Wohlstandsverwahrlosung, lange Krankheitsperiode, Vereinsamung, Eintritt in den Ruhestand, Umsiedelung), sei es durch innere Vorgänge (Depression, Leeregefühl, Resignation, Langeweile, Hoffnungslosigkeit) wird jegliche Sinn- und Zielperspektive aus den Augen verloren. Dies erzeugt eine geistige Abstumpfung sondergleichen. Menschen im »existenziellen Vakuum« ist alles egal. Sie lieben nichts, sie fürchten nichts, sie lachen nicht und weinen nicht, alles rund um sie versinkt in ihrer Gleichgültigkeit. In diesem Zustand ist ihre Hemmschwelle, Leben zu schädigen oder passiv sterben zu lassen, signifikant reduziert. Wozu Leben erhalten? Wozu sich anstrengen, wozu sich für etwas engagieren? Menschen im »existenziellen Vakuum« lassen sich treiben, schützen sich und andere nicht vor Gefahren, kümmern sich keinen Deut um ihre Mitwelt und halten in mephistophelischer Tradition »alles, was entsteht, für wert, dass es zugrunde geht«.

Im Allgemeinen sind sie sogar für Konflikte zu träge. Zieht man sie allerdings zur Verantwortung, beißt man auf Granit. Es kann passieren, dass sie seelenruhig zuschauen, wie eine Firma in Konkurs schlittert, Giftmüll in Abwässer gekippt wird, Verträge platzen, Familien ins Elend geraten, eine anständige Person verleumdet wird und Ähnliches mehr. Dabei sind sie schlimmer als die »Feiglinge«, denen die Angst im Nacken sitzt, denn kein Affekt hindert sie, sich konstruktiv in die Geschehnisse ringsum einzubringen. Gleichgültigkeit kann mörderischer sein als Aggressivität. Trotzdem intendieren auch sie das Böse nicht. Sie intendieren eigentlich – nichts.

Was nützt diese Information, um Konflikte einzudämmen? Zugegeben, wenig. Immerhin ist sie ein Blick auf einen »Feind«, dessen »Wille zum Sinn« frustriert ist. Und genau darüber müsste man mit ihm sprechen, unermüdlich: über Sinn.

Zwei psychologische Ergänzungen

Rekapitulieren wir kurz, warum die Kommunikation mit einem »Feind« so außerordentlich schwierig ist, dass selbst Spitzendiplomaten dabei ins Schleudern geraten können. Wir haben bisher folgende Punkte zusammengetragen:

a) Unsere Konzentration fällt stets auf die *Abweichung* vom Guten und Normalen. Wir kritisieren mehr, als wir loben, wir hadern mehr, als wir danken.

b) Alles Negative, das uns widerfährt, produziert eine *Fixierung* darauf. Es kommt zu einem Art »Tunneleffekt«: Der Rest verblasst, das Negative dominiert.

c) Wird ein Negatives, das uns widerfährt, von einem anderen Menschen ausgesandt, wird dieser andere schnell damit identifiziert. Und zwar als *ganze Person*.

d) Alles Negative und jede Abweichung vom Guten weckt den Wunsch, es erklären zu können. Denn seine Behebung setzt ja eine Ursachenklärung voraus.

e) Dieser Erklärungswunsch verleitet zu vorschnellen Erklärungen und zum gefährlichen *Unterstellen von bösen Intentionen* beim »Feind«.

f) Sämtliche weiteren Beobachtungen des »Feindes« fallen *selektiv* aus. Was seine bösen Absichten scheinbar bestätigt, wird wahrgenommen, was nicht, fällt unter den Tisch.

g) Das sich anbahnende *Feindbild* ist ein sich selbst verstärkender Prozess. Die Missverständnisse wachsen, weil die Wahrnehmung trügt und die Kommunikation schrumpft.

h) Die Stimme des Gewissens wird durch diese Missverständnisse und Missinterpretationen *betäubt*. Man redet sich ein, dass der Feind selbst daran schuld ist, dass man ihn attackiert.

Zu den obigen Punkten möchte ich noch zwei Ergänzungen aus der Psychologie einbringen.

Zum Punkt »Erklärungswunsch«:

Ist ein Unglück geschehen oder sitzt man sonst irgendwie in der Klemme, verspürt man den heißen Wunsch, zu begreifen, wie es dazu hat kommen können. Das ist ganz im Sinne des Überlebensprinzips, nämlich um gleichzeitig zu begreifen, wie man sich aus Unglück und Klemme wieder herauswinden kann oder wenigstens Ähnliches in Zukunft vermeiden kann. Dazu gesellt sich ein weiteres Motiv für den heißen Erklärungswunsch: Man will den Schuldigen entlarven, um ihn zur Rechenschaft zu ziehen und um sich ggf. vor ihm in Sicherheit zu bringen, und auch dies ist im Sinne des Überlebensprinzips einer Gemeinschaft. Das Strafrecht unserer Gesellschaft basiert darauf.

Bedauerlicherweise jedoch sind manche Ereignisse nicht zu erklären. Ihre Verursachung ist zu vernetzt, ist nicht rekonstruierbar oder gründet einfach im Würfelspiel des Zufalls, der in unserem Leben mächtig mitmischt. Dann fällt es uns schwer, uns »vor dem Geheimnis zu beugen«, wie Frankl es ausgedrückt hat. Unter dem Drang des heißen Erklärungswunsches neigen wir dann dazu, zu spekulieren und uns je nach Bildungsgrad Erklärungsmuster auszudenken. In der Psychologie nennt man dieses Phänomen »Laienätiologie«. Ein Beispiel dazu:

Ein Mann erkrankt an einer endogenen Depression. Das ist eine Erbkrankheit, deren Veranlagung in den Genen gespeichert ist. Die Krankheit bricht vorwiegend *unabhängig* von äußeren Anlässen aus, geht von selbst zurück und kehrt in Phasen wieder. Der Krankheitsausbruch beginnt damit, dass es mit der Leistungsfähigkeit des Betreffenden bergab geht. Es fällt ihm immer schwerer, sich zu den ihm abverlangten Aktivitäten aufzuraffen. Bleierne Müdigkeit, aufflackernde Unkonzentriertheit und eine nie gekannte Entscheidungsunsicherheit lähmen ihn am Tatenvollzug, was sich zusätzlich auf sein pessimistisch angeschlagenes Gemüt legt und die

Wachheit seiner Sinne umnebelt. Es ist logisch, dass der Betreffende zu dem Zeitpunkt seiner seelischen »Talfahrt« wichtige Arbeiten fehlerhaft erledigt oder überhaupt versäumt zu erledigen. Rüge, Tadel und Kritik seitens seiner Vorgesetzten oder Kollegen, die für ihn einspringen müssen, bleiben nicht aus. Vielleicht schimpfen sie, er sei plötzlich faul geworden. Vielleicht gibt es einen heftigen Eklat im Büro. Davon unbeeindruckt schreitet die Depression voran, und schließlich merkt der Unbedarfteste, dass der Mann krank ist. Heilmaßnahmen werden eingeleitet. Was aber sagen die Verwandten und Freunde des Betreffenden? Sie sagen: »Er hat doch stets ordentlich gearbeitet, aber seine Vorgesetzten und seine Kollegen haben ihn in letzter Zeit so ungerecht getadelt und kritisiert, dass er vor lauter Kränkung krank geworden ist.« Sie meinen, die Vorwürfe wegen angeblicher Faulheit seien schuld an der später sichtbar gewordenen Depression des Mannes. Sie irren: Seine Depression war schon lange »am Werk« und hat den Eklat (in Form seines krankheitsbedingten Leistungsrückganges) verursacht. Ein klassisches Beispiel für »Laienätiologie«!

Lernen wir daraus, mit Erklärungen von Negativgeschehnissen zurückhaltend zu sein und uns in den »undurchsichtigen Fällen«, die unseren Wissenshorizont übersteigen, demütig vor dem Geheimnis zu beugen.

Zum Punkt »Selektive Beobachtungen«:

L. Festinger hat unter dem Namen »kognitive Dissonanz« ein verbreitetes Phänomen beschrieben, dessen sich nur wenige Menschen bewusst sind. Eine kognitive Dissonanz tritt auf, sobald sich bei einer Person die Bewertung ein- und desselben Elementes widerspricht.

Angenommen, jemand hat sich intensiv einen Sportwagen gewünscht und endlich das nötige Geld dafür angespart. Freudestrahlend kauft er sich den ersehnten Sportwagen. Allmählich stellt er jedoch eine Menge Nachteile seines Autos fest. Das Dach ist extrem niedrig, und er fühlt sich im Sitzen beengt. Der Kofferraum ist zu klein für sein Gepäck. Die Geschwindigkeit des Wagens kann er wegen der vielen Verkehrsbeschränkungen in seinem Wohngebiet selten ausnützen. Der Benzinverbrauch ist hoch. Es entsteht eine kognitive Dissonanz beim Betreffenden: Einerseits ist der Sportwagen sein »Traumauto«, und andererseits ist der Sportwagen für seine Zwecke in hohem Maße unpraktisch. Das ist unangenehm.

Menschen tendieren in solchen Fällen dazu, die kognitive Dissonanz einer Konsonanz zuzuführen. Wie machen sie das? Indem sie *selektiv* beobachten, also einseitige Informationen sammeln.

Der Sportwagenbesitzer könnte fortan nur mehr Informationen in seinem Gedächtnis speichern, die *für* sein Auto sprechen, also etwa lobende Berichte aus Automagazinen. Alle anderen Sachverhalte schiebt er aus seinem Bewusstseinsfeld hinaus. Doch Achtung: Lassen sie sich irgendwann einmal nicht mehr »verdrängen«, weil sie doch zu ärgerlich sind, wird er »umsatteln« und fortan nur mehr diejenigen Informationen aufmerksam verfolgen, die *gegen* sein Auto sprechen. Das wird ihn über kurz oder lang dazu bewegen und ihm auch die Kraft dazu verleihen, sein Sportauto gegen einen anderen Wagen einzutauschen, und dies (wenn das »Gegen-Informations-Fass« voll ist) ziemlich kurz entschlossen.

Kognitive Dissonanzen sind Konflikte im persönlichen Bewertungssystem, die nach Ausgleich und Begradigung drängen. Für die Mitwelt allerdings sehen solche »Begradigungsentschlüsse« mitunter unfassbar radikal aus. Es könnte zum Beispiel sein, dass niemand erwartet, dass der Sportwagenbesitzer, der noch ein paar Wochen zuvor begeistert von seinem Auto geschwärmt hat, es wieder verkauft.

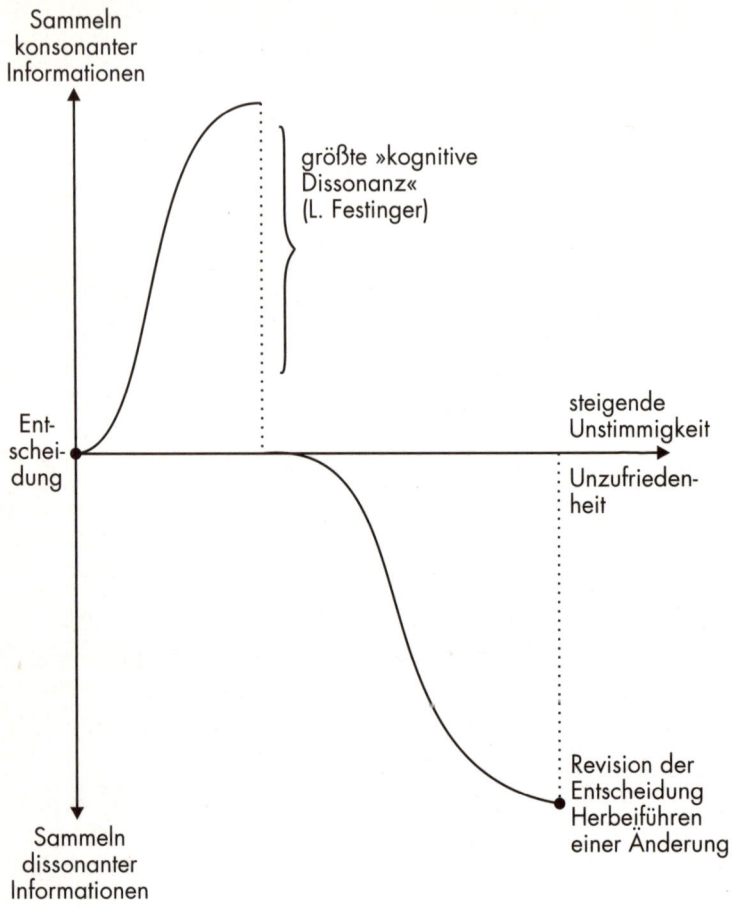

In der Kommunikation mit »Feinden« spielen die beiden Phänomene »Laienätiologie« und »kognitive Dissonanz« eine konfliktverschärfende Rolle:

Man zimmert sich Erklärungen für das Feindesverhalten zusammen, die größtenteils spekulativ und daher unrichtig sind. Man glaubt, hinter die Maske des »Feindes« zu lugen, aber in Wirklichkeit setzt man ihm eine erfundene Teufelsfratze auf, die mit seinen Zügen kaum mehr etwas gemeinsam hat. Da er der »Feind« ist, ist es natürlich dissonant, liebenswerte Züge an ihm zu entdecken. *Das* würde nicht passen. Also werden seine Schwächen und Ausrutscher akribisch gesammelt. Sie allein sind zum Feindbild konsonant. Die positiven Fähigkeiten und Eigenschaften des »Feindes« werden weggeschoben.

Zum Glück besteht nach L. Festinger auch im Konfliktbereich die Chance, dass bei steigender kognitiver Dissonanz das Ruder herumgerissen wird. Würde (trotz aufgesetzter Teufelsfratze) öfter und immer öfter das Gute und Lichtvolle an einem »Feind« wahrgenommen, könnte die Feindschaft eines Tages schlagartig in sich zusammenfallen. So, wie man sich entschließen kann, einen unpraktischen Sportwagen zu verkaufen, obwohl man sich ein halbes Leben lang Illusionen über ihn gemacht hat, genauso kann man sich auch entschließen, einen »Feind« als Freund zu erachten, obwohl man ihn ein halbes Leben lang bekämpft hat. Freilich fallen solche Entschlüsse nicht leicht, und es braucht ungeheuer viel Ehrlichkeit – mit sich selbst! –, um sich zu ihnen durchzuringen. Doch *wenn* sie fallen, ist ein »Spuk« vorüber, der anderenfalls den Rest des Lebens vergiften würde.

Die Kunst des Kompromisses

Vor dem genannten Wissenshintergrund kommuniziert man vorsichtiger und gerechter mit seinen Konfliktgegnern. Ein beeindruckendes Beispiel dafür wurde mir von einem meiner ehemaligen Schüler berichtet.

In seiner Dienststelle, der Verwaltung eines Fremdenverkehrsbüros, wurde eine Dame für den Aufgabenbereich »Werbung und Wintertourismus« eingestellt. Da der Leiter dieser Abteilung beabsichtigte, zum Jahresende in Rente zu gehen, wurde der Dame versprochen, sie könne dann seine Nachfolge übernehmen. Das war im März dieses Jahres. Unverhofft ergab es sich jedoch, dass eine regionale Hotelkette das Angebot eines ausländischen Reiseveranstalters erhielt, in der kommenden Skisaison zahlreiche Gästegruppen einzuquartieren, die an geführten Touren teilnehmen wollten. Das erhöhte den Arbeitsaufwand der Abteilung beträchtlich, weswegen im August desselben Jahres eine zweite Dame eingestellt wurde. Die zweite Dame verfügte über eine hohe Qualifikation in der Tourismusbranche und brachte wesentlich mehr Erfahrung für ihre Tätigkeit mit als die erste Dame.

Zunächst lief alles gut. Doch im Dezember dieses Jahres, als das Ausscheiden des Abteilungsleiters konkret wurde, bewarb sich die zweite Dame als dessen Nachfolgerin mit der Begründung, sie sei kompetenter als ihre Konkurrentin. Der oberste Chef blieb trotzdem bei dem abgegebenen Versprechen und überließ der ersten Dame die Abteilungsleitung. Damit begann ein »kalter Krieg« zwischen den beiden Frauen. Die kompetente Dame reduzierte ihren Arbeitseinsatz auf ein Pflichtminimum und ließ die weniger erfahrene Dame »auflaufen«, wo sie nur konnte. Über deren »Dummheiten« machte sie sich dann in der ganzen Dienststelle lustig.

Nach Rücksprache mit meinem Schüler entschloss sich die erste Dame, inzwischen Abteilungsleiterin, die zweite Dame um eine freundschaftliche Unterredung unter vier Augen zu bitten. Dazu lud sie diese in ein Kaffeehaus ein. Sie bereitete sich sorgfältig auf das Gespräch mit ihrer »Feindin« vor. Sie wusste, dass ihr die andere hauptsächlich Böses unterstellen würde, wie Betrug oder Einschmeichelung beim Chef, und dass sich dahinter möglicherweise eine große Enttäuschung oder Verletzung verbarg. Deshalb nahm sie sich vor, gelassen zu reagieren, was auch kommen mochte, und ihre Gegnerin zu verstehen zu versuchen, so gut sie nur konnte.

Tatsächlich eröffnete die zweite Dame das Gespräch (bei Kaffee und Kuchen) mit der spitzen Frage an die erste Dame, ob sie denn nun glücklich sei, nachdem sie die Leitungsposition an sich gerissen habe. Nein, antwortete diese, sie sei nicht glücklich, weil eine Spannung zwischen ihnen beiden bestehe, die sie gerne ausräumen wolle. Sie lächelte ihre Gegnerin an und bat sie, ihr alles zu sagen, was ihr an Gedanken und Gefühlen durch den Kopf ginge.

Die zweite Dame erzählte, erst stockend, dann fließender, dass sie in jemandes Schatten gestanden sei, seit sie zurückdenken könne. Ihr Vater habe ihren Bruder bewundert, der ein technisches Genie gewesen sei. Dass sie selbst in den Fächern Geschichte und Erdkunde topbewandert gewesen sei, habe er nie bemerkt. In der Hotelfachschule habe sie hervorragende Noten gehabt, aber ein Lehrer, der sie nicht mochte, habe ihr das Abschlusszeugnis mit einem Vierer verpatzt. An ihren bisherigen Arbeitsplätzen habe sie sich abgerackert, habe Fortbildungskurse belegt (und selbst bezahlt), doch sei sie nie in eine höhere Gehaltsklasse befördert worden wie Kolleginnen, die weniger geleistet hätten als sie. Immer habe man sie vertröstet. Sogar ihr Lebensgefährte, ein Bildhauer, stehe, verglichen mit ihr, im Rampenlicht, wenn er seine abstrakten, schwer verkäuflichen Skulpturen ausstelle, wohingegen sie gesellschaftlich bloß sein »Anhängsel« sei. Nun habe sie viel Hoffnung in ihre neue Arbeitsstelle gesetzt, aber wiederum sei ihr das Schicksal einer »Zweiten« beschieden ...

Die erste Dame drückte ihr Mitgefühl am Geschick ihrer Gegnerin aus. Das brachte die zweite erst recht in Rage. »Sie können sich Ihr Mitleid sparen!«, keifte sie. »In Wirklichkeit genießen Sie Ihre Überlegenheit und wollen mich nur gefügig machen. Aber das wird Ihnen nicht gelingen!« »Aha«, dachte die erste Dame, »sie hat schon ein Feindbild von mir entwickelt. Deshalb spricht sie mir negative Intentionen zu und deutet alles, was ich tue, als gegen sie gerichtet. Arme Frau!« Zu ihrer aufgebrachten Gegnerin gewandt, sagte sie: »Sie sind wütend und traurig und geben mir die Schuld daran. Doch bitte ich Sie zu bedenken, dass ich an Ihren früheren Leiderfahrungen und Schicksalsschlägen unbeteiligt bin. Auch jetzt habe ich nicht entschieden, die Abteilung zu übernehmen; ich habe mich nicht einmal darum beworben. Es mag stimmen, dass ich für diese Aufgabe weniger geeignet bin als Sie. Deshalb wäre es für mich ideal, wenn wir beide gut zusammenarbeiten könnten.« »Na, dann treten Sie doch zurück, wenn Sie ungeeignet sind!«, fauchte die zweite Dame. Die erste ließ sich nicht provozieren. Sie erwiderte: »Ich habe eine Idee. Wir könnten doch die Abteilung gemeinsam leiten, und zwar nicht nur intern, sondern auch nach außen hin. Wir hängen ein Schild an die Türe, auf dem unter »Leitung« unsere beiden Namen stehen. Wir sprechen uns jeweils über die anfallenden Aufgaben ab und teilen uns die Verantwortung.« »Wir teilen die Arbeit und Sie stecken das höhere Gehalt ein ...«, höhnte die andere. »Ich weiß«, fuhr die erste Dame ruhig fort, »das ist eine Ungerechtigkeit, die wir nicht sogleich ausmerzen können. Ich sehe nur die Möglichkeit, dass wir eine Weile gut miteinander kooperieren und dann als bewährtes Team zum Chef gehen und ihm die Sachlage vortragen. Wenn er erfährt, dass wir längst schon die Abteilung Schulter an Schulter managen, wird er eher damit einverstanden sein, uns auch lohnmäßig gleichzustellen.«

Es trat eine Schweigepause ein. Offenbar kämpfte die zweite Dame mit einer kognitiven Dissonanz: Die »Feindin« verhielt sich anständig und fair. Zudem entfaltete die Vorleistung der ersten Dame ihre Heilkraft. »Ich glaube, Sie brauchen mich bloß, weil ich so viel weiß ...«, brummte die zweite vor sich hin, aber ihr größter Ärgerdruck war bereits abgeflacht. Die erste Dame sah sie freundlich an. »Ja, Sie wissen und können viel. Sie sind ein wahrer Gewinn für unsere Dienststelle. Es wäre zu schade, wenn Ihre Fähigkeiten wegen kleinlicher Differenzen nicht voll zum Tragen kämen.« Sie schluckte. »Es ist für mich nicht leicht, Sie zu bitten, mir zur Seite zu stehen«, gestand sie ein. »Ich bin mir darüber im Klaren, dass Sie mich innerlich ablehnen, und nach Ihrer heutigen Erzählung verstehe ich dies auch besser. Doch denke ich, dass wir beide stark genug wären, den Graben zwischen uns zu überwinden, um einer friedlichen und effektiven zukünftigen Arbeit willen, die letztlich den Hoteliers und den Feriengästen unseres Landes zugute käme. Was meinen Sie?«

Spontan streckt die zweite Dame der ersten Dame die Hand hin. »Okay, wir versuchen es miteinander. Ich lehne Sie nicht ab. Es tut mir leid, wenn dieser Eindruck entstanden ist ...« »O, der ist schon vergessen!« Die erste Dame ergriff die Hand der zweiten und drückte sie. Sie trank ihren Kaffee aus und stand auf. »Jetzt werde ich sogleich das neue Türschild bestellen ...« Frohgemut gingen beide in einen harmonischen Arbeitsalltag hinein.

Die Kunst, erfrischende (und nicht faule) Kompromisse zu entwickeln, ist den hehren musischen Künsten durchaus gleichwertig. Man braucht dasselbe »Material«, nämlich eine Portion Inspiration, einen Sinn für Ästhetik, einen Schuss Genialität und dazu noch den »langen Atem«, das intuierte Meisterwerk auszuführen. Wie bei jeder Kunst ist Übung der steinerne Weg zum Erfolg. Man kann jedoch dessen gewiss sein, dass sich der Weg lohnt, und dies schon nach den ersten überstiegenen Steinhalden.

Kompromisse sind keine »halben Sachen«, wo »ganze« dem Zugriff entrückt sind. Im Gegenteil, Kompromisse vollenden die Ganzheit von zwei »Hälften«, die jede für sich genommen einseitig, engstirnig oder unvollkommen wäre. Jahrtausende kämpferischer Auseinandersetzungen der *einen* Gattung »Mensch« auf unserem Planeten haben uns gezeigt, dass es keinen Sieg gibt, solange ein Gegner verliert. Alle kurzfristigen, vordergründigen Siege schleppten stets das alte Unheil in ihrem Sog mit und haben es an die nächsten Generationen weitervererbt.

Siege gibt es nur dort, wo die Gegnerschaft selbst verliert, weil alle Beteiligten ein bisschen etwas gewinnen. Dabei stehen Kleinigkeiten (siehe Türschild) für Großes und Elementares: für die gegenseitige Achtung und für den guten

Willen, den anderen in seinem Anliegen ernst zu nehmen und zu unterstützen. Kompromisse, die gar auf dem Boden der Nächstenliebe erwachsen, tragen sagenhafte Früchte, von denen wiederum die nächsten Generationen reichlich profitieren.

Man übe sich daher rechtzeitig in der Kunst der Kompromiss-Schmiedung wie jener kleine Junge, von dem ein Witz berichtet:

»Was willst du später einmal werden, Franzi?«, fragt der Lehrer. »Also zuerst werde ich Doktor, das will der Papa haben«, zählt Franzi auf. »Dann werde ich Bankdirektor, das will die Mama haben. Und dann werde ich Lokführer, weil: das möchte ich werden!«

Gut, Franzi! Du verwirfst nicht alle Wünsche der anderen in kindlichem Trotz, aber du vergisst auch nicht dein Ureigenes. Du wirst einen steinigen Weg gehen müssen, doch es könnte dir gelingen, dass am Ende du selbst und deine engsten Bezugspersonen auf dich stolz sind, weil du Konflikte in goldenen Kompromissen aufzulösen imstande warst ...

Kommunikation mit dem »Feind«

Bevor man sich (wie die erste Dame in obigem Beispiel) mit einem Konfliktpartner an einen Tisch setzt, könnte es von Nutzen sein, die nachstehende Checkliste durchzulesen. Dass sie gewisse Parallelen zum bereits erörterten logotherapeutischen Paarschema aufweist, wird dabei niemanden verwundern.

Vorbereitung auf das Gespräch:

a) Man versetze sich in die Lage des anderen. Was braucht er? Was stört ihn? Was fürchtet er? Was war beim letzten gemeinsamen Kontakt das Schlimmste für ihn?

b) Man frage sich: Was wäre ein optimales Verhandlungsergebnis für beide? Wozu könnten sowohl der andere als auch man selbst gerade noch Ja sagen? (Bei allen Varianten beachten: das Schlimmste für den Feind vermeiden und seinen höchsten Wert nicht antasten!)

Gesprächsbeginn

a) Man danke für sein Kommen und anerkenne etwas Positives an ihm. Man betone, was bei dem gemeinsamen Gespräch *nicht* herauskommen soll, weil es für beide bedauerlich wäre. (Zum Beispiel: »Ich möchte nicht, dass wir noch bedrückter auseinandergehen, als wir hierhergekommen sind« oder »Ich möchte nicht, dass Ihr oder mein Geschäft einen Schaden erleidet«, u. Ä.)

b) Es empfiehlt sich, *bald* dem Konfliktpartner das Wort zu übergeben. Dies ermöglicht einem, genau hinzuhören, was er sagt, und sich in ihn einzufühlen. Dabei ist es wichtig, sich auf das *Jetzt* einzulassen, egal, was früher einmal gewesen ist. Ferner ist es wichtig, die Inhalte, die vom anderen vorgebracht werden, aus ihrem emotionalen Beiwerk herauszufiltern und möglichst unverzerrt (»objektiv«) zu betrachten. Sollten diese Inhalte auf verletzende Weise vorgebracht werden, wäre es außerordentlich hilfreich für den weiteren Gesprächsverlauf, wenn man trotzdem innerlich gefasst und gelassen bleiben könnte.

Erste Rückmeldung

a) Sobald man schließlich selbst das Wort ergreift, empfiehlt es sich, erst eine verständnisvolle Kurzzusammenfassung des Gehörten zu geben mit der Frage an den anderen, ob man ihn richtig verstanden hat. Sehr geschickte Konfliktmanager fügen bei dieser Wiederholung des Gehörten bereits eine winzige Neufacette ein, gleichsam als erstes subtiles Angebot, wie man die Sachlage leicht variiert *auch* deuten könnte. (Ein Beispiel: Ein Ehemann klagt seiner Ehefrau gegenüber: »Du entscheidest alles hinter meinem Rücken. Ich habe nichts zu bestimmen. Meistens erfahre ich im letzten Moment, was du vorhast. Mich benützt du bloß als Geldbörse, ansonsten bin ich Luft für dich!« Die Kurzzusammenfassung durch die Ehefrau könnte nun lauten: »Ich verstehe, es ist dir nicht recht, wenn ich dir Alltagskram abnehme. Du möchtest gerne gemeinsam mit mir Pläne schmieden und deren Finanzierung erörtern?« Eine solche Kurzzusammenfassung würde das vom Mann beanstandete Hinterrücksentscheiden der Frau sogleich in ein milderes Licht tauchen.)

b) Ist solcherart ein Grundkonsens über das Anliegen des Konfliktpartners erzielt worden, kann die Spannung zwischen den beiden unterschiedlichen Positionen angesprochen werden, und zwar am besten als eine gemeinsame Herausforderung an beide. (Zum Beispiel: »Diesbezüglich haben *wir* ein Problem ..., wie können wir unsere Wunschvorstellungen unter einen Hut bringen ...?«) Statt sofort eigene Lösungs- oder Kompromissvorschläge herauszurücken, ist es günstiger, zunächst wieder dem anderen das Wort zu überlassen und ihn um etwaige Ideen zu ersuchen.

Arbeit an Lösungsmodellen

a) Falls der Konfliktpartner auf seiner Position beharrt, muss man das gemeinsame Herausgefordertsein betonen und ihn möglichst bei den von ihm anfangs vorgebrachten Inhalten »packen«. Von eventuellen Seitenhieben und Schuldzuweisungen seinerseits soll man sich nicht beeindrucken lassen. Das sind »nur« Auswirkungen des Feindbildes, das sich der andere gemacht hat. Er merkt kaum mehr, was er da tut.

b) Falls der Konfliktpartner keine konstruktiven Lösungs- oder Kompromissvorschläge bringt, kann man eigene Vorschläge präsentieren, am besten gleich mehrere. Der

Vorteil ist, dass man dem Konfliktpartner dadurch eine größere Auswahl lässt, als wenn man ihm nur einen einzigen Vorschlag zur Akzeptierung hinhält.

Diskussionsverlauf

a) Während die Ideen und Veränderungsvorschläge diskutiert werden, hat es sich bewährt, zwischendurch gelegentlich auf den Basiskonsens vom Anfang und auf das »Soll« der Spannungsreduktion zwischen sich und dem anderen hinzuweisen. Oder auch darauf: Für wie viele Menschen hängt etwas davon ab, ob man gemeinsam zu einer Befriedung des Konfliktes gelangt? (Zum Beispiel: »Du willst ja die Kinder öfter sehen. Umso wichtiger ist es *für die Kinder, für dich und für mich*, dass diese Kontakte in einer unbelasteten Atmosphäre verlaufen und nicht bei jedem von uns einen bitteren Nachgeschmack erzeugen.«)

b) In die Diskussion um einen inhaltlichen Streitpunkt sollen tunlichst keine weiteren Streitpunkte eingeflochten werden, auch wenn solche im Raum stehen. Es würde dem anderen die Angst einjagen, zu viel nachgeben zu müssen. Ist ein Kompromiss erst einmal gelungen bzw. ist eine Detaillösung gefunden, fördert dies die Bereitschaft der Konfliktpartner, in ihrem Dialog fortzufahren.

Notfallstrategien

a) Missverständnisse *einfühlsam* klären! (Zum Beispiel: »Mir ist eine Fortbildung genehmigt worden und dir nicht. Deine Enttäuschung darüber ist berechtigt und nachvollziehbar. Ich bitte dich nur, zu bedenken, dass es Herr X war, der die Fortbildungsgenehmigungen erteilt hat. Du beschimpfst mich jetzt, aber sprich doch mit Herrn X darüber.«)

b) Mit Kontrastfragen aufgewühlte Emotionen ablenken. (Zum Beispiel wenn sich ein Lehrer über die unzumutbaren Bedingungen seines Berufs alteriert hat: »Was gefällt Ihnen eigentlich am Lehrerberuf?« oder »Was möchten Sie denn Ihren Schülern vorrangig mit auf den Lebensweg geben?«) Wenn passend, kann auch der Humor eingesetzt werden, um verkrampfte Situationen zu entschärfen, allerdings vorsichtig dosiert, da der andere überaus empfindlich ist.

Gesprächsbeendigung

a) Ein höflicher und würdiger Abschied trägt viel dazu bei, dass das erarbeitete Lösungsmuster umgesetzt wird. Im Allgemeinen muss man bescheiden sein und sich mit dem Wenigen, das zu erreichen war, zufriedengeben. Es wäre ein Kardinalfehler, gegen Gesprächsende *noch mehr* an Entgegenkommen vom »Feind« zu erwarten oder gar zu verlangen, als bislang ausgehandelt worden ist.

b) Am ehesten rührt es den anderen, wenn man das *eigene* Entgegenkommen an ihn, das man zugesagt hat, noch einmal wiederholt und versichert, dass keinerlei Berechnung oder Gegenforderung damit verbunden ist. Es darf ausgedrückt werden, dass man sich dazu überwinden müssen wird, dass man sich aber eben »seinetwillen« darum bemühen wird. *Er ist es wert*, trotz allem – so die Botschaft.

Nach dem Gespräch

a) Die Begegnung mit dem Konfliktpartner ist überstanden. Das bedeutet nicht, dass nunmehr alles »in Ordnung« ist. Schwierigkeiten mit dem anderen, die nicht zur Sprache gekommen sind, werden einem weiterhin das Leben erschweren, und selbst die andiskutierten Probleme werden nicht schlagartig vom Tisch sein. Es gilt zu verhindern, dass man diese Sorgen ununterbrochen mit sich herumschleppt und dadurch schlussendlich doch noch in die Falle des Feindbildes tappt.

b) Nur eine gute eigene Psychohygiene verschafft einem genügend »Luft« zum Durchatmen, zum Einhalten von Kompromisszusagen und zum Festhalten an einer optimistischen Einschätzung der (gemeinsamen) Zukunft. Die Resignation darf auch nachträglich keine Chance bekommen, sich in den Konfliktbewältigungsverlauf einzukrallen. Deshalb ist der Fokus vom Tun des anderen abzuziehen und in den eigenen Freiraum hinüberzulenken, in dem ja unzählige freudige Erlebnisse *jenseits des Konfliktes* möglich sind.

Wenn der andere »durchdreht«

Es kann geschehen, dass jemand, mit dem es bislang keine gravierenden Streitigkeiten gegeben hat, der also nie feindselig gewesen ist, sich plötzlich auf unerträgliche Weise verändert. Wie damit umgegangen werden kann, sei anhand zweier Fallbeispiele erläutert.

Das alte Ehepaar

Konfliktentstehung

Ein Mann und eine Frau, beide schon um die 80 Jahre alt, hatten sich immer gut verstanden, bis auf die üblichen kleinen Reibereien, die jeder Beziehung ihre Würze liefern. Doch allmählich wurde der alte Herr »komisch«. Er steigerte sich in eine irrationale Angst vor verdorbenen Lebensmitteln hinein. Da er schlecht sah, begann er seine Frau beim Einkaufen zu begleiten und alles, was sie in den Einkaufskorb legte, mit einer eigens dafür besorgten Lupe auf das Verfallsdatum zu überprüfen. Anfangs amüsierte sie sich darüber, doch wurde er zusehends bockiger und starrköpfiger. Eines Abends kam es zum großen Krach. Die Frau hatte eine Fischdose geöffnet und zum Abendbrot serviert. Der Mann verspürte beim Essen einen »merkwürdigen Geschmack« und brüllte seine Frau an, der Fisch sei verdorben gewesen. Sie zeigte ihm das noch lange nicht abgelaufene Datum auf der Dose. Der Mann konnte sich nicht beruhigen. Er tobte und schrie, sie hätte die Dose im Kühlschrank aufbewahren sollen. Da wurde es der Frau zu bunt. Sie lief ins Wohnzimmer und sperrte hinter sich zu. Der Mann stürzte zur Toilette, steckte einen Finger in den Mund und erbrach sich. Danach hämmerte er wie wild gegen die Wohnzimmertüre und versuchte sie einzuschlagen. Die Frau telefonierte den Notarzt herbei, der den alten Mann gegen dessen Willen auf der Psychiatrie einlieferte. Am nächsten Tag erklärte die Frau im Krankenhaus, sie nehme ihren Mann nicht mehr zu sich nach Hause. Sie habe Angst vor ihm. Er müsse in einem Altenheim untergebracht werden. Der Mann erklärte daraufhin, dass er, wenn er in ein Altenheim müsse, sich umbringen werde. Der Konflikt schien unlösbar.

Einschätzung der Situation des Mannes

Es war in hohem Grade wahrscheinlich, dass bei dem beschriebenen Mann eine Altersparanoia eingesetzt hatte. (Dieser Verdacht hat sich später seitens der Ärzte bestätigt.)

Die Paranoia ist eine Krankheit, die zum schizophrenen Formenkreis zählt und primär körperlich bedingt ist; bei ihrer Altersvariante durch eine schleichende Vergiftung der Nervenzellen, deren Stoffwechsel nicht mehr voll gewährleistet ist. Sie produziert Wahnvorstellungen der Art, dass der Kranke glaubt, beobachtet, verfolgt, bedroht, bestohlen, vergiftet etc. zu werden. Diese Wahngebilde sind mittels vernünftiger Argumente absolut unkorrigierbar. Man könnte dem Kranken beliebig viele Beweise vorlegen, dass seine paranoide Angst ungerechtfertigt ist, es wäre nutzlos. Er bliebe seinem Wahngebilde verhaftet. Das Einzige, was ihm wirklich helfen kann, ist die Verabreichung von Neuroleptika, einer Medikation, die über die Regulation der dopaminergen

Systeme in verschiedenen Hirnregionen Wahngebilde zurückzudrängen vermag. Das große Problem dabei ist, dass Paranoiker häufig ihre Medikamente verweigern; zum einen wegen fehlender Krankheitseinsicht (aus ihrer Sicht sind ja die Mitmenschen die Bösen, die sie verfolgen etc.) und zum anderen aus Misstrauen. Letzteres war auch bei dem alten Mann der Fall, der im Krankenhaus verlangte, die Beipackzettel seiner Medikamente lesen zu dürfen, und daraufhin sämtliche Medikamente absetzte.

Dazu kamen erschwerende Umstände:

1) Die Welt eines alten Menschen wird unweigerlich eng. Sein Bewegungsradius schrumpft. Daher gewinnen Details aus der Rest-Miniwelt an »Überbedeutung«. Dies förderte u. a. die Bedeutung der Ablaufdaten auf den Lebensmitteln bei dem beschriebenen Mann.

2) Wenn man schlecht sieht, schlecht hört und eingeschränkt mobil ist, wie es bei dem Mann der Fall war, bahnt sich leicht ein »existenzielles Vakuum« an. Womit sollte er sich beschäftigen? In so ein Vakuum wuchern, wie wir bereits wissen, Überreaktionen hinein.

3) Im Alter verschärfen sich Charaktereigenschaften, die man zeitlebens gehabt hat. Der beschriebene Mann war stets temperamentvoll und vital gewesen. Daraus wurde unter dem Einfluss seines Alters und seiner Krankheit ein aufbrausendes und aggressives Gehabe.

4) Eine psychotische Symptomatik wie Wahngebilde ist für die Mitwelt unverständlich. Kein mental gesunder Mensch kann sie nachvollziehen. Auch die beschriebene Frau ging auf Distanz zu ihrem Mann. Da sie aber seine engste Bezugsperson war, erlitt er einen massiven, mit Schmerz verbundenen Verlust.

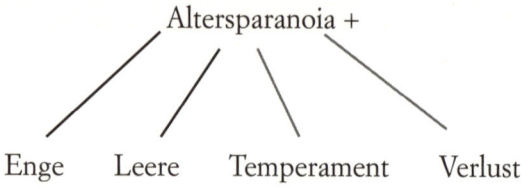

Die Grafik veranschaulicht die Komplexität der Sachlage, die sich zum Konflikt zusammengeballt hatte.

Einschätzung der Situation der Frau

Die beschriebene Frau war ihrem Mann von jeher zugetan gewesen, doch nun erkannte sie ihn kaum mehr wieder. Er war für sie wie hinter einer Mauer versteckt. Da sie von Psychosen nichts wusste, hielt sie ihn für »übergeschnappt« und tollwütig; sie glaubte, er wolle sie mit dem Lebensmittelltick bloß schikanieren. Außerdem stieg in ihr Angst vor ihm hoch. Sie fühlte sich ihm beim Einkaufen, Kochen und Essen nicht mehr gewachsen.

Dazu kamen ebenfalls erschwerende Umstände:

1) Die Frau hatte mit einem Mal keinen *Partner* mehr, der zu ihr hielt, der ihr half und sich mit ihr gedanklich austauschte. Es entstand eine zwiespältige Stimmung in ihr: Sie wollte allein sein, denn dann war sie sicher, dass ihr Mann ihr nichts antat. War sie jedoch allein, fühlte sie sich ungewohnt einsam und verlassen. In beiden Fällen fühlte sie sich hilflos – wenn er da war und wenn er nicht da war, und Hilflosigkeit ist kein angenehmer Zustand.

2) Die Frau entwickelte Schuldgefühle. Diese waren unmittelbar nach dem Krach mit ihrem Mann noch vom akuten Ärger überdeckt, aber bereits latent vorhanden. Jahrzehntelang hatte sie ihrem Mann die Treue gehalten, und plötzlich schickte sie ihn fort! Eine zarte Ahnung raunte ihr zu, dass er selbst verirrt und verzweifelt war. Nach

seiner Suizidankündigung im Krankenhaus flammten ihre Schuldgefühle auf.

3) Auch die beschriebene Frau entrann nicht den Vorboten eines »existenziellen Vakuums«. Es war bislang ihre Aufgabe gewesen, für zwei Personen zu kochen und den Haushalt zu erledigen. Mit der Abwesenheit ihres Mannes fiel ein Großteil dieser Aufgabe weg. Sie beantragte den Hilfsdienst »Essen auf Rädern«, was eine Entlastung für sie bedeutete, aber die Aufgabenreduzierung weiter vorantrieb.

4) Bei Partnertrennungen kommt es (leider) oft zu »Rückwärtsabwertungen« gemeinsamer schöner Erlebnisse aus der Vergangenheit. Dies verringert die kognitive Dissonanz zwischen dem in der Partnerschaft erfahrenen Schönen und dem aktuellen unschönen Trennungsgrund. Auch der beschriebenen Frau fielen mit einem Mal hauptsächlich Gelegenheiten ein, bei denen ihr Mann schon früher »schwierig« gewesen war. Indem sie sich aber Negatives über ihn in Erinnerung rief, nistete sich dieses Negative in ihrem Gedächtnis und in ihrem Herzen ein. Die von ihrem Mann in Fülle erfahrene Liebe verblasste im Nebel einer künstlich hergestellten Konsonanz auf Kosten der historischen Wahrheit.

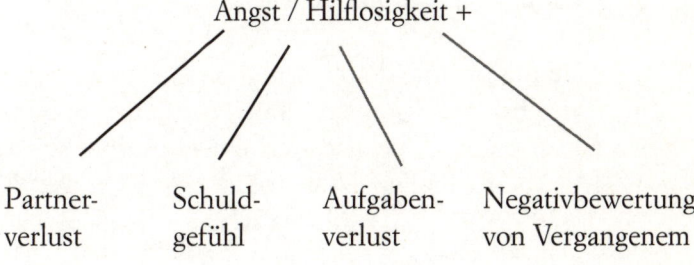

Die Grafik veranschaulicht die Komplexität der Sachlage, die sich zum Konflikt zusammengeballt hatte.

Eine optimale Konfliktlösung

Es war mir vergönnt, in dem dargestellten Fall beratend mitzuwirken. Nach Absprache mit allen Beteiligten und nach Aufklärung der alten Frau hinsichtlich der Krankheit ihres Mannes einigten wir uns auf folgende Maßnahmen:

1) Die Frau erlaubte ihrem Mann die Rückkehr nach Hause. Er erhielt die notwendigen Neuroleptika in Form von Depotspritzen, die ihm sein Hausarzt, dem er vertraute, in Abständen von vier bis fünf Wochen gab. Als seine paranoiden Wahnvorstellungen daraufhin nachließen, wurde ihm sein Krankheitsbild verdeutlicht und die Unerlässlichkeit seiner Medikamente vor Augen geführt. Ja, er war »vergiftet«, aber anders, als er dachte. Nicht von irgendwelchen Lebensmitteln, sondern durch ein körperliches Defizit, dem gegengesteuert werden musste. Unter dem Schutz der Medikation war eine Mindestkrankheitseinsicht bei ihm erreichbar.

2) Der Hilfsdienst »Essen auf Rädern« wurde beibehalten. Die Eheleute vereinbarten miteinander, dass es über die Qualität des Essens bei Tisch keine Diskussionen gab. Was dem alten Mann nicht schmeckte, brauchte er nicht zu essen, aber er versprach hoch und heilig, seine Frau nicht dafür verantwortlich zu machen.

3) Die alte Frau wurde darüber informiert, dass ihr Mann an seiner Erkrankung nicht schuld war, und wurde instruiert, wie sie sich bei eventuell erneut bei ihm auftretenden Wahnvorstellungen verhalten solle. Manches ist *innerhalb* der Wahngebilde entschärfbar, indem man dem »Unsinn« zwar nicht widerspricht, aber ihm die Spitze nimmt. Zum Beispiel hätte die Dame bei der Fischdosen-Geschichte sagen können: »Du, ich koche dir einen Salbeitee, der putzt den Magen aus und schwemmt

die Fischreste fort.« Das wäre trotz inhaltlicher Fragwürdigkeit vertretbar gewesen und hätte vermutlich die stärkste Rage des Mannes gedämpft. Überdies erhielt sie ein Notruftelefon für den unangenehmsten »Fall des Falles«.

4) Nach dieser Konfliktdeeskalation richteten sich die Gespräche mit den Eheleuten auf vergnüglichere Themen. Es ging darum, für beide eine kleine Aufgabe zu finden, der sie sich mit Hingabe widmen konnten. Die Frau war eine Blumenfreundin und wünschte sich einen kleinen Wintergarten, in dem sie rund um das Jahr allerlei Gewächse züchten konnte. In der Wohnung gab es eine helle Ecke mit zwei dicht nebeneinanderliegenden Fenstern. Dort konnte eine verglaste Stellage mit einer darüberhängenden Wärmelampe für die Pflanzen installiert werden. Der Mann erhielt die Aufgabe, sich um die Umbaudetails zu kümmern und den Handwerkern entsprechende Anweisungen zu geben. Er tat das gerne und zur vollen Zufriedenheit seiner Frau. Bald hatten die beiden einen interessanteren Gesprächsstoff als die Ablaufdaten von Lebensmitteln. Und ihre selbst gezogenen Gewürze wie Schnittlauch und Basilikum waren stets garantiert frisch ...

5) Zuletzt wurde mit den zwei alten Leuten eine »Lebensbilanz« gezogen. Es wurde tief in ihrem Bewusstsein verankert, welch eine großartige Leistung ihre lange und überwiegend gute Partnerschaft gewesen ist und welche Höhepunkte sie dabei haben durchleben dürfen. Wie die Abendsonne die Gipfel einer Bergkette blutrot anstrahlt, so wurden im Gespräch die »Gipfel« ihres gemeinsamen Werdeganges noch einmal beleuchtet, was sie mit Stolz und Genugtuung erfüllte. Auch die Option für die Zukunft, bei Bedarf gemeinsam in ein Altenheim umzusiedeln, büßte ihren Schrecken ein. Von jeder »Bergtour«

kehrt man ins bergende Tal zurück, doch löscht dies das Gipfelerlebnis nicht aus. Oder wie Viktor E. Frankl zu sagen pflegte: »In der Vergangenheit ist nichts unwiederbringlich verloren, sondern alles unverlierbar geborgen.«

Das jüngere Ehepaar

Konfliktentstehung

Ein Ehepaar mittleren Alters gehörte der gehobenen Schicht an. Der Mann war Leitender Arzt in einem Klinikum, seine Frau war Oberstudienrätin am Gymnasium gewesen, hatte aber zwecks Erziehung der Kinder ihren Beruf unterbrochen. Die drei Kinder waren inzwischen fast erwachsen. Die Familie lebte, von kleineren Querelen wegen Schulangelegenheiten der Kinder abgesehen, in gutem Einverständnis miteinander.

Eines Tages flog auf, dass der Mann eine Freundin hatte. Obwohl nicht klar war, wie intensiv diese außereheliche Beziehung wirklich war, machte ihm die Ehefrau eine diabolische Szene, zerkratzte ihm das Gesicht, zerriss sein Hemd und schrie, er solle sich zum Teufel scheren. Innerhalb von zwei Tagen habe er aus der Villa, die sie sich gebaut hatten, auszuziehen. Der Mann fackelte nicht lange, bestellte einen Speditionswagen, packte seine Sachen und ein paar Möbelstücke und tat es. Beim Auszug sagte er zu seiner Frau: »Schade. Du und die Kinder bedeuten mir sehr viel. Ich werde für euch sorgen. Leb wohl!«

Zehn Tage später winselte seine Frau, er solle zu ihr zurückkehren. Sie hielte es ohne ihn nicht aus. Sie lockte ihn mit Theaterkarten, die sie für sie beide besorgte, und mit Versprechungen, sie werde sich künftig beherrschen und auf seine Bedürfnisse eingehen. Nach drei Wochen war er mürbe genug und zog wieder in der gemeinsamen Villa ein. Doch der Friede zog nicht mit ein. Die Frau belauerte ihren Mann auf Schritt und Tritt und klammerte sich an ihn. Über jede

Stunde, die er auswärts verbrachte, musste er ihr Rechenschaft ablegen. Dies hielt er nicht aus und flüchtete in seiner kärglichen Freizeit wieder zu seiner Freundin. Der Konflikt begann zu eskalieren. Die Kinder, von der Mutter aufgehetzt, verachteten den Vater. Die Ehefrau spionierte ihrem Mann nach, und dieser erklärte, er könne sich bei seiner heiklen chirurgischen Tätigkeit nicht mehr konzentrieren.

Bald darauf trennte sich der Mann endgültig von seiner Frau und reichte über einen Anwalt die Scheidung ein. Jetzt war er nicht mehr gewillt, für seine Familie größere Beträge zu zahlen, als seine Pflicht war, denn er wollte ein neues Leben beginnen. Die Ehefrau heulte und wetterte, machte ihren Mann im gesamten Bekanntenkreis schlecht und verlangte über ihre eigene Anwältin Unsummen von ihm mit der Begründung, sie habe doch einst wegen »seiner« Kinder ihren Beruf aufgegeben. Sie verfluchte die (unbekannte) Freundin des Mannes und suchte rastlos über Angebote im Internet einen Ersatzpartner.

Einschätzung der Situation der Frau

Zweifellos hat die beschriebene Frau durch den »Seitensprung« ihres Mannes eine schwere Kränkung erlitten. Das ist für jede Ehe kritisch. Liebe braucht Treue. Dennoch war die Fortsetzung der Ehe nicht chancenlos. Der Ehemann war nicht abgeneigt, seinen Fauxpas wieder gutzumachen. Der Konflikt eskalierte erst durch zusätzliche Erschwernisse, die die Frau verursachte.

1) Da war die Unselbstständigkeit der Frau. Mit ihrem Appell »Ich brauche dich« hat sie ihrem Partner zu viel Last aufgedrückt. Sie hat ihn zu sehr als ihren Besitz betrachtet, hat ihn zu stark manipuliert, ja, geradezu kaufen wollen, und sich in eine pathologische Abhängigkeit von ihm verstrickt. Liebe (die *so* keine ist, denn echte Liebe gewährt Freiheit!) schlägt in solchen Fällen abrupt in Hass um.

2) Da waren ferner die unkontrollierten Affektausbrüche der Frau. Erst warf sie ihren Mann hinaus, dann wollte sie ihn wieder zurückhaben. Sie beschimpfte ihn, gönnte ihn aber auch keiner anderen Frau. Ihre Heul- und Vorwurfsszenen machten sie ausgesprochen unsympathisch. Menschen, die von einem Extrem ins andere kippen, treiben fast jeden in die Flucht.

3) Sicher hat die Frau längst gespürt, dass sich ihr Mann innerlich von ihr entfernt hatte, vielleicht sogar, dass er sich anderweitig »tröstete«. Doch sie hatte es nicht wahrhaben wollen. Dann brachte die konkrete Entdeckung dieser Tatsache ihr »weggemogeltes Fass« zum Überlaufen. Besser wäre es gewesen, sie hätte sich schon früher eingestanden, dass die gemeinsamen Interessen dramatisch geschrumpft waren und dass ihr Mann praktisch nur noch das Geld heimbrachte, mit dem sich die Familie einen gewissen Luxus leistete. Geld aber ist kein Partnerschaftsband.

4) Nach der Rückkehr ihres Mannes hat die Frau keine Weichen für einen echten Neuanfang gestellt. Sie goss mit ihrer Eifersucht Benzin ins Feuer des alten Konflikts, das noch gar nicht gelöscht war. Anzukreiden ist ihr vor allem, dass sie die (unschuldigen) Kinder nicht aus dem Ehekrieg heraushielt. Auch das »Schlechtmachen« des Ehemannes im Bekanntenkreis zerstörte viel Gutes aus der bisherigen Partnerschaft.

5) Manches deutet darauf hin, dass es bei der Frau eine Unzufriedenheit mit ihrem eigenen Leben gab. Immerhin hatte sie ihre Arbeit als Lehrerin in höherer Position ausgesetzt, wohingegen ihr Mann ungehindert die Karriereleiter emporgeklettert war. Doch hatte nicht *er* sie um ihre Karriere gebracht. Sie selbst hatte *ihren Kindern zuliebe* diese (durchaus sinnvolle) Entscheidung gefällt. Also sollte sie rückblickend neidlos dazu stehen.

6) Vielleicht war der Knackpunkt ihrer Unzufriedenheit auch weniger im Rückblick als im Ausblick zu suchen. Sah die Frau nach dem Flügge-Werden ihrer Kinder keine Zukunftsperspektive für sich? Traute sie sich kein Geld-Verdienen mehr zu? Kam es deshalb nach dem Beziehungsbruch zu der irrwitzig raschen Jagd nach einem »Ersatzmann«?

7) Grundsätzlich reflektierte die Frau viel zu viel über das, was andere Menschen taten, also von ihr nicht steuerbar war, und viel zu wenig über eine vernünftige Steuerung ihres eigenen Handelns. Frankl sprach in solchem Kontext von einer ungesunden »Hyperreflexion«. Die Frau definierte sich nicht als aktive »Mitgestalterin« ihres Schicksals, sondern als dessen armes »Opfer« und versank im Sumpf des Selbstmitleides.

Einschätzung der Situation des Mannes

1) Der beschriebene Mann hat den Anstoß zur Ehekrise gegeben. Allerdings zeigt die anfängliche Entwicklung, dass er keineswegs entschieden war, seine Familie zu verlassen. Vielleicht war die Liebe zu seiner Frau im Laufe der Jahre verblasst, aber er war sich seiner Verantwortung als Vater und Familienernährer durchaus bewusst. Zur Konfliktverdichtung trugen auch bei ihm zusätzliche Erschwernisse bei.

2) Der Mann war in der Kommunikation mit seiner Frau nicht ehrlich. Er teilte ihr seine Gefühle und sein über die Jahre steigendes Unbehagen nicht mit, sondern zog bequeme Lösungen vor, wie die heimlichen Treffen mit der Freundin. Vermutlich wollte er Ruhe vor »hysterischen Ausbrüchen« seitens seiner Frau haben, die er (wie sich zeigte, zu Recht) erwartete, bloß führt das Umgehen klarer Aussprachen meistens genau zum Gegenteil des Erhofften. So auch hier.

3) Es ist glaubhaft, dass der Mann psychisch erschöpft war. Er könnte am Rande eines Burn-out-Syndroms gestanden haben. Seine berufliche Arbeit verlangte ihm höchste Konzentration ab, wie er selbst betonte. Einen weiteren häuslichen Druck nach des Tages Arbeit verkraftete er nicht und floh davor. Diese Flucht (bzw. sein erster Auszug von daheim) war weniger eine Entscheidung gegen seine *Frau* als gegen seine *Überstrapazierung* durch die sich zuspitzende Lage.

4) Vielleicht stand der Mann auch am Rande einer »Midlife-Crisis«. Er fragte sich möglicherweise, wofür er eigentlich andauernd »schuftete«, sehnte sich nach »Freiheit« und nach einem neuen Leben mit weniger Last auf seinen Schultern und mit mehr Freude. Dabei bildete seine Frau den »Hemmklotz«. So entwickelte er die Bereitschaft, in die Realisierung seiner Vision tief greifende Umbrüche zu investieren.

5) Ohne Frage litt der Mann unter der Aufgehetztheit seiner Kinder gegen ihn. Parallel dazu wurde er aus seinem Freundes- und Bekanntenkreis ausgestoßen. Sein bisheriges soziales Netz riss. Er stand plötzlich als das »schwarze Schaf« da, das am ganzen Dilemma schuld war. Dies bestärkte ihn in seinem Standpunkt, dass eine Trennung von der Familie unumgänglich sei, und bestätigte gleichzeitig seinen (anfangs unsicher gefassten) Scheidungsentschluss.

6) Der Mann mutete (nicht nur seiner Frau, sondern auch) seiner Freundin allerhand zu. In Wirklichkeit war er innerlich keineswegs frei für eine neue Beziehung. Es hätte zwischen dem Abschied von seiner Frau und einer Verbindung mit einer anderen Frau eine »Alleinlebeschleuse« liegen müssen, damit er wieder partnerschaftsfähig geworden wäre. Überhaupt scheint es, dass er nicht gut allein leben konnte und die Freundin eher als »Erho-

lungsoase« und später als »Mittel im Kampf ums neue Leben« benützte, als dass er sie liebte. Die Prognose für diese beiden war entsprechend ungünstig.

Eine fiktive optimale Konfliktlösung

Der Fall ist mir erst nach vollzogener Scheidung zur Kenntnis gebracht worden, und zwar deshalb, weil danach eine brutale »Schlammschlacht« um die gemeinsame Villa und die Alimentationszahlungen des Mannes zwischen den Ex-Eheleuten entbrannt ist. Das Unglück war nicht mehr aufzuhalten, dazu waren die Fronten zu verhärtet. Profitiert haben dabei nur die Anwälte. Die am meisten Geschädigten waren – wie so oft – die Kinder.

Wir können aber hier imaginieren, wie das Unglück im Vorfeld der Konflikteskalation eventuell noch zu verhindern gewesen wäre.

1) Es wäre unbedingt notwendig gewesen, dass die beiden Eheleute nach den schrecklichen Vorfällen eine Zeit lang *allein* gelebt hätten, um Abstand zu gewinnen, zur Besinnung zu kommen und zu lernen, auf eigenen Beinen zu stehen. Allein heißt: ohne Ersatzpartner und ohne Freundin. In der Stille hätte die Vernarbung ihrer Wunden einsetzen können.

2) Auch wäre es unbedingt notwendig gewesen, dass sie gemeinsam und in Ruhe mit ihren Kindern gesprochen hätten. Inhaltliche Richtlinien für dieses Gespräch wären gewesen:

   a) das Zugeben der je eigenen Schuld am Konflikt (ohne Beschönigungsmanöver und ohne Schuldzuweisung an den jeweils anderen),

   b) Hinweise auf das Gelungene (die Kinder hatten ihre ganze Kindheit über ein intaktes Elternhaus gehabt, mit einer Mutter, die für sie da war, und einem Vater, der ihnen eine solide wirtschaftliche Basis bot),

c) die Zusage der Bemühung, sie in Zukunft nicht mehr mit den elterlichen Problemen zu konfrontieren, und die Bitte, sie mögen auch nicht für einen Elternteil Partei ergreifen,

d) die Versicherung, weiterhin als liebevolle Eltern zu fungieren, egal, wie sich die zwischenelterliche Beziehung entwickeln werde,

e) eine Entschuldigung für das vorgelebte schlechte Benehmen, verbunden mit dem gemeinsamen Wunsch, die Kinder mögen sich daran kein Beispiel nehmen und trotz der misslichen Ereignisse zu fröhlichen und gefestigten Menschen heranwachsen.

3) Bei dem nächsten Treffen der beiden inzwischen allein lebenden Eheleute, das am besten an einem neutralen Ort stattgefunden hätte, wäre (gemäß dem Paarschema der sinnzentrierten Familientherapie) die gegenseitige Einfühlung »fällig« gewesen. Sätze wie: »Ich verstehe, dass du ... durch mich verletzt worden bist, ... du dich nach ... sehnst, ... dass es für dich schwer ist, ...« hätten Balsam auf die vernarbenden Wunden geträufelt. Bestenfalls wäre sogar ein Beschluss zur außergerichtlichen Einigung bzgl. der Finanzen zu fassen gewesen. Das Treffen hätte mit der Vereinbarung enden können, sich in mehrwöchigem Turnus wieder zu treffen, und zwar ohne fixe Erwartungen an den jeweils anderen, um ein längerfristiges Zukunftsprojekt (Trennung in Frieden oder Schlussstrich und Wagnis eines Neuanfangs) zu konzipieren.

4) Voraussetzung für ein solches Projekt wäre gewesen, dass jeder der beiden entschlossen gewesen wäre, seine Lebensgestaltung eigenverantwortlich anzupacken, nicht mehr den »Schwarzen Peter« für irgendein Misslingen dem anderen aufzudrücken und den bisherigen gemeinsam gegangenen Lebensweg unter keinen Umständen rückblickend abzuwerten, sondern als Erfahrungsreich-

tum ins Gesamtleben zu verbuchen. *Das* wären die Vorstufen gewesen zu einem späteren Danken-Können – Sich-entschuldigen-Können-Vergeben-Können-Durchstarten-Können, was die letzten Wundreste ausgeheilt hätte.

5) Schließlich wäre den beiden Konfliktpartnern noch dringend zu raten gewesen, je für sich selbst das alte Klosterwort »ora et labora« (bete und arbeite) zu beherzigen, also Stress- und Mußephasen ausgewogen abwechseln zu lassen. Der Mann brauchte Kräfte und Konzentration in seinem Beruf. Die Frau brauchte Fantasie und Kreativität in Hinblick auf ihren Aktivitätsradius, der sich mit dem Ausklingen ihrer Erziehungsaufgabe vergrößerte. Das alles holt man nicht aus dem Nichts, sondern nur aus innerseelischen Ressourcen, die entsprechend »aufgeladen« werden müssen.

Vier Gebote als Resümee

Wenn ein Partner, Kollege etc. »durchdreht«, das heißt, plötzlich unerwünscht anders reagiert als gewohnt, gilt als *erstes Gebot* dasselbe, was bei jedem Brandausbruch gilt: Ruhe bewahren! Das *zweite Gebot* lautet: Nicht automatisch dem Betreffenden ein Böse-Sein unterstellen. Das *dritte Gebot* fordert den ehrlichen Versuch, den Betreffenden zu verstehen. Was ist los mit ihm? Ist er krank? Verzweifelt? Hat er Angst? Ist er überlastet? Und noch die unbequeme Frage dazu: Habe *ich* ihn provoziert/irritiert? (Was man nicht durch Einfühlung verstehen kann, das sollte man erfragen oder durch sonstige Informationen eruieren.) Das *vierte Gebot* warnt davor, die schillernde Gesamtpalette der Situation, in der man sich befindet, auszublenden und das Problem mit dem anderen zu hyperreflektieren. Das Leben ist nie so armselig, dass es nur aus *einem* Problem allein besteht. Vielleicht ist man beruflich anerkannt, hat gesunde Kinder und ein

Dach über dem Kopf, hat Freunde, die einen unterstützen, usf. Das alles ist über dem Ärger mit dem Konfliktpartner nicht zu vergessen!

Sind diese vier Gebote erfüllt worden, ist man fit, um den eigenen Freiraum zu betreten, unter den eigenen Wahlmöglichkeiten mit Bedacht die sinnvollste zu wählen und diese zum Wohle aller Beteiligten zu verwirklichen.

Bei dem beschriebenen alten Ehepaar hätte die Frau nach Erfüllung der vier Gebote wahrscheinlich den Arzt konsultiert und die nötige Medikation ihres verwirrten Mannes eingeleitet. Bei dem beschriebenen jüngeren Ehepaar hätte der Mann nach Erfüllung der vier Gebote seiner »rasenden« Frau wahrscheinlich mehr Nachsicht gewährt und wäre nicht Hals über Kopf ausgezogen. In beiden Fällen wären die Partnerschaftsrisiken damit nicht ausgeräumt gewesen. Der alte Mann hätte die Medikamente wieder weglassen können. Die jüngere Frau hätte ihre (immerhin berechtigte!) Eifersucht stetig anfachen können. Dennoch wäre in beiden Fällen eine explosionsartige Konfliktentladung zunächst unterblieben und somit Zeit gewonnen worden, um über weitere Schritte vernünftig nachzudenken.

Es kann sein, dass der andere *nicht* zum erwünschten Verhalten zurückkehrt, egal, was man tut. Dennoch wird bei sinnvollem Handeln nie die ganze Beziehung zerscherben, und sie wird auch nicht ins Ungustiöse abgleiten. Man beachte: Ein einziges ekelhaftes Ereignis kann eine jahrzehntelange Zweisamkeit zerstören. Aber auch die Umkehrung gilt: Eine Handreichung im rechten Moment kann ein jahrzehntelanges Unheil verhindern.

Gewaltloser Widerstand und Vertrauen

Die obigen Beispiele und die daraus abgeleiteten Prinzipien sind nicht nur für Familienangehörige und ihre Individualschicksale relevant, sondern insbesondere auch für Führungskräfte in Wirtschaft und Politik äußerst lehrreich. Gerade in diesen wichtigen Bereichen, in denen über die Schicksale Hunderter und Tausender Menschen entschieden wird, werden die Spielregeln gelingender zwischenmenschlicher Kommunikation regelmäßig verletzt. So wird zum Beispiel im Umgang mit politischen Gegnern häufig das Bemühen, ihn zu verstehen, eingestellt. Stattdessen kommt es zu Gesprächsverweigerungen (»Mit *dem* verhandeln wir nicht!«) und/oder zu heftigen Vorwürfen, was beides die Suche nach konsensfähigen Inhalten blockiert. Ein weiterer grober Fehler ist es, wenn jede Seite sich einbildet, zu wissen, *warum* der Gegner sich verhält, wie er sich eben verhält, und daher nicht mehr nachfragt (»*Der* will uns ja nur an der Nase herumführen!«, »*Der* ist ja nur auf Wählerstimmenfang aus!«). Dem Gegner wird sukzessive die Chance genommen, seine Position darzustellen und sein echtes Anliegen zu verdeutlichen. Er kann die ihm unterstellten negativen Intentionen nicht mehr korrigieren, weil jeder Korrekturversuch missinterpretiert und erneut als Beweis für seine negativen Intentionen herangezogen wird.

Baut etwa ein Land seine Atomkraft aus, wird ihm sogleich die geplante Herstellung von Atomwaffen zugeschrieben. Die Erklärung der politischen Führer des Landes, man wolle bloß Strom erzeugen, wird mit Misstrauen quittiert. Man berät über Strafsanktionen, wobei diejenigen, die sie verhängen wollen, größtenteils selbst über Atomanlagen verfügen. Eine absurde und verfahrene Situation! Wie viel klüger wäre es, im Dialog miteinander über die Gefahren der Atomkraft und über Alternativen der Energiegewinnung zu reden und mit gutem Vorbild voranzugehen, indem man freiwillig und einseitig atomar abrüstet.

Ein weiterer Fehler besteht darin, dass sich Führungskräfte zur Verstärkung gegen ihre Gegner eine Lobby zulegen, was breite kontroverse Fronten erzeugt. (»Jemand, der für mich ist, muss gegen meinen Feind sein!«) Es entstehen Polarisierungen mit massiven Vorurteilen gegeneinander, wie sie unsere heutige Welt spalten. Noch gefährlicher ist das »Reizen« eines Gegners, indem an seiner verwundbarsten Stelle »gestichelt« wird. Benimmt er sich dann schrecklich, kann sein Benehmen öffentlich beklagt und verurteilt werden. Noch um einen Grad schlimmer ist das Ausnützen einer Notlage des Gegners. Zieht sich etwa ein Land aus einem besetzten Gebiet zurück, um es der rechtmäßigen, aber bettelarmen Bevölkerung zurückzugeben, ist es völlig unnötig, vorher noch alle Häuser in diesem Gebiet in Schutt und Asche zu legen. Das wirkt zynisch (auch wenn es aus einer großen Trauer heraus geschieht, was wiederum die Gegenseite nicht versteht). Dafür wird man keinen Dank ernten, obwohl der Rückzug an sich dankenswert wäre – schade! Eine vertane Gelegenheit nachbarschaftlicher Annäherung.

Mit alledem will ich nicht behaupten, dass aggressive Attacken vonseiten eines Gegners »lammfromm« und widerstandslos eingesteckt werden müssten. Eine solche Unterwürfigkeit wäre schon deshalb sinnwidrig, weil sie auch für die Aggressoren nicht bekömmlich wäre. So erweisen zum Beispiel Ehefrauen, die sich von ihren Männern verprügeln lassen, diesen keinen guten Dienst. Sie helfen ihren Männern nicht, sich zu ändern, sondern fixieren eher deren Identität als »Schläger«, indem sie es ihnen leicht machen, auszurasten und zuzuschlagen, wann immer ihnen etwas nicht passt. Die Männer gewöhnen sich ein brutales Verhalten an, und aus Gewohnheiten auszusteigen, ist bekanntlich schwer. Die Ehefrauen tun *sich und den Männern* nichts Gutes. Würden sie Widerstand leisten, würden sie *sich und den Männern* etwas

Gutes tun, und Gutes tun für alle Beteiligten heißt: sinnvoll handeln, wie wir bereits wissen.

Man darf und soll also Aggressoren Widerstand leisten, allerdings, ohne gleichzeitig auf deren aggressives Niveau hinabzusinken, *das* ist die Kunst, die es in der Menschheit voranzutreiben gilt. Mit der Idee vom »gewaltlosen Widerstand« (Mahatma Gandhi, Dalai Lama, Martin Luther King ...) ist diesbezüglich bereits ein erster Etappensieg erreicht worden. Leider hilft ein gewaltloser Widerstand nicht in jedem Fall und nicht sofort (siehe Tibet); dennoch erhöht er die Hoffnung auf eine Entfeindung des Feindes und auf eine Entlastung des Attackierten. Würden geprügelte Ehefrauen konsequent auf Distanz zu ihren Ehemännern gehen, nicht ohne die Möglichkeit einer »Wiedervereinigung« offenzulassen, sollte sich eines Tages das Problem der Tätlichkeiten erledigt haben, würden sich manche dieser Männer »zusammenreißen« bzw. sich fachlichen Beistand holen.

Auch in Wirtschaft und Politik ist gewaltloser Widerstand eine interessante Alternative zur herkömmlichen Streitkultur. Er besteht im Wesentlichen aus wenigen Elementen. Im Vordergrund steht eine Absage an das Aug-um-Aug-und-Zahn-um-Zahn-Prinzip. Damit wird die Kette des Leides durchbrochen. Der Attackierte versucht, für sich und den Gegner eine Kostbarkeit zu erobern, die beide nicht besitzen: für sich selbst Schutz und Sicherheit, und für den Gegner ein Vorschussvertrauen in seine »lichten Seiten«, die dieser gerade nicht zeigt, an die aber trotz allem noch geglaubt wird. Eine solche Kombination ist ungemein wirksam. Es wäre zu wünschen, dass Wirtschaftsbosse und Spitzenpolitiker in brenzligen Situationen darauf zurückgriffen: auf den (gewaltlosen) Schutz bedrohter Werte und auf ein Vorschussvertrauen in diejenigen, die diese Werte bedrohen. Ein »Credo«, dass jene schlussendlich die Bedrohung zurückziehen werden, wenn man sie nicht verteufelt, sondern ihnen Brücken der Menschlichkeit baut.

Und ginge es in einer Extremsituation, in der zwei Völker bereits »den Fuß heben«, um (nach Glasl) die Stufe »Gemeinsam in den Abgrund« zu betreten, um die Eroberung einer Letztchance für alle Beteiligten, dann müsste sogar auf Schutz und Sicherheit für sich selbst verzichtet werden, um einer ungeheuren finalen Vorleistung willen, die das Ruder gerade noch herumreißen könnte. Ein Traum:

Volk A und Volk B sind übergerüstet und bewaffnet für den in chronischem Misstrauen ständig antizipierten Ernstfall, der in jeder Sekunde durch eine Lappalie ausgelöst werden kann. Da wendet sich Volk A an Volk B und sagt: »Hört zu, was wir beschlossen haben. Unser Etat für Militärausgaben beträgt für das kommende Jahr fünf Milliarden Dollar. Wir haben beschlossen, dieses Geld statt für die Militärausgaben *euch zu geben*. Repariert damit die Schäden in eurem Land, die wir euch in der Vergangenheit zugefügt haben. Lindert damit die Not in eurer Bevölkerung.« –

Was würde geschehen? Eine spannende Frage. Volk A würde sich freiwillig angreifbar und wehrlos machen. Es würde sozusagen dem Erzfeind vertrauen, dass er dies nicht ausnützt. Was würde der Erzfeind jetzt tun? Noch spannender! Ehrlich, wir wissen es nicht, weil noch kein Volk unserer Erde einen solchen Traum geträumt, geschweige denn verwirklicht hat. Träumen wir also einfach weiter: Wahrscheinlich würde sich Volk B (trotz der Noblesse der Gegenseite) *nicht nur* anständig benehmen. Wahrscheinlich käme es da und dort zu militärischen Übergriffen auf das jetzt wehrlose Volk A. Wahrscheinlich gäbe es unaufhaltsam Tote. Dennoch ... à la longue würden beide Völker von der Stufe »Gemeinsam in den Abgrund« zurückpurzeln. Ihre Kinder und Kindeskinder könnte der Abgrund nicht mehr verschlingen.

Über 30 Jahre psychotherapeutische Erfahrung haben mich gelehrt, was Menschen Enormes zuwege bringen, wenn es bloß *einen* gibt, der es ihnen zutraut. Vertrauen-Schenken hat (im Optimalfall) viele konfliktlindernde Vorteile. Es hemmt beim Schenkenden das krisenträchtige Unterstellen negativer Intentionen. Es lockt beim Beschenkten tatsächlich seine »lichten Seiten« hervor. Es schafft auf der Stelle eine entspannte Atmosphäre zwischen beiden. Selbstverständlich ist Vertrauen-Schenken auch ein Wagnis. In tragischen Fällen kann man bitterlich enttäuscht werden. Das ist sein gefürchteter Preis. Erstaunlich viele Menschen fürchten diese Enttäuschung so sehr, dass sie sich nicht einmal dazu entschließen können, neutralen Personen ihr Vertrauen zu schenken, geschweige denn, ihren Kontrahenten. Sie bleiben im Absichern ihrer bedrohten Werte stecken – und die Bedrohung hält an.

Überlegen wir: Kann man das Vertrauensrisiko in Grenzen halten? Im praktischen Alltag geht das leidlich, wenn man ein paar Regeln beachtet:

1) Was man einem Menschen zutraut, sollte realistisch und nicht zu idealistisch sein. Niemand ist ein Heiliger und niemand kann seine Schwächen zur Gänze ablegen.

2) Man sollte den Menschen zutrauen, dass ihre Absichten besser sind als ihre Handlungen. Auch das ist realistisch. (Der Geist ist willig, das Fleisch ist schwach ...)

3) Man sollte das eigene Vertrauen als freiwilligen Akt (und nicht als »Naivität«) deklarieren, mit dem man das Wagnis einer Enttäuschung bewusst in Kauf nimmt.

4) Man sollte die Möglichkeit eines »Rückfalls« bei der Person, der man vertraut, ins Auge fassen und mit der Person zusammen die Folgen überlegen, ohne solche zu dramatisieren.

5) Es empfiehlt sich, darzustellen, in welcher Hinsicht auch der andere (Gegner?) einem selbst vertrauen kann. Die eigene Verlässlichkeit garantiert »fair play«.

6) Man sollte die gemeinsame Verantwortung (für ...) betonen und das Vertrauen dahingehend modifizieren, dass man ihr mit vereinten Kräften gerecht werden wird.

Und wenn man dennoch bitterlich enttäuscht wird? Nun, das kommt vor. Trotzdem ist es – so hart das klingt – das kleinere Übel. Man hat eine Hoffnung in die Welt gesetzt, und vielleicht entfaltet sie irgendwann und unbemerkt doch noch ihr »Erlösungspotenzial«. Die Hoffnung stirbt nicht. Das unvergleichlich größere Übel wäre es, von vornherein auf nichts zu hoffen. Klar, damit erspart man sich jeglichen Enttäuschungsschmerz. Was nie gelebt hat, ist immer schon tot gewesen ...

Versöhnung und Neubeginn

Empfindlichkeiten umschiffen

Viktor E. Frankl war ein bewundernswert versöhnlicher Mensch. Doch war nicht jedermann mit seiner Versöhnlichkeit einverstanden. Bei manchen seiner jüdischen Zeitgenossen stieß er damit auf Widerstand. Die Wut über die Verbrechen im Dritten Reich war so groß, dass Frankls Friedfertigkeit nicht nachvollzogen werden konnte. In diesem Kontext ist folgende kleine Story aus den USA überliefert:

Frankl war bei einer noblen Familie aus den höchsten gesellschaftlichen Kreisen eingeladen. Man sprach von seinem literarischen Werk, das rund um den Erdball gelesen wurde. Da fragte ihn die Gastgeberin mit bebender Stimme, wie er es denn über sein Herz bringen könne, seine Bücher in deutscher Sprache zu schreiben, er, der fließend englisch spreche? Deutsch sei doch die Sprache der »Nazis« gewesen ...
    Frankl antwortete mit der unerwarteten Bitte, die Küche des Hauses besichtigen zu dürfen. Die verblüffte Gastgeberin erhob sich höflich und führte ihn in die Küche. Dort zog Frankl einige Schubladen auf, bis er die Besteckklade gefunden hatte, und entnahm dieser ein Messer. Er hielt es der Dame unter die Nase und wiegte sein Haupt. »Gnädige Frau«, fragte er sie, »wie können Sie es über Ihr Herz bringen, Messer zu verwenden, wo doch unzählige Morde in unserer Welt mit Messern verübt worden sind?« Die Gastgeberin war kuriert.

Zwischen einer Konfliktdeeskalation und der Versöhnung der (ehemaligen) Konfliktpartner ist immer noch ein weiter Weg. Wer ihn gehen will, muss wissen, dass es kein gemütlicher Spaziergang werden wird, sondern dass er mehrmals wird springen müssen: über Hürden, über Gräben und über den eigenen Schatten.

Zunächst einmal sind die seelischen Verwundungen auf beiden Seiten noch lange nicht abgeheilt. Dies bewirkt eine Übersensibilität ähnlich dem *posttraumatischen Psychosyndrom*. Geringste Vorkommnisse stellen Assoziationen zu den erfahrenen Unannehmlichkeiten her und aktivieren frühere Ängste bzw. früheres Misstrauen. Da dies blitzartig und eher unbewusst geschieht, kann dem willentlich wenig gegengesteuert werden. Man kann sich allerdings einen inneren »Zufluchtsort« aufbauen, an den man sich sofort zurückzuziehen vermag, wenn einen die alten Erinnerungen an erfahrenes Leid zu überwältigen drohen. Das ist kein Fluchtverhalten oder gar ein feiges Ausweichen vor Konfrontationen, sondern eine weise Schutzmaßnahme, um den Heilungsprozess der Seele nicht zu gefährden.

Wie man dies macht, sei an zwei Beispielen exemplifiziert.

Beispiel 1 »Posttraumatisches Psychosyndrom«

Ein Patient von mir hatte einen schweren Schock davongetragen. Er war in einem zerdrückten Kleinwagen, der von einem Lastwagen gerammt worden war, mit gebrochenen Rippen, Blutungen und einer ausgerenkten Schulter eingeklemmt gewesen und hatte hilflos ausharren müssen, bis die Feuerwehr angerückt war, um ihn mit einem Schneidbrenner herauszuschneiden. Währenddessen hatte sich ringsum Benzingeruch ausgebreitet, und er hatte gezittert, das Wrack würde noch vor seiner Befreiung in die Luft fliegen. Nach seiner Errettung und körperlichen Genesung blieb ihm als Relikt (trotz größter Dankbarkeit für den glimpflichen Ausgang der Katastrophe) eine extreme Reizbarkeit auf Benzingeruch. Kam er bloß in die Nähe einer Tankstelle, brach ihm der Schweiß aus, es wurde ihm übel und er meinte, es dort nicht länger aushalten zu können.

In der Therapie lernte er, in solchen Fällen kurz die Augen zu schließen und sich in seiner Fantasie geistig auf eine Pferdeweide zu versetzen, die er aus seiner Jugendzeit kannte, als er noch ein frenetischer Hobbyreiter gewesen war. Er lernte, sich ebenso blitzschnell, wie die Assoziation mit dem Verkehrsunfall über ihn hereinbrach, plastisch auszumalen, »... wie er seinen linken Fuß in den Steigbügel setzt und sich auf sein Pferd hinaufschwingt, wie er sich im Sattel zurechtsetzt, die Sporen einkippt und auf und davon galoppiert, während ihm der Wind die Haare zerzaust und er vor Vergnügen jauchzt!«. Es dauerte stets nur einige Sekunden, und diese Imagination wischte ihm den Schweiß von der Stirn, entkrampfte seinen Magen und erlaubte ihm, sich sicheren Schrittes auf dem Tankstellengelände zu bewegen.

Beispiel 2 »Nach einer Konfliktdeeskalation«

Zwei Kolleginnen, die in einem Supermarkt arbeiteten, hatten um das Privileg, an der Kasse arbeiten zu dürfen, gestritten. Die eine argumentierte, nach einem Bandscheibenvorfall keine Warenkisten mehr schleppen zu dürfen. Die andere argumentierte, sie sei so flink, dass sie sogar in Stoßzeiten eine Anstauung von Kunden an der Kasse verhindern könne. Nach langem Tauziehen wurde die Frau mit dem Bandscheibenvorfall an die Kasse beordert. Die andere schmollte und verhöhnte bei der geringsten Kundenansammlung ihre Rivalin. Der Chef, ein kluger Mann, wies sie an, bei Kundenandrang anstatt zu schimpfen sogleich die zweite Kasse zu öffnen und Kassierarbeit zu übernehmen. Seither herrschte ein Waffenstillstand zwischen den beiden Damen. Trotzdem verkniff es sich die Frau an der zweiten Kasse nicht, der Frau an der ersten Kasse spöttische Blicke zuzuwerfen, wenn dort wieder einmal nichts voranging. Das machte die Frau an der ersten Kasse so nervös, dass ihr allerlei Missgeschicke passierten. Ihre Wangen glühten, ihr Herz klopfte, sie vertippte sich bei den Preiseingaben, und zuletzt zerbrach sie eine teure Parfumflasche auf dem Warenband, die sie bezahlen musste.

In der Therapie lernte sie, schon bei den ersten Anzeichen einer sich bildenden Kundenschlange eine neue gedankliche Vorstellung parat zu haben. Die Vorstellung nämlich, sie begebe sich jetzt unter eine Dusche (was sie an sich gern machte). Nunmehr werde das Wasser auf sie einströmen, aber es werde auch an ihr abrinnen, und keineswegs werde es in ihre Haut eindringen. Ja, sie werde von oben bis unten nass werden, vom ungeduldigen Drängen der Leute oder von vielsagenden Blicken ihrer Kollegin nebenan, dennoch werde ihr Innerstes davon nicht benetzt werden, so wie auch kein Wasserstrahl an ihr Herz oder ihre Lunge gelangen könne. Und nach einer gewissen Zeit werde sie sich »trocken reiben«, und die Sache werde erledigt sein.

Diese Metapher gefiel ihr. Sie lachte darüber, legte alsbald ihre Nervosität ab und witzelte sogar, dass eine kleine Dusche zwischendurch die Monotonie ihrer Arbeit erfrischend auflockere. Wie ich bei unserem Abschiedsgespräch hörte, winkte sie seither der anderen Frau kollegial zu, wann immer diese die zweite Kasse öffnete, und half ihr in einem peinlichen Fall von Unkenntnis aus, was ein zartes Freundschaftsband zwischen den beiden keimen ließ.

Viktor E. Frankl nannte solche imaginativen Ablenkungsmanöver »Dereflexion«, eine therapeutische Methode, die zur Behebung einer ungesunden »Hyperreflexion«, wie sie u. a. nach Ausräumung eines Konfliktes noch vorliegen mag, geeignet ist.

Was kann sonst noch den Heilungsprozess fördern? Nun, meistens gehen ehemalige Konfliktpartner sowieso vorsichtig miteinander um, wie in einem »Eiertanz«. In Fachkreisen spricht man von einer »vulnerablen Beziehung« zwischen ihnen. Zu diesem Zeitpunkt ist es ein bisschen früh für eine echte Versöhnung. Aber was sich gut bewährt hat, ist die Aufnahme eines Schulter-an-Schulter-Projekts, bei dem zwangsläufig die gemeinsame Aufmerksamkeit einer Sache (und nicht einander!) gewidmet wird. Bewährt hat sich ferner eine bewusste beidseitige Unterlassung von Anspielungen aller Art in Hinblick auf Altlasten, indem die ehemaligen Konfliktpartner ausschließlich über aktuell Gegebenes miteinander kommunizieren.

Dazu ein Wort über *vorbelastete Dialoge*.

Es ist eine verbreitete Unsitte, gegenwärtige Gespräche mit Emotionen einzufärben, die nicht zur Gegenwart passen, sondern in Problemen aus der Vergangenheit gründen. Die jeweiligen Gesprächspartner können diese Vermischung nicht entschlüsseln und ärgern sich – zu Recht – über die inadäquaten Misstöne im Gespräch. Hier ein Beispiel:

Ein Mann ist auf Besuch bei seiner Freundin. Er verlässt ihre Wohnung kurz, um etwas aus seinem Auto zu holen. Die Freundin sagt an der Türe zu ihm: »Nimm doch deine Tasche gleich mit.« Er schreit zurück: »Ich weiß, am liebsten möchtest du gar nichts mehr von mir sehen!« Das ist vorbelastetes Reden. Der Mann trägt offenbar das ungute Gefühl mit sich herum, von seiner Freundin abgelehnt zu werden. Für dieses Gefühl wird es eine Vorgeschichte geben, die nicht einmal direkt mit seiner Freundin zu tun haben muss. Alle möglichen Irrungen und Wirrungen während seines Lebenslaufes können daran schuld sein. Eines jedoch ist gewiss: Aus den soeben an der Türe gesprochenen Worten seiner Freundin ist keine Ablehnung herauszulesen. Die Anregung, seine Tasche mitzunehmen, die er später im Auto sowieso brauchen wird, ist unverfänglicher Text, auf den sein Geschrei wie die berühmte Faust aufs Auge passt. Die Gefahr ist groß, dass die Freundin indigniert reagieren oder sich von dem Mann zurückziehen wird, was wiederum – typisch Fallenmechanismus! – sein Gefühl des Abgelehnt-Seins verstärken wird.

Personen, die zu vorbelasteten Dialogen neigen, muss man darauf trainieren, zwischen dem Hören der Botschaft eines anderen und dem eigenen Erwidern jener Botschaft einen Augenblick innezuhalten, still in sich zu wiederholen, was vom anderen gesagt worden ist, und sich zu fragen: »Ist das Gesagte wirklich feindlich? Oder assoziiere ich es bloß mit alten Geistern, die durch mein Leben spuken?« Enthält das Gesagte nichts Kränkendes, ist es, objektiv betrachtet, unverfänglich, dann ist korrekt und ohne Andeutungen oder Empfindlichkeiten zu antworten. In diesem Zusammenhang trainiert man ehemalige Konfliktpartner auch darauf, so miteinander zu kommunizieren, als hätten sie sich gerade erst kennengelernt und als gäbe es keine gemeinsame schmerzliche Vorgeschichte, die sich immer wieder störend zwischen sie schieben kann.

Insgesamt ist klar, dass keine Konfliktdeeskalation alle Differenzen zwischen den Beteiligten bereinigen kann und dass restliche Animositäten auf beiden Seiten fortbestehen werden. Zur Rückfallvorbeugung ist es daher wichtig, Hypersensibilitäten zu reduzieren, wo nur möglich. Imaginative Zufluchtsorte können dabei genauso hilfreich sein wie die Unterlassung vorbelasteter Dialoge, das heißt, jeder der ehemaligen Konfliktpartner überwacht sich selbst, damit nicht unbewusste Negativassoziationen ihn erneut in Konfliktfallen hineinlocken. Wenn der gute Wille dazutritt, dem ehemaligen Gegner künftig mit ungebrochener Achtung zu begegnen, ja vielleicht sogar einen Vorschuss an Vertrauen und Wertschätzung entgegenzubringen, dann kann eigentlich nichts mehr schieflaufen, und der endgültigen Versöhnung ist der Weg geebnet.

Über den eigenen Schatten springen

Wenden wir uns jetzt dem Versöhnungsakt selbst zu, auf den sich die gesamten bisherigen Überlegungen zuspitzen, der sozusagen die Krönung sämtlicher Bemühungen darstellt, und beginnen wir mit einem Beispiel auf höchster Ebene. Angenommen, zwei große Parteien, zwischen denen es jahrelang harte Kontroversen mit skandalösen Ausrutschern gegeben hat, setzen sich zu Koalitionsverhandlungen zusammen, weil keine der Parteien die absolute Mehrheit für sich hat erringen können. Die beiden Parteien seien nicht völlig aufeinander angewiesen (Stichwort »Zwangsehe«), aber denkbare Koalitionsalternativen gefielen ihnen noch weniger als eine Koalition. Was wäre das Beste, das dieser verzwickten Situation entspringen könnte?

Nun, das Beste wäre nicht nur eine funktionsfähige Landesregierung, sondern vor allem eine neue Beziehung zwischen den beiden Parteien, die es ihnen künftig ermöglichen würde, auch in oppositionellem Verhältnis ethisch einwandfrei miteinander umzugehen und unterschiedliche Auffassungen in Sachfragen ohne gegenseitige Attacken auszudiskutieren.

Skizzieren wir die einzelnen Schritte zu diesem »Besten« und rekapitulieren wir dabei kurz, was wir aus der sinnzentrierten Familientherapie in Erinnerung haben.

Der *erste Schritt*, um zu einer atmosphärisch stimmigen Verhandlungsbasis zu gelangen, bestünde darin, sich gegenseitig ineinander einzufühlen. Was waren die schlimmsten Verletzungen des politischen Gegners? Womit hat die eigene Partei ihn am häufigsten in Verruf gebracht und gedemütigt? Wodurch fühlte sich der Gegner öffentlich angeprangert? *Das* müsste »erraten« und »gebeichtet« werden, und zwar jeweils von den Repräsentanten beider Parteien. (Dieser *kreuzweise* Ansatz dürfte auf keinen Fall aufgeweicht werden, indem eine Seite etwa begänne, sich über ihr eigenes Geärgert-worden-Sein durch dieses und jenes zu beschweren!)

Danach sollte jede Seite das von der Gegenseite »Erratene« als richtig bestätigen (und notfalls korrigieren), ohne jedoch in eine Vorwurfshaltung hineinzurutschen.

Der *zweite Schritt*, der sich organisch anschlösse, wäre die Suche nach Verhaltensänderungen in den eigenen Reihen, die sicherstellen könnten, dass es bei vergleichbaren Dissonanzen zu keinen vergleichbaren Verletzungen des politischen Gegners mehr käme. Ein Gremium könnte z. B. Benimmregeln einer politischen Kultur erarbeiten, die, würde man sich ihnen freiwillig unterwerfen, die Gegenpartei vor ähnlich hässlichen Übergriffen (durch die eigene Partei) schützen würde, wie sie in der Vergangenheit stattgefunden haben. Wiederum wären die Repräsentanten beider Parteien gefordert, einen derartigen Verbesserungsentwurf für ihre eigenen Äußerungen und Kommentare, egal zu welchen Themen, zu entfalten. (Einen Entwurf, der ihre Partei nicht überstrapazieren dürfte und doch für den politischen Gegner eine Erleichterung bedeuten würde.)

Und wiederum sollte danach jede Seite das von der Gegenseite Erarbeitete und Entfaltete als »angenehm« bestätigen, falls es tatsächlich verwirklicht würde.

Der *dritte Schritt*, der dieses Grundlagengespräch positiv beenden würde, wäre das gegenseitige Versprechen, sich die im zweiten Schritt gefundenen und vom Gegner als »angenehm« bestätigten eigenen Verhaltensänderungen in Zukunft selbst aufzuerlegen, freiwillig und aus keinem anderen Motiv heraus als dem, eine gedeihliche Atmosphäre zu schaffen, in der Kontroversen ausgefochten werden können, ohne den Vertretern der Gegenpartei persönlich zu schaden bzw. herbe Kränkungen zuzufügen.

Zum Ausklang wäre es auch hier günstig, wenn jede Seite das Versprechen ihres Gegners entsprechend würdigen würde, dankbar und ohne irgendwelche geheimen unlauteren Absichten dahinter zu wittern. Die Formel: »Ihr seid es mir wert!« sollte ausgesprochen oder unausgesprochen im Raum stehen, wenn die Repräsentanten voneinander scheiden, das ehrliche Vorhaben mit sich tragend, ab sofort den Gegner mehr zu schonen als bisher.

Nach einem solchen Prozedere stünden die Chance für Koalitionsverhandlungen gut. Es wäre nicht zu erwarten, dass eine der beiden politischen Richtungen vorschnell und unbedacht Fakten setzen würde, die für die andere Richtung unzumutbar wären. Man würde – eingedenk der selbst definierten »finalen Vorleistung«, die man sich vorgenommen hat – vorsichtig miteinander umgehen und sorgsam an den inhaltlichen Themen dranbleiben, die auf konstruktive Kompromissideen warten. Jetzt wäre die Zeitspanne da, in der persönliche Empfindsamkeiten und Assoziationen mit alten Schmerzerfahrungen umschifft werden müssten, z. B. mithilfe innerer Zufluchtsbilder oder durch den Verzicht auf vorbelastete Dialoge. Die gemeinsame Aufgabe in der Gegenwart sollte das Band sein, das die Tischrunde miteinander verbindet und von dem sich jeder Teilnehmer einbinden ließe.

Ob dann die Zeit bereits reif wäre für aufrichtige Entschuldigungen und Vergebungen und ob sie überhaupt jemals in der politischen Szene dafür reif werden wird, bleibt fraglich. Dieser »himmlische Akt« der Wiedergutmachung aller Gräueltaten, die zwischen Menschen geschehen sind, ist, wie es scheint, zwischen Kollektiven außerordentlich schwer zu vollziehen. Die Versöhnungsfähigkeit von Völkern, Volksgruppen, Rassen oder Parteien gipfelt im Allgemeinen in dem beschriebenen »guten Willen, einander künftig weniger zu schaden«, was schon viel ist; für höhere Gipfel reicht sie selten.

Einzelne Personen jedoch schaffen den Aufstieg in die höheren Gefilde, allerdings auch nicht, ohne gehörig über ihren Schatten zu springen. Deswegen hier ein paar Tipps für solch verwegene »Gipfelstürmer«:

Zur aufrichtigen Entschuldigung

Fragen wir wie gewohnt *kreuzweise*: Was macht es einem anderen leichter, mir zu vergeben? Die Antwort liegt auf der Hand. Wenn ich mich bei ihm entschuldige, und zwar ohne Wenn und Aber. Welcher Schatten ist es also, über den ich dabei springen muss? Das Eingeständnis meines begangenen Fehlers – ohne Wenn und Aber.

Ist es schon schwierig genug, vor sich selbst eine Schuld zuzugeben (was stets am Selbstwertgefühl nagt), und steigert sich der Schwierigkeitsgrad mit dem Zugeben der eigenen Schuld vor einem ehemaligen »Feind« (dem man ja gemäß Feindbild lange Zeit die Schuld zugeschoben hat), so potenziert sich der Schwierigkeitsgrad noch um einiges, wenn man das *Beiwerk an Ausreden* weglässt, das das Ich um die Schuld herumgeflochten hat, um ihr den »Biss« zu nehmen. Einige Beispiele dazu: Ich war ekelhaft zu jemandem, aber schließlich hat mich der Betreffende provoziert, hat der Betreffende nichts Besseres verdient ... (Schon die Kindergartenkinder erklären beim Raufen unisono: »Der andere hat angefangen«!) Oder: Ich war ekelhaft zu jemandem, aber ich war schon so müde, war erschöpft (die »Nicht-gut-drauf-Tour«). Oder: Ich war ekelhaft zu jemandem, aber andere haben mich auch den ganzen Tag genervt, und ich musste es auch aushalten (Rekurs auf die »Kette des Leides«).

Der Ausreden gibt es unzählige. Nur haben sie beim Entschuldigungsvorgang nichts zu suchen, denn sie heben die Entschuldigung quasi rückwirkend wieder auf. Nein, wer sich dazu entschließt, sich bei jemandem zu entschuldigen, der muss seinem Gegenüber offen in die Augen blicken und ebenso offen und ehrlich sagen: »Ich habe dir dieses und jenes angetan, und das war nicht recht. Es tut mir leid, dass ich es getan habe. Bitte verzeih mir!« Und *gäbe* es mildernde Umstände für seine Fehltat, so dürfte nicht *er* es sein, der sie erwähnte. Sollte sein Gegenüber sie erwähnen, wäre das prima, nämlich ein Zeichen des gegenseitigen Einfühlens, was den Prozess des Vergebens natürlich vorantriebe (z. B.: »O, ich weiß ja, du warst damals schon sehr erschöpft, und die anderen hatten dich massiv geärgert ...«). Sollte sein Gegenüber sie aber *nicht* erwähnen, müssen sie unbeleuchtet wegfallen. Es gehört zum Wesen der Entschuldigung, dass sie allein dort ihren Sinn hat, wo auch anderes und besser gehandelt hätte werden können, als gehandelt worden ist, und somit setzt kein mildernder Umstand ihren Sinn außer Kraft.

Ein hervorragendes Vorbild gab uns diesbezüglich der ehemalige US-Präsident Bill Clinton, als er sich beim amerikanischen Volk für seine außereheliche Affäre entschuldigte. Manch einer hätte an seiner Stelle auf die junge Dame verwiesen, die ihre Nähe zu ihm ausgenützt habe, die ihn verführt habe usw. Der Präsident hingegen verhielt sich galant. Sein Fehltritt war nicht richtig gewesen, und er entschuldigte sich dafür. Punkt und Basta. Die Nation vergab ihm.

Zur aufrichtigen Vergebung

Fragen wir wie gewohnt *kreuzweise*: Was macht es einem anderen leichter, sich bei mir zu entschuldigen? Auch diese Antwort liegt auf der Hand. Wenn er die Aussicht hat, dass ich ihn wohlwollend anhören und ihm großzügig vergeben werde. Über welchen Schatten werde ich dabei springen müssen? Ich werde imstande sein müssen, einen Schlussstrich unter eine quälende Angelegenheit zu ziehen und mit jeglichem Nachtragen des mir dabei zugefügten Leides schlagartig aufzuhören.

Schlussstriche zu ziehen, ist eine große Herausforderung. Denn nicht nur »geteiltes Leid ist halbes Leid«, auch

»*mit*geteiltes Leid ist halbes Leid«, wie Viktor E. Frankl wortspielerisch zu sagen pflegte. Darum erzählen Menschen gerne von ihrem Kummer. Insbesondere dem Kummerverursacher reiben sie liebend gern unter die Nase, was er verbrochen hat, und dies wieder und wieder. Zwar halbiert sich ihr Leid schon bald nicht mehr, im Gegenteil. Allzu viele Wiederholungen verleiten die Geschädigten dazu, sich eher in ihr Leid hineinzusteigern, es auszuschmücken und es zum »Einkauf« von Mitleid und Zuwendung zu verwenden. Aus der Welt geschafft wird das Durchlittene dadurch freilich nicht. Das kann auch ein Schlussstrich nicht. Dafür kann er etwas Phänomenales: Er kann das Gewesene so in die Lebensgeschichte integrieren, dass es ruhig an seinem geschichtlichen Platz liegen darf, ohne dass man es am liebsten herausreißen und wegdrücken möchte. Er kann ein Trotzdem-ja-zum-Leben-Sagen erringen, und das ist unendlich viel.

Er kann das aber nur, wenn gleichzeitig mit ihm der Ballast des Nachtragens abgeworfen wird, und dies ist die nächste herausfordernde Hürde beim »Schatten-Überspringen«. Denn das Nachtragen besänftigt zwei Ängste, die ohne Nachtragerei entblößt dastehen.

Da ist zum einen die *Angst vor Gesichtsverlust*. Sie ist mächtig. Der zum Vergeben Aufgerufene fürchtet, dass ihm sein Vergeben als Schwäche oder Dummheit ausgelegt wird. Vielleicht hat er einst Rache geschworen, hat mit tödlicher Revanche gedroht und »mit Säbeln gerasselt«. Jetzt soll er auf einmal »den Schwanz einziehen« und mit dem verhassten Feind »Shake-hands« machen? Da wird er in den Augen seiner Lobby unglaubwürdig. Es dünkt ihn wie ein Verrat an seinen Freunden, die im Leid zu ihm hielten, und an sich selbst. Dieser Schatten ist pechschwarz!

Zum anderen sitzt ihm neben der sozialen Angst eine Art metaphysische Angst im Nacken. Sie wird oft so ausgedrückt: »Ich will nicht (ich kann doch nicht) so tun, als wäre nichts gewesen.« Es ist die Angst, das Leid, das einem zugefügt worden ist, mit dem Vergebungsakt zu verniedlichen, zu verharmlosen, zu annullieren, geradeso, als könnte man problemlos zur Tagesordnung übergehen, weil »sowieso nichts von Belang vorgefallen ist«. Es ist die Angst, das Gewesene dem Vergessen zum Fraße vorzuwerfen; und dieser Schatten ist noch schwärzer als pechschwarz ...

Wer also die »Himmelsspitze« unter den Gipfeln der menschlichen Liebe erklimmen, nämlich vergeben will, der muss über tiefschwarze Schatten hinwegkommen, die in seiner (wie in jedermanns) Seele nisten. Er muss 1) die Angst vor Gesichtsverlust besiegen, indem er offiziell für eine »Wende zum Guten« eintritt, unabhängig davon, was seine Mitmenschen davon halten, und geschweige denn, ob sie es honorieren oder nicht, und er muss 2) die Angst vor dem Vergessen-Werden seines Leides überwinden, indem er die philosophische Einsicht gewinnt, dass nichts aus der Wahrheit herausfällt, gewusst oder nicht, erinnert oder nicht, und dass auch das von ihm Erlittene unverlierbar geborgen ist im Sein des Vergangen-Seins. »Jede Tat ist ihr eigenes Denkmal«, wie Viktor E. Frankl es ausgedrückt hat. Die Opfer haben ihr eigenes Denkmal – und die Täter haben sich ihr eigenes Denkmal gesetzt ... in Ewigkeit.

Merken wir uns: Personen, die beides können, sowohl aufrichtig vergeben als auch sich aufrichtig entschuldigen, und dies am besten gegenseitig, sind in der Lage, ihre Konflikte *endgültig* zu lösen.

Heldentum an der »Steinmauer«

Ich sagte, dass in der sensiblen Phase nach einer Konfliktdeeskalation ein Verzicht auf vorbelastete Dialoge geleistet werden muss. Bei Einzelpersonen, die miteinander zerstritten waren, ist es ganz wichtig, dass sie in der Gegenwart wieder unbelastet miteinander zu kommunizieren vermögen. Nur so können sie einen familiären Alltag meistern, gemeinsame berufliche Aufgaben erfüllen oder simpel ihre Begegnungen heil überstehen. Menschen, die in der Gegenwart vernünftig miteinander reden können, können sich auch in einer besonderen Stunde zusammensetzen und ihre Altlasten durch Entschuldigung und Vergebung entsorgen. Ohne diese Vorbedingung, vernünftig miteinander reden zu können, wird dieses heikle Unterfangen kaum gelingen. Ich widerspreche daher den Vertretern der These, man müsse die Personen anleiten, *zuerst* ihre Wunden aus der Vergangenheit zu befrieden, um *nachher*, in der Gegenwart, miteinander auszukommen. Die Reihenfolge wirkt stimmig, aber die Praxis zeigt, dass zu einer endgültigen Befriedung, wie sie nur durch Entschuldigung und Vergebung erreichbar ist, ein Minimum an friedlicher Eloquenz vonnöten ist, die ehemalige Konfliktpartner wieder neu erwerben müssen.

In der emotional aufgeheizten Zeit ihrer Feindseligkeiten ist ja die gute Kommunikation auf der Strecke geblieben. Man hat sich angeschwiegen (»Kalter Krieg«) oder angeschrien (Kampfhandlungen). Nun hat man sich zum Ende der Feindseligkeiten durchgerungen (Schonung des »Feindes«) – wie soll man plötzlich wieder gut miteinander kommunizieren können? Das Verlernte ist neu zu erlernen und einzuüben, in einem Dialog ohne Geheimandeutungen, Sticheleien, Schmollwinkel und verbale Spitzfindigkeiten. *Dann* ist man »qualifiziert«, an das große Konfliktlösungsfinale heranzuschreiten, das alles wieder gutmacht.

Zur Demonstration sei nochmals auf das Beispiel von dem Mann und seiner Freundin zurückgegriffen, das auch besser, nämlich folgendermaßen hätte enden können:

Der Mann steht an der Türe. Seine Freundin sagt: »Nimm doch deine Tasche gleich mit.« Er stutzt, besinnt sich auf das, was sie gesagt hat, und antwortet (ganz in der Gegenwart bleibend): »Ach, mir ist lieber, die Tasche liegt nicht zu lange im Auto. Ich nehme sie später mit.«

Die Klippe ist umschifft, die Verabschiedung der beiden ist an diesem Tag gerettet. Wenn sie den eingeschlagenen Kurs beibehalten, könnte später einmal ein Tag kommen, an dem sie sich in einem gemütlichen Lokal bei Tee und Kerzenschein zusammensetzen und über Vergangenes sprechen. Der Mann könnte sagen: »Ich möchte dir etwas anvertrauen. Ich habe mich oft von dir abgelehnt gefühlt. Vielleicht habe ich mir das auch bloß eingebildet. Mir sind deine Bemerkungen schnippisch vorgekommen, so als fändest du mich kindisch und dumm. Oder vielleicht habe ich mich wirklich dumm benommen. Wie hast du mich denn erlebt?« Sie könnte antworten: »Mein Lieber, ich habe dich nie abgelehnt. Es ist schon wahr, dass ich manchmal ungeduldig wurde, wenn du umständlich in deinen Sachen herumgekramt hast oder nachgegrübelt hast, wie du dich entscheiden sollst. Ich bin viel schneller von Entschluss als du, aber das ist auch nicht immer ein Vorteil. Manchmal bereue ich später meine schnellen Entschlüsse. Deine bedächtige Art schützt uns vor leichtsinnigen Abenteuern. Nein, dumm bist du keineswegs! Bitte entschuldige, wenn ich dir diesen Eindruck vermittelt habe!«

Jetzt wäre der Zeitpunkt für die Vergebung gekommen. Der Mann könnte seiner Freundin die schnippischen Verbalattacken vergeben und sich gleichzeitig für seine Umstandskrämerei entschuldigen. Der Freundin würde es gewiss nicht schwerfallen, seine Entschuldigung zu akzeptieren und ihm zu vergeben. Zwar würden beide Personen ihre Charakterzüge deswegen nicht ablegen, aber die Vergebung würde beide gegenseitig desensibilisieren. Nachdem *er* nun wüsste, dass er nicht abgelehnt wird, und *sie* zugegeben hätte, dass er sie gegen Voreiligkeiten »schützt«, würden beide in Bezug auf die Schwächen des jeweils anderen toleranter sein und sich nicht mehr darüber aufregen.

Entschuldigung und Vergebung sind ein »Pärchen«, das stets Hand in Hand durch das Reich der Menschen wandern sollte. Leider werden sie mitunter von »steinernen Mauern« getrennt. Damit büßen sie ihre friedenstiftende Kraft nicht ein, aber die Menschen, die mit einer »Pärchenhälfte« vorliebnehmen müssen, brauchen unvergleichlich mehr Kraft, ihr ethisches Niveau zu halten und sich von den »Mauern« nicht »mitversteinern« zu lassen.

Es soll hier betont werden, dass sowohl einseitige Entschuldigungen als auch einseitige Vergebungen *möglich* sind, beides sogar posthum. Ähnlich, wie die finale Vorleistung (das Aussenden eines »Pluspfeiles«) eine einseitige Angelegenheit ist, von einem Menschen gewählt, der sogar triftige Gründe hätte, sie nicht zu wählen, der sich aber eben nicht abhängig macht vom Negativverhalten eines anderen (vom Empfang eines »Minuspfeiles«), so sind einseitige Entschuldigungen und Vergebungen Beweise letzter geistiger Freiräume, die Menschen offenstehen, selbst wenn ihre Konfliktpartner »mauern« und nichts mehr von ihnen wissen wollen.

Einmal saß eine weinende Mutter bei mir. Ihre erwachsene Tochter trage ihr vieles nach. Wie ich hörte, warf diese Tochter ihrer Mutter vor, ihr in früher Kindheit zwei Stiefväter zugemutet zu haben, wovon einer sie sogar brutal misshandelt haben soll. Sie warf der Mutter vor, im zarten Alter von neun Jahren in ein Internat gesteckt worden zu sein, wo die Erzieherinnen eine Blinddarmentzündung bei ihr nicht rechtzeitig erkannt haben sollen, wodurch sie ein halbes Jahr ans Bett gefesselt gewesen war. Und sie warf der Mutter vor, sie nach Schulabschluss einer Goldschmiedelehre zugeführt zu haben, die sie zwar anfangs gewünscht, aber später gehasst habe, und die abzubrechen ihr nicht erlaubt worden war. Die Tochter vertrat den Standpunkt, die Mutter habe ihr (der Tochter) Leben verpfuscht.

Die Mutter hatte vor ihrer Tochter zerknirscht eingestanden, Fehlentscheidungen in der Erziehung getroffen zu haben, die sie zutiefst bedaure. Die Tochter hatte mit eisiger

Mine gelauscht, dann bissig bemerkt, dass ihr das Bedauern jetzt nichts mehr nütze, war aufgestanden und fortgegangen. Seither hatte sie jeden Kontakt mit der Mutter verweigert. Auch an Festen und Feiertagen blieb sie stumm bzw. ließ zugesandte Geschenke zurückgehen.

Ich setzte gemeinsam mit der Mutter einen Brief an die Tochter auf. Darin nahm die Mutter ihre Schuld auf sich, erzählte aber auch von ihrer nie erlöschenden Liebe zur Tochter, von schönen Urlauben, die sie gemeinsam verbracht hatten und die sie als ihren kostbarsten Erinnerungsschatz betrachtete, und von der Hoffnung, dass die Tochter sich (trotz ihrer augenscheinlich unglücklichen Kindheit) zu einer glücklichen Frau entwickeln möge. Zum Schluss segnete sie ihre Tochter – für den Fall, dass sie sie nie mehr wiedersehen sollte. Wir waren darauf gefasst, dass dieser Brief, ähnlich wie die Geschenke, ins Haus der Mutter zurückflattern werde, doch die Tochter behielt ihn. Das Schweigen dauerte an, die »Steinmauer« wurde nicht eingerissen, doch der Brief lag jenseits der »Mauer«, und dort lag er gut.

Der Mutter ging es seither besser. Sie hatte das Ihre getan; der Rest war ihr aus der Hand genommen.

Ein anderes beeindruckendes Beispiel lieferte mir ein 75-jähriger Mann, der mich eigentlich wegen seiner kranken Schwester konsultierte. Er selbst war in stabiler psychischer Verfassung. Im Zuge unseres Gesprächs erwähnte er zufällig, dass er sich als kleiner Bub schrecklich vor seinem Vater gefürchtet habe. Wenn sein Vater abends heimkam, sei er flugs unter das Bett gekrochen, um dessen Zornausbrüchen zu entgehen, die, aus kindlicher Warte gesehen, völlig überraschend und ohne Vorankündigung auf ihn niederprasseln konnten. Ich fragte den Mann, ob er dies seinem (längst verstorbenen) Vater vergeben habe. Er zögerte und schaute mich unsicher an. »Vergeben? Der war kein schlechter Mensch«, murmelte er vor sich hin. »Bestimmt nicht«, nickte ich. »Er wird seine liebenswerten Seiten gehabt haben. Dass er Ihnen als Kind allerdings so viel Angst eingejagt hat, war nicht recht. Er hätte sich mehr beherrschen müssen. Deshalb frage ich Sie nochmals: Haben Sie ihm seine Zornausbrüche vergeben?« Der alte Mann zuckte die Achseln. »Wie soll ich das machen?«

»Wo fühlen Sie sich Ihrem Vater nahe«, forschte ich nach. »An seinem Grab«, antwortete der Mann spontan. »Wenn ich hingehe, die Blumen zu gießen.« »Okay«, meinte ich. »Wenn Sie das nächste Mal das Grab besuchen, sprechen Sie mit Ihrem Vater. Danken Sie ihm für das Leben, das er Ihnen gegeben hat, und für die Förderung, die er Ihnen angedeihen hat lassen. Berichten Sie ihm aber auch von Ihrer Angst als kleiner Bub, genau, wie Sie es mir geschildert haben. Beschönigen Sie nichts dabei, nur bedenken Sie, dass er vor einem anderen Richter als vor Ihnen steht. Falls Sie es zuwege bringen, schenken Sie ihm dann Ihr großzügiges Verzeihen. Sagen Sie ihm, dass Sie Ihr Leben prima gemeistert haben, trotz dem furchterregenden Szenario an dessen Anfang, und dass Sie über den kleinen Bub, der Sie einst gewesen sind, hinausgewachsen sind, zu einem tüchtigen Mann heran. Sagen Sie ihm, dass Sie ihm nichts mehr nachtragen, und dass er wissen möge: Von Ihnen aus – ist es gut.«

Der Mann tat wie geheißen und verweilte einen vollen Nachmittag am Grab seines Vaters. Als er wieder bei mir saß, flüsterte er verschämt, dass er dort geweint habe, bis ein leichter Regen eingesetzt habe, ›als ob auch der Vater geweint habe‹. Jetzt fühle er sich frei und froh wie nie. Er spüre fast körperlich, dass zwischen ihm und seinem Vater alles in Ordnung gekommen sei und dass ihn in seinen Lebenserinnerungen nichts mehr belaste. Der Mann holte eine Blüte aus einer Tüte und legte sie vor mich hin. »Vom Grab«, sagte er, und seine Stimme hatte wieder ihren gewohnt kräftigen Klang, »von *uns*.« Ich wässerte sie ein, und sie hielt sich erstaunlich lange frisch.

Das ist Heldentum an der »Steinmauer«. Ob die Mauer von einem verhärmten Menschenkind errichtet worden ist oder vom Gevatter Tod, ist nachrangig. Die getrennten Pärchenhälften Entschuldigung und Vergebung durchdringen sie auf separaten Kanälen und vereinigen sich dahinter wieder auf geheimnisvolle Weise. So unser Glaube. So unser Trost.

Strategien der Leidbewältigung

Es gibt kein effizientes Konfliktmanagement ohne funktionierende Strategien der Leidbewältigung. Denn auch nach den genialsten Kompromissen, die gefunden worden sind, und nach den heldenhaftesten Versöhnungen, die stattgefunden haben, bleibt die Tatsache bestehen, dass man durch finstere Stunden gegangen ist und so manche Verzweiflung ausgekostet hat. Nichts fällt aus der Vergangenheit heraus. Gewiss, es ist überstanden. Nun gilt es sicherzustellen, dass keine »Nachwehen« des Überstandenen die Zukunft vergiften werden.

Wir haben im bisherigen Text bereits einige profunde Strategien der Leidbewältigung kennengelernt. Zur Erinnerung seien sie kurz zusammengefasst:

1) Sich auf den verbliebenen *Freiraum* konzentrieren, ist eine Strategie der Leidbewältigung. Das Schicksal kann zuschlagen, aber man muss nicht gebannt darauf starren. Irgendwelche restlichen Wahlmöglichkeiten existieren immer noch, unter ihnen (wenigstens eine) hervorragende. Wer auf sein Schicksal starrt, übersieht sie. Wer seinen verbliebenen Freiraum auslotet, findet sie. Und wer sie findet, kann sein Schicksal besiegen.

2) Die Gewinnung einer *inneren* (und gelegentlich auch äußeren) *Distanz* zu tragischen Ereignissen ist eine Strategie der Leidbewältigung. Die Selbstdistanzierungsfähigkeit befähigt uns, jene Ereignisse zu objektivieren und

bewusst Stellung zu ihnen zu nehmen, anstatt uns unbewusst mit ihnen zu identifizieren. Dadurch werden wir nicht mit »Haut und Haaren« (Leib und Seele) in den Strudel der Tragik hineingezogen.

3) Jede »*Gesichtsfelderweiterung*« ist (nicht nur, aber auch) eine Strategie der Leidbewältigung. Die Palette des Lebens ist bunt. Die Schicksalskomponenten sind durchmischt. Man hat Freunde und Feinde. Man hat Erfolge und Misserfolge. Man ist verwundet worden, und man ist geheilt worden ... Menschen mit dem vollen Spektrum im Visier sind gelassener als Menschen, die das Unerfreuliche fokussieren und das Erfreuliche ignorieren.

4) Der Gerechtigkeitssinn allein stützt uns nicht im Leid. Gerecht sein und dennoch wissen, dass die *Barmherzigkeit noch über der Gerechtigkeit steht*, ist eine Strategie der Leidbewältigung. Sie verhindert ein Sich-Verheddern zwischen Klage und Anklage, ein Sich-Ausliefern an Rachegelüste oder ein Sich-Einigeln in Selbsthass und Schuldgefühlen. Ja, sie gestattet sogar inmitten der Ruinen noch einen Blick auf den Himmel ...

Dieser Auflistung seien zwei weitere Gesichtspunkte angefügt, die sehr bedenkenswert sind.

Zerbrochene Hoffnungen sind oft Wendepunkte und Anstöße für fruchtbare Veränderungen.

Manche Ziele verwehren sich einem. Ein mir bekannter Entwicklungshelfer musste wegen rezidivierender Malariafieberschübe seinen geliebten Beruf aufgeben. Eine mir bekannte Rentnerin musste aufgrund einer schweren Unterleibsoperation ihrer Tochter die Hoffnung begraben, jemals Enkelkinder zu bekommen, die sie sich brennend gewünscht hatte. Das sind Schicksalsfügungen. Aber mitunter verwehrt sich uns etwas durch die Willkür, Nachlässigkeit oder Boshaftigkeit unserer Mitmenschen. In all diesen Fällen ist die Warum-Frage eher unproduktiv. Wenn man das Schicksal bzw. die Entscheidungen anderer Menschen nicht ändern kann, kann man *nur noch sich selbst ändern*, indem man zu neuen Zielen aufbricht, und nicht selten zeigt sich im Nachhinein, dass eine solche Wende unerwartet auch ihre positiven Seiten hat.

Wie hält man es aber bis zu jenem »Im-Nachhinein-Zeitpunkt« aus? Ein Gleichnis kann helfen:

Man stelle sich vor, man fahre im Winter mit dem Auto durch die Alpen, um einen bestimmten Ort zu erreichen. Plötzlich wird man gestoppt. Die Straße ist gesperrt – wegen Lawinengefahr, wie auf einem Schild geschrieben steht. Das ist fatal. Man muss reversieren, retour fahren, Umwege einschlagen, und vielleicht muss man überhaupt auf die Ankunft im gewünschten Ort verzichten. Dennoch ist es zu unserem Wohle gut, dass die Straße gesperrt ist ...

In unserem Leben fehlt der Passus »wegen Lawinengefahr«, wenn wir vor einer Sperre stehen. Wir wissen nicht, wofür es gut ist, wenn sich uns etwas versagt, und müssen uns vor dem »Geheimnis« beugen, wie Viktor E. Frankl in Bezug auf Unabänderlichkeiten gesagt hat. Manchmal lüftet sich das Geheimnis im Nachhinein. Der mir bekannte Entwicklungshelfer hat in seiner Heimat die Koordination eines umfassenden Entwicklungshilfeprojekts übernommen, und niemand hätte diese Aufgabe so großartig leisten können wie er. Die mir bekannte Rentnerin hat sich als Wahloma beworben und ist für fünf Kinder einer bosnischen Flüchtlingsfamilie zum Segen geworden. Manchmal lüftet sich das Geheimnis jedoch auch nie. Sei es, wie es will, Wege, die sich uns versperren, *sind nicht die unsrigen*. Wer dies akzeptieren und sein Lebensfahrzeug flexibel lenken kann, ist durch keine Enttäuschung und durch kein Hindernis völlig aus der Bahn zu werfen.

Wer in Leiderfahrungen keine Unschuldigen mit hineinreißt, kann wahrlich stolz auf sich sein.

In der Psychologie kennt man drei Hauptreaktionsmuster, mit denen Frustrationen beantwortet werden.

a) Ein Muster ist die *Autoaggression*. Jemand ist wütend und drückt die Wut in sich selbst hinein. Es kommt zu körperlichen Krankheitsausbrüchen, Suchtverhalten oder reaktiven Depressionen. Genau genommen lässt der Betreffende seine Wut am Falschen aus, denn seine Wut richtet sich ja ursprünglich gegen den Frustrationsverursacher und nicht gegen sich selbst. Autoaggressionen sind pathologische Reaktionsmuster und vermehren das eigene Unglück.

b) Ein anderes Muster ist die *Übertragung*. Jemand ist wütend und überträgt die Wut, die er auf den Frustrationsverursacher hat, auf einen Unbeteiligten bzw. Unschuldigen. Dadurch läuft die Kette des Leides ungebremst weiter. Nunmehr ist der Unschuldige frustriert, Wut steigt in ihm hoch usf. Übertragungen machen auch vor Schwachen, Elenden oder Kindern nicht halt. Die Ketten, bei denen ständig die Falschen büßen, sind lang und vermehren das Unglück in der Welt.

c) Das dritte Muster endlich ist die *Auseinandersetzung mit dem Frustrationsverursacher*. Freilich kann diese Auseinandersetzung im konstruktiven oder destruktiven Sinne erfolgen, was einen erheblichen Unterschied macht, aber immerhin wird die Wut von Anfang an in die richtige Richtung gelenkt. Im Idealfall wird sie als Energieschub verwendet, um die Sachlage zu klären, Konflikte zu bereinigen oder gar zur Vergebung des »Bösewichts« zu schreiten. Dieses Reaktionsmuster enthält die Potenz, Unglück zu eliminieren.

Man sieht, dass zwei der drei Muster, mit denen Frustrationen beantwortet werden, Unschuldige ins Elend mit hineinreißen. (Denn auch die Autoaggression lässt – zwar nicht Fremde, aber – das mehr oder weniger unschuldige Selbst büßen). Es ist daher als eine hohe menschliche Leistung zu bewerten, wenn sich jemand schützend zwischen seine Frustration und Unschuldige stellt und dafür sorgt, dass seine Wut keinen Falschen trifft. Die nachstehende Schmunzelgeschichte von Franz Edlinger (aus: Sakramente, Herold, 2001) möge dies illustrativ verdeutlichen:

Der kleine Maxi erhebt sich morgens sehr schlecht gelaunt aus dem Bett. Und er lässt seine Eltern seine üble Laune spüren. Er trödelt herum, der Vater wird ärgerlich und mahnt zur Eile, weil Maxi sonst zu spät zur Schule kommt. Endlich ist Maxi fertig und geht zur Schule. Der Vater fährt mit dem Auto ins Büro. Jeder weiß genau, wie man Auto fährt, wenn man zornig ist: aggressiv, rücksichtslos, risikofreudig und unvorsichtig. Und da passiert es; der Vater rammt ein vornehmes Auto. Eine zweistellige Nummer – auch das noch! Der Dienstwagen des Herrn Handelsministers! Ein heftiger Wortwechsel mit dem Chauffeur entfacht sich. Der Dienstwagen wurde fahruntauglich; ein Ersatzwagen muss angefordert werden, was den Minister sehr verärgert. Er kommt zu spät zu einer Sitzung mit den Ölscheichs wegen der Benzinverhandlungen. Wegen des Unfalls und wegen des Ärgers ist der Minister überhaupt nicht verhandlungsbereit und bezieht einen sturen Standpunkt. Das tun auch die Verhandlungspartner. So kommt es zu einer sprunghaften Verteuerung des Benzins um 50 Prozent. Als die Österreicher abends in der Sendung ›Zeit im Bild‹ davon erfahren, brechen fast bürgerkriegsähnliche Zustände aus. Dem kleinen Maxi, der dies alles im Fernsehen mitverfolgt, wird gar nicht bewusst, dass er die Ursache dafür ist. Doch sicherlich ist er nicht die alleinige Ursache, denn jeder hat sein Quantum an Schuld dazugelegt.

Ein kluger Schluss. Man könnte auch sagen: Keiner der Beteiligten in der Geschichte hat die hohe menschliche Leistung erbracht, sich schützend zwischen seine Frustration und Unschuldige zu stellen.

Da wir gerade beim Humor sind, möge die nachstehende Schmunzelabbildung von P. Storm (aus dem Kalender 2007 der SPES-Akademie, A-4553 Schlierbach) demonstrieren, dass es parallel zur »Kette des Leides« auch eine »Kette der Liebe« gibt, die gelegentlich sogar von einer Person allein gestartet und in Gang gehalten wird:

Entwicklung der Friedensfähigkeit

Eine Qualität geistiger Art

Es ist heutzutage ein pädagogisches Anliegen von globaler Brisanz, die junge Generation zur *Friedensfähigkeit* zu erziehen. Die Friedensfähigkeit ist eine weitreichendere Fähigkeit als das, was man im Allgemeinen unter Konfliktfähigkeit versteht. Denn als Konfliktfähigkeit wird üblicherweise die Fähigkeit definiert, offen und unverblümt konflikträchtige Inhalte anzusprechen. Aber damit, dass Gegner ihre Ärgernisse offen und unverblümt auf den Tisch legen, ist es nicht getan, wie wir bereits wissen. Danach fängt die Geschichte erst an, interessant zu werden, und – falls der *kreuzweise* Ansatz verpasst worden ist – brenzlig zu werden. Wer entsorgt dann den Müll vom Tisch? Wer unterbricht die mahlenden Mühlen der gegenseitigen Vorwürfe und endlosen Rechtfertigungen? Konflikträchtige Inhalte lösen sich mit ihrem Ansprechen nicht in Luft auf!

Friedensfähigkeit ist eine Qualität geistiger und nicht bloß kommunikativer Art. Sie ist quasi ein »heiliges« Versprechen, sich selbst (seinem Herrgott?) gegenüber, nämlich das Versprechen, ein menschenwürdiges Niveau aufrechtzuerhalten, komme was wolle. Sie ist die Selbstermahnung, angesichts keiner wie immer erlebten Aggression auf eine primitive gegenaggressive Stufe abzugleiten, sondern bis zuletzt nach humanen Wegen und Auswegen zu suchen.

In diesem Zusammenhang ist die Friedensfähigkeit die allerwichtigste Ausrüstung, die wir brauchen, um allmählich *einen Minimalkonsens zwischen den Völkern* zu entwickeln. Die Zeit drängt. Wir werden nicht mehr lange ohne einen solchen Minimalkonsens im Sinne des »Weltethos« (Hans Küng) auskommen. Die Bevölkerungsdichte auf unserem Planeten nimmt zu, die Schere zwischen Arm und Reich klafft auseinander, die technischen Fortschritte explodieren, die Religionen verblassen oder fanatisieren, die Terrorangst wächst. Es ist unbedingt nötig, sich auf Eckdaten eines gemeinsamen »Willens zum Sinn« zu einigen, wie sie etwa lauten könnten:

a) Respekt vor jedermann, keine Verteufelung von irgendwem,
b) Anerkennung des Wertes der menschlichen Rasse und Kultur,

c) Unbedingter und ausnahmsloser Schutz von Unschuldigen,
d) Übernahme der Verantwortung für alle eigenen Aktivitäten.

Mich dünkt, diese vier Eckdaten wären heute schon konsensfähig, sozusagen unterschriftsreif.

Blättern wir noch einmal zurück zu den von Friedrich Glasl zusammengetragenen Folgen einer Beurteilungsvermischung von Person und Verhalten im Streitfall. Eine davon lautete:

»Es kommt zu einer ›kognitiven Kurzsichtigkeit‹, das heißt, längerfristige Folgen des Streites bzw. des eigenen Tuns in Richtung Streitfortsetzung schwinden zunehmend aus dem Bewusstsein.«

Man kann beobachten, dass dies nicht nur für die Reibereien zwischen singulären Personen gilt. Die gegenwärtige Weltpolitik ist voller kognitiver Kurzsichtigkeit, und das Management zahlreicher industrieller Gegenwartsprojekte nicht minder. Von Konflikten gebeutelt bedenkt man eben die Folgen nicht. Das würde im Gegenzug bedeuten, dass friedensfähige Menschen (im Unterschied dazu) länger in der Lage sind, die abschätzbaren Folgen von Kampfhandlungen in ihrem Bewusstsein zu behalten und *nicht daraus schwinden zu lassen*. Dass sie sich ihre »Weitsichtigkeit« bewahren können, selbst wenn es rings um sie herum kracht und raucht.

Wahrscheinlich ist genau dasjenige, was sie »weitsichtig« erblicken, das entscheidende Motiv für ihr »heiliges« Versprechen, unbeirrt auf menschenwürdigem Niveau auszuharren. Denn was erblickt man »weitsichtig« im Streitfall? Gemeinsame Werte – in unserem Fall die Errungenschaften und Kostbarkeiten einer Spezies, die im ungeheuren Kosmos einmalig ist und für deren Existenz ganze Sonnensysteme entstehen und vergehen mussten, um eine Materie hervorzubringen, die mit dem Geist begabt werden konnte. Soll das alles aufs Spiel gesetzt werden? Nein! Friedensfähige Menschen sind staunende Menschen, ehrfürchtige Menschen und – verzichtfähige Menschen. Sie nehmen lieber einen herben Nachteil in Kauf, als Werte zu gefährden, die unersetzlich sind. *Das* ist ihre Stärke.

Und so hoffen wir denn, dass in den Lehrplänen der Schulen in Zukunft in zunehmendem Maße die Aufgabe verzeichnet stehen wird, die Schüler und Schülerinnen aus den narzisstischen Zeittrends der Postmoderne herauszulotsen und in ihrem Wertedenken und in ihrer Wertefühligkeit zu fördern. Das reine Sachwissen wird sich die nächste Generation über kurz oder lang aus den Minicomputern und implantierten Chips holen, die ihr »zweites Gehirn« sein werden, aber das Staunen und die Ehrfurcht vor allem Lebendigen, vor der ergreifenden Pracht der Natur und dem aufstrahlenden Glanz der menschlichen Kultur wird sie aus ihrem Herzen holen müssen, und wenn *da* bloß genügend hineingelegt worden ist, wird sie es nicht »übers Herz bringen«, blindlings zu zerstören, weil sie auch in der ärgsten Klemme und Beklemmung noch – sehend ist.

Gehirn und Gewalt

Allerdings ist es heute immer weniger die Schule, die etwas in die Kinder »hineinlegt«. Es ist zunehmend das Fernsehen. Deswegen kann die immense Verantwortung derjenigen, die Fernsehprogramme gestalten, nicht genügend hervorgehoben werden. Manfred Spitzer, Hirnforscher und Direktor der psychiatrischen Universitätsklinik Ulm, fand in der Vortragsdokumentation »Lernen« (Archiv der Zukunft, Hamburg, 2006) aufrüttelnd klare Worte dazu:

»Man weiß, dass Kinder gerne nachmachen, und man weiß, dass Kinder das nachahmen, was sie im Fernsehen sehen. Man weiß zudem, dass Kinderhirne allgemeine Strukturen aus vielen Beispielen in sich aufnehmen, weil sie die Strukturen aus den Einzelheiten heraussaugen. Was gibt es für Einzelheiten im Fernsehen? Im deutschen Fernsehen gibt es etwa 70 Morde pro Woche. In den USA war ein 18-Jähriger 13.000 Stunden in der Schule und hat in 25.000 Stunden vor dem Fernseher 32.000 Morde und 200.000 Gewalttaten gesehen. Was macht unser menschliches Gehirn damit? Es bildet die Statistik von dem Ganzen ab. Wie sieht die Statistik von Gewalttaten im Fernsehen aus? In 4 % der im Fernsehen gezeigten Gewalttaten werden gewaltfreie Konfliktlösungsmöglichkeiten diskutiert. In mehr als 50 % tut die Gewalt anscheinend nicht weh. Die Akteure hauen sich und lachen anschließend. In mehr als 70 % ist es so, dass der Gewalttäter ungeschoren davonkommt. Wir stülpen sozusagen diese Regeln anhand von 200.000 Beispielen den Kindern, bis sie 18 Jahre alt sind, über ihr Gehirn. Dann müssen wir uns nicht wundern, was dabei herauskommt.« (Seite 43)

Zu dem, was hirnphysiologisch herauskommt, sagt der Wissenschaftler lapidar: »Wenn man viel Geige spielt, reserviert das Gehirn mehr Platz dafür, dass man besser Geige spielen kann. Wenn man viel Gewalt guckt, reserviert das Gehirn mehr Platz für Gewalt, damit man es besser kann ...«

Manfred Spitzer und seine Kollegen untersuchten in einer mehr als 20 Jahre andauernden Studie an 706 Familien im Staate New York, inwieweit Kinder ab acht Jahren zwischen Realität und Fiktion im Fernsehen unterscheiden können. Das Ergebnis bestätigte ihr erwachendes Unterscheidungsvermögen, aber *auch und dennoch* eine beängstigend hohe Korrelation zwischen starkem Fernsehkonsum und Gewalttätigkeit. Spitzer verglich den Zusammenhang zwischen Fernsehkonsum und Gewaltbereitschaft mit dem Zusammenhang zwischen Rauchen und Lungenkrebs. Gewiss, nicht jeder Raucher erkrankt an Lungenkrebs – keine große Beruhigung!

Das wahre Problem sitzt klarerweise nicht im Fernsehapparat. Oder wie Viktor E. Frankl es ausgedrückt hat: »Nie und nimmer kommt es auf eine Technik an, sondern immer auf den Geist, in dem sie gehandhabt wird.« Das Medium Fernsehen könnte genauso gut zur Entwicklung der Friedensfähigkeit eingesetzt werden. Es könnte bewegende Beispiele von innermenschlicher Stärke, von Hilfsbereitschaft, Teamgeist und Konfliktlösungsmodellen präsentieren, und gelegentlich tut es dies ja, nur viel zu selten und viel zu unattraktiv. Dabei würde sich unser Gehirn daran *erfreuen*, was ein wirklich interessantes Ergebnis der zahlreichen Studien von Manfred Spitzer ist. Lassen wir ihn nochmals zu Wort kommen:

»Unser Belohnungssystem im Gehirn springt an, wenn wir kooperieren. Wir sind nicht der Wolf unter Wölfen ..., das ist nicht unser Wesen, das sind wir nur unter bestimmten Bedingungen, zumal dann, wenn wir uns dies einreden. Wir irren, wenn wir heute meinen, Konkurrenz fördern zu sollen. Nein, wir müssen vielmehr Kooperation fördern. Kooperation ist uns nichts Fremdes, so in der Art, man müsse den Wolf (in uns) irgendwie zähmen. Wir sind im Kern kooperative Wesen. Das ist eine schöne Einsicht, die uns die Hirnforschung beschert ...

Es gibt ein Spiel, das heißt ›Gefangenendilemma‹. Dabei kann man einen Kompagnon entweder in die Pfanne hauen oder man kann mit ihm kooperieren. Wir haben mittels Kernspintomographie ›nachgesehen‹, wann im Gehirn mehr los ist: wenn man kooperiert oder wenn man den anderen in die Pfanne haut. Wir dachten, wenn (im Slang der Jugend formuliert) der andere in die Pfanne gehauen wird, gehen die Lichter an. Aber nein, so ist das nicht. Es ist genau umgekehrt. Wenn man kooperiert, springt das Belohnungssystem an, entsteht Lust. Die Hirnforschung beweist, dass wir auf Kooperation hin angelegt sind. Kooperation ist uns nicht später kulturell aufgesetzt worden, im Gegenteil, *sie wäre jetzt wieder hervorzuholen.*

Wenn wir kooperieren, fühlen wir uns nicht nur gut. Dieses Belohnungssystem sorgt dafür, dass wir dann ein bisschen besser denken können. Das positive Gefühl bleibt unmittelbar mit dem Lernen verknüpft. Unser Arbeitsgedächtnis und die Leistung nehmen zu. Man kann die Dinge im Kopf besser hin und her jonglieren. Dadurch laufen mehr Impulse über die Synapsen, und dadurch kann man sich wiederum Dinge besser merken. Das ist alles *ein* System. Es ist das gleiche System, das uns die Welt bedeutsam erscheinen lässt, das uns gleichzeitig Freude an den Dingen bereitet, und das dafür sorgt, dass wir diese Dinge auch lernen.« (Seite 94/95)

Na dann: lieber Geige spielen als fernsehen! Lieber kooperieren als konkurrenzieren! In welch eine Welt unsere Enkel hineinwachsen werden, wird entscheidend davon abhängen, ob unsere Generation ihre Kinder vor der Glotze und der Gewalt noch retten kann und ob sie sie der Kooperation und der Lebenslust wieder zuführen kann.

Rückschau und Dank

Ein letzter Gedanke zur Friedensfähigkeit sei hier ausformuliert. Als Psychotherapeutin komme ich nicht umhin, die Friedensfähigkeit einer Person damit zu verknüpfen, inwieweit sie imstande ist, mit ihrem eigenen Leben Frieden zu schließen. Das kann sie natürlich nur, wenn sie in Frieden (»zu-frieden«) auf ihre Lebensgeschichte zurückschaut. Seltsamerweise gibt es diesbezüglich eine Parallele zu dem »Vorausschaufehler«, den Glasl kognitive Kurzsichtigkeit genannt hat, nämlich den sogenannten »Rückschaufehler«. Dieser ist in den 80er-Jahren des vorigen Jahrhunderts von Elizabeth F. Loftus und ihren amerikanischen Kollegen intensiv untersucht worden und besagt schlicht und einfach, dass wir unseren Erinnerungen nicht trauen dürfen. Das menschliche Gedächtnis funktioniert nicht wie ein fotografischer Film, der Ereignisse streng der Reihe nach aufzeichnet, sondern dient als Speichergefäß, in dem ununterbrochen umgeschichtet und umgedichtet wird, und zwar je nach Aktualität. Wichtiges und Wiederkehrendes wird gespeichert, Unwichtiges und Seltenes wird vergessen. Zufälliges wird beliebig behalten oder aussortiert.

Damit nicht genug: Alte Erfahrungen werden durch neu Erfahrenes überschrieben! Mittels Suggestion und Einredungen können zum Beispiel mit Leichtigkeit jemandem Reminiszenzen von Begebenheiten eingepflanzt werden, die nie stattgefunden haben. Auch reicht es, dass man in der Zeitung etwas über einen Vorfall liest, bei dem man selbst anwesend gewesen ist.

Jemand wohnte zum Beispiel gerade in einem Hotel in New York, als die Katastrophe mit dem World-Trade-Center passierte. Er erinnert sich an die Sirenen, die Tumulte auf den Straßen und den Brandgeruch, der sich über der Stadt ausbreitete. Später liest er in der Zeitung, dass tagelang eine schwarze Rauchwolke über der Stadt gehangen sei. Es vergehen einige Wochen. Danach trifft er einen Bekannten und erzählt von seinem New York-Aufenthalt zum Zeitpunkt der Katastrophe. Er schildert die Sirenen, die Tumulte auf den Straßen, den Brandgeruch *und die schwarze Rauchwolke* (die er gar nicht gesehen hat). Die (falsche) Information aus der Zeitung hat sich in sein Gedächtnis eingespeichert und hat es »updated«, wie die Fachleute sagen.

Alles, was wir im Nachhinein hören oder selbst memorieren, füttert sich als aktualisierende Information in die Erinnerung an das Gewesene hinein und verändert unsere Erinnerungsspuren. Es ist nachgewiesen worden, dass manche Psychotherapeuten bei ihren Patientinnen so lange nachgefragt haben, ob diese etwa als Kind vergewaltigt worden sind, bis sich die Patientinnen mit Sicherheit an (nie stattgefundene) Vergewaltigungen erinnert haben. In krassen Fällen sind ihre Väter und Brüder aufgrund dessen angeklagt worden. Ebenso ist nachgewiesen worden, dass Menschen, die vorrangig auf Misslungenes und Trauriges in ihrem Leben zurückblicken, alles Gelungene und Freudige in ihrem Leben, das daneben auch existiert, buchstäblich in ihrem Gedächtnis ausradiert haben, so als wäre es nie vorhanden gewesen.

Was bedeutet das für den Friedensschluss mit uns selbst? Ein Blick zurück im Zorn verwandelt uns (ähnlich wie »Lots Frau«) zur Salzsäule. Er lässt uns erstarren. Unser Zorn kann berechtigt sein, aber er muss es nicht sein (siehe Rückschaufehler!), und was heißt schon »berechtigt«? Es gibt kein reelles »Recht« auf ein angenehmes, gemütliches Leben. Allein, dass wir zum Leben erwacht sind, ist fantastisch! Allein, dass wir bisher am Leben geblieben sind, ist gnadenvoll. Allein, dass wir bei Bewusstsein sind, denken können, den heutigen Tag gestalten können und auch noch Optionen für den morgigen Tag haben, ist mehr als ein kühner Traum. Möglicherweise hat uns bisher nicht immer die Sonne gelacht. Möglicherweise wird wieder einmal eine »Eiszeit« auf uns zukommen. Doch wie auch die Wetterkapriolen des Schicksals sein mögen, das große Abenteuer »Leben« ist dies alles wert. Knien wir nieder und danken wir dafür, dass es *mehr* gibt als nichts. Danken wir, dass wir für eine winzige Spanne Zeit dazugehören dürfen zu jenem »mehr als nichts«. Danken wir, bevor es ans Sterben geht und wir plötzlich hellsichtig begreifen, wie viel Grund wir gehabt *hätten*, mit unserem Los zufrieden zu sein.

Die Welt der Kunst als Refugium

Machen wir uns nichts vor: Es werden wieder neue Konflikte auf uns zukommen. Manches wird uns missfallen, was rund um uns und mit uns geschieht. Vielleicht sogar – was *durch* uns geschieht. Wir haben ausführlich darüber nachgedacht, wie wir uns diesbezüglich am besten verhalten können. Wir haben die Chancen einer tapferen Leidbewältigung beleuchtet und sind bei der Dankbarkeit fürs nackte Leben gelandet. *Einen* Gedanken möchte ich dem Leser noch auf seinen unbekannten Weg in die Zukunft mitgeben: Er schaffe sich ein Refugium, das er jederzeit betreten kann. Ein Refugium, dessen Türe für sämtliche Konflikte und Frustrationen verriegelt ist. Ein Refugium, in dem er sich blitzartig erholen kann. Meiner Erfahrung nach eignet sich die Welt der Kunst optimal dafür. Die Welten der Musik, der Dichtung, der Malerei, des Tanzes etc. haben allesamt solch »refugialen« Charakter. Sie nehmen denjenigen, der sie mit Leidenschaft betritt, auf, nähren ihn mit himmlischem Manna und schirmen ihn vor nervenaufreibendem Kleinkram aus den niedrigen Erdgefilden ab.

Man muss nur den Eingang zu solch einem Refugium zu finden wissen. Deswegen seien hier ein paar Wegweiser zu den Eingängen aufgestellt.

Man übe sich im Loslassen

Wer beim Ballspielen den aufgefangenen Ball nicht loslässt, hat die Hände nicht mehr frei. Er kann keinen Ball mehr auffangen. Was nützt ihm der Ball in seinen Händen, wenn das Spiel stockt? Nur wer seinen Ball hergibt und weiterwirft, kann sich aktiv am Spiel beteiligen. Nur der, dessen Hände leer sind, kann wieder einen Ball auffangen. Analog ist es im Leben. Man lasse die Dinge los, die man nicht gerade in Arbeit hat, man grüble nicht über sie und trage sie nicht mit sich herum. Was schleppen Menschen an Sorgen und Lasten von ihrem Arbeitsplatz mit nach Hause! Was schleppen sie an familiären Zerwürfnissen mit sich zum Arbeitsplatz! Und was krallen sie an kleinlichen Differenzen und Meinungsunterschieden fest! Warum werfen sie diese Bälle nicht weg und sind froh, Arbeit zu haben, statt arbeitslos zu sein, und Familie zu haben, statt einsam zu sein.

Eine Patientin von mir beschwerte sich über ihren Ehemann, der abends stets müde heimkehrte und zu keiner Konversation mehr aufgelegt war. Es war ihr nicht verwehrt, sich Abend für Abend über ihn aufzuregen, aber sie konnte diesen Ball auch »fliegen« lassen und einen anderen auffangen, indem sie sich sagte: »Wie schön, dass jemand zu mir heimkommt. Ich bin nicht allein. Wie schön, dass dieser Jemand gesund heimkommt. Dass er keinen Unfall hatte. Dass er nicht in einer Bar versumpft ist. Wie schön, dass er Geld heimbringt, das wir gut brauchen können und wofür er den ganzen Tag gearbeitet hat ...«

Mit dem ersten Ball kam sie in kein Refugium hinein. Ihre Seele war zu sehr auf Empörung programmiert. Mit dem zweiten Ball in der Hand war sie in der Lage, die vermisste Konversation ruhig beiseitezulegen und stattdessen die Türe zu einer eigenen Welt zu öffnen, in der sie sich wohlfühlte. Bald widmete sie sich der Stickkunst und war des Abends, wenn ihr Mann vor dem Fernseher einsilbig »abschaltete«, in derart komplizierte Stickmuster vertieft, dass sie heilfroh war, nicht abgelenkt zu werden. Wie ich später hörte, hat sich die häusliche Situation der beiden dermaßen entkrampft, dass die Konversation zwischen den Eheleuten an den Wochenenden frisch auflebte.

Man führe einen Sternstunden-Kalender

Von Viktor E. Frankl stammt ein berührendes Gleichnis. Er verglich den Pessimisten mit einem Mann, der vor einem Wandkalender steht und mit Furcht und Trauer sieht, wie der Kalender, von dem er täglich ein Blatt abreißt, schmächtig und immer schmächtiger wird. Die Zeit rinnt ihm wie

Sand durch die Finger. Im Unterschied dazu verglich Frankl den Optimisten mit einem Mann, der jedes Blatt, das er vom Abreißkalender entfernt, behutsam auf den Stoß der bereits früher abgerissenen Blätter legt. Bevor er es jedoch auf diesen Stoß legt, macht er sich auf der Rückseite des Blattes eine Notiz über die Sternstunden (oder Sternminuten) dieses Tages. Mit Stolz und Freude sieht er, wie der Stoß wächst und wie die »eingeheimsten Sterne« sich in seinem Leben summieren.

Die Idee, sich die Sternstunden oder Sternminuten geistig zu notieren, ist genial. Dann kann uns nämlich die Finsternis des nächtlichen Firmaments nicht mehr erschüttern. Und käme es eines Tages stockfinster auf uns zu – es liegt ein Stoß voller Beweise vor uns, dass Lichtlein im Dunkeln blitzen, Tag für Tag, oder besser Nacht für Nacht.

Was ist nun das Material, aus dem die Sternstunden und Sternminuten gewoben sind? Es sind erbauliche Begegnungen, lustige Zufälle, sinnliche Genüsse, liebliche Überraschungen, gelegentliche Festlichkeiten, zärtliche Worte, kleine Erfolge und manchmal gar die unsichtbaren Spuren unserer Schutzengel, die wir erleben durften. Wer in seinem Bewusstsein solche Gnadentupfer sammelt, die sich über ihm ausstreuen, den schreckt die Vergänglichkeit nicht, die an seiner Substanz und der Substanz seiner Werke zehrt. Freilich, vergänglich ist alles, aber in der Vergangenheit stapeln sich die Lebensfrüchte. Und auch dies ist ein unverlierbares Refugium: der Stoß der Kalenderblätter, das sternenübersäte Firmament, die Menge der Lebensfrüchte – das bereits Eingebrachte als geborgener Schatz, den keine Macht, kein Neid und keine Missgunst der Welt mehr ungeschehen machen kann; der uns nie mehr geraubt werden kann.

Einer meiner Patienten galt als »schwer vermittelbarer Arbeitsloser«. Er durchlief Schulungen und bewarb sich unverdrossen, wurde aber überall wegen seines Alters und einer Lähmung seiner rechten Hand abgewiesen. Ich kannte ihn trotzdem als elastischen Endfünfziger voller Elan und Humor. Er war ein Pferdenarr und sprach oft von den Tieren, die er einst trainiert und gepflegt hat, und von den berauschenden Ausritten an warmen Sommertagen. »Ich bin ein Glückskind«, erklärte er. »Ich bin schon als Kind mit einem Gestüt aufgewachsen. 35 Jahre lang habe ich engen Kontakt mit Pferden gehabt, wer kann solches von sich sagen?« Selbst wenn er den Reitunfall erwähnte, bei dem seine rechte Hand zertrümmert worden war, spürte man sein bedingungsloses Ja zum Leben. Ach, sein damaliger Hengst sei ein Prachtexemplar gewesen, nur halt ein bisschen wild ..., aber er, der Reiter, habe sich schließlich – Gott sei gedankt – nicht den Hals gebrochen ...

Ein zufriedener Mann, dieser Arbeitslose am Rande der Armutsgrenze!

Man betätige sich künstlerisch

Die Kunst ist ein sinnstiftendes Medium sondergleichen, und ihre Welt hat zahllose Kammern. Meine Patientin aus obigem Beispiel hat die Kammer der Stickkunst entdeckt und sich darin wohlig eingerichtet. Mein Patient aus obigem Beispiel hat schon als Junge die Kammer der Reitkunst entdeckt und davon noch im Alter gezehrt. Sämtliche Kunstkammern sind mit Böden aus feinster Ästhetik ausgestattet, mit Wänden, die für Griesgram und Banalitäten undurchlässig sind, und mit einer Decke, die sich in Richtung Transzendenz hochwölbt. Wohl dem, der sich beizeiten ein Plätzchen in solch einer Kammer reserviert. Er besitzt ein Refugium, in das er sich aus allen Klemmen, in die er jemals geraten mag, ungehindert zurückziehen kann. Die Kunst wird ihn körperlich-seelisch bergen, geistig nähren, ganzheitlich verwandeln. Immer kommt er irgendwie regeneriert aus der Kammer seiner Lieblingskunst heraus. Dabei ist es nicht nur der *Abstand*, den er durch den Ausflug in die Kunst gewinnt, zum Beispiel Abstand zu Unannehmlichkeiten und Konfliktverdichtungen in seinem Alltag. Es ist auch ein Stück *Heilung durch Umgewichtung*, das er aus seinem Refugium holt. Die Kunst hat – ähnlich wie der Sinn, mit dem sie wesensverwandt ist – die Kraft, Denkknäuel zu entwirren und Denkinhalte zu sortieren.

Man geht aus dem Büro und denkt: »Heute lief alles schief!« Der Chef hatte schlechte Laune und meckerte über einen verpatzten Vertragsabschluss. Die erbetene Urlaubswoche wurde nicht genehmigt. Das Faxgerät fiel aus, die Bestellung dringend benötigter Formulare klappte nicht. Die Heizung war so schwach, dass man kalte Füße bekam. Mit hängenden Schultern stapft man nach Hause. Man wäscht sich, bereitet sich einen Imbiss zu, liest die Zeitung und – holt seine Blockflöte hervor. Man stellt ein Notenpult auf den Tisch und beginnt zu spielen. Die Kammer der Musik öffnet sich leise. Der Melodienreigen bündelt die Konzentration. Die Seele atmet durch. Lieder streifen über die Stirn und wischen den Tagesschweiß von ihr ab. Sind die Urlaubswoche, der Vertrag und das Faxgerät wichtig? Jetzt nicht. Insgesamt auch nicht besonders. Sind eine gute Laune des Chefs und warme Füße unerlässlich zum Lebensglück? Bestimmt nicht. In der Klangwelt der Harmonien schmelzen die Wehwehchen dahin. O, das war ein falscher Ton! Man korrigiert ihn. Man übt die schwierigen Takte nochmals. Jetzt gelingen sie. Man jubelt. Wehwehchen – wo sind sie geblieben? Wieder erfordert ein Takt die volle Aufmerksamkeit. Der Rhythmus soll stimmen! Man übt, man spielt, man vergisst, was lästig war. Man schwingt in Rhythmus und Ton mit, und wenn man fleißig ist, winkt von ferne der »Flow-Kanal«.

> Könnte jeder brave Mann
> solche Glöckchen finden,
> seine Feinde würden dann
> ohne Mühe schwinden.
> Und er lebte ohne sie
> in der besten Harmonie ...

Was Papageno in Mozarts »Zauberflöte« singt, gilt natürlich auch für jede »brave Frau«. Viele Menschen, die ich gefragt habe, wie sie sich ihr sonniges Gemüt erhalten (»ihre Glöckchen finden«), haben mir bestätigt, dass sie ein Kunst-Refugium besitzen. Schon ein passives hilft. Antworten wie: »Wenn es mir schlecht geht, höre ich mir den Satz einer Beethoven-Symphonie an, und alles ist wieder okay« haben mich über die erstaunliche Wirkung solcher Refugien belehrt. Kein Wunder, dass sogar Zahnärzte während des unvermeidlichen Bohrens Hintergrundmusik zu Linderungszwecken verwenden. Und dabei sind die aktiven Kunst-Refugien unvergleichlich faszinierender. Der Unterschied zwischen der aktiven Beschäftigung mit einer Kunstsparte und dem passiven Kunstgenuss ist riesengroß. Er gleicht etwa dem Unterschied zwischen der Erklimmung eines Berges von der Talsohle weg und der Gondelfahrt zum Gipfel. Wer einen Berg Schritt für Schritt besteigt, dem »gehört« der Berg. Das Gipfelerlebnis ist unbeschreiblich und von Gondelfahrern niemals nachvollziehbar. Mit dem Selber-Musizieren, -Aquarelle-Anfertigen, -Lyrik-Verfassen etc. verhält es sich analog. Ein Sprichwort lautet:

>Wo Menschen singen, lass' dich ruhig nieder.
>Böse Menschen haben keine Lieder.

Das Sprichwort ist auf alle künstlerischen Betätigungen erweiterbar, nur sollte das Wort »böse« ersetzt werden durch das Wort »konfliktbefangen«.

>In Konflikten befangene Menschen
>haben keine Lieder.

und:

>Fröhlich singende Menschen
>sind nicht in Konflikten befangen.

So einfach ist das. Also auf zum Musizieren, zum Tanzen, zum Zeichnen, zum Dichten, zum Basteln, zum Nähen, zum Gartengestalten usf. Raus aus der Passivität! Wir sind nicht festgekittet vor dem Bildschirm. Wir haben genügend Tasten, um Fernseher und Computer abzudrehen, wenn wir bloß genügend innere Kraft dafür haben. Ab ins Refugium, wenn uns irgendein Stress erdrücken will! Es gibt genug Kammertüren, durch die wir entschlüpfen können, wenn wir uns bloß dazu aufraffen. Hinein ins sinnvolle Leben, das uns befreit und bereichert! Keine Sinnwidrigkeit der Welt kann uns umwerfen, solange wir uns selbst und unserem Gewissen treu bleiben. Für den menschlichen Geist existiert gar keine »Klemme«, es sei denn, er klemmt sich selbst ein ... Doch kann er sich immer ändern, das ist seine göttliche Mitgift, er kann sich von heute auf morgen erneuern.

Anhang

Antike »Kettensprengung«

Wir sind zu der Weisheit vorgedrungen, dass die »Kunst« der Konfliktbewältigung mit der Kunst in ihrer ursprünglichen Bedeutung eng verknüpft ist. Deswegen soll ein Bezug zu einem Kunstwerk dieses Buch abrunden. Es handelt sich um ein uraltes Kunstwerk auf zwei Ebenen: der bildnerischen und der literarischen Ebene. In dieser Doppelebene wird ein fürchterlicher zwischenmenschlicher Konflikt ausgedrückt, der scheinbar keinerlei Chance auf einen guten Ausgang hat. Zwei hochrangige Personen sind verfeindet, ihre Vorgeschichten und seelischen Verwundungen treiben sie fast bis zum Wahnsinn. Dennoch vollbringen sie gemeinsam ein Wunder, das – wie kann es anders sein? – mit einer »finalen Vorleistung« gestartet wird.

Eine ehemalige Schülerin von mir, Waltraud Dronowicz, klassische Philologin und Logotherapeutin, hat dieses Wunder für uns nacherzählt. Schöpfen wir aus ihren Darlegungen die Einsicht, dass über aller Wissenschaft und über aller Kunst die *Menschlichkeit* steht und dass sich dort, wo diese weilt, Wunder ereignen können, auch heute noch, in unserer aufgewühlten Zeit.

»Die Kette, die Kette, ... sie muss endlich gesprengt werden«
(Viktor E. Frankl)

Das Kunsthistorische Museum in Wien birgt weltberühmte Schätze, darunter antike Gefäße. Eines davon ist der rotfigurige Brygos-Skyphos (um 540 v. Ch.), so benannt nach dem Töpfer, der ihn geformt hat. Das Bild, das den Skyphos schmückt, zeigt einen Tafelnden, umgeben von Gestalten.

Vor dem Ruhebett (Kline) steht ein Tischchen, von dem lange Stücke Fleisch herabhängen. Schild und Helm darüber weisen die zentrale Figur als Krieger aus. Zu den flankierenden Dienern gesellt sich ein weißhaariger Greis in prächtigem Gewand, gestützt auf einen Stock, offensichtlich ein vornehmer Besucher. Wer jedoch ganz genau hinsieht, der entdeckt unter der Kline ausgestreckt eine männliche Gestalt, die aus einer Wunde blutet und deren Arme hinter dem Kopf gefesselt sind.

Welche Begebenheit wird hier dargestellt? Um Antwort auf diese Frage zu bekommen, müssen wir uns in die graue Vorzeit des 2. Jahrtausends vor unserer Zeitrechnung zurückversetzen: ins sagenumwobene Troja. Neun Jahre schon liegen die Griechen vor den wehrhaften Mauern dieser mächtigen Stadt, um sich an Paris, einem trojanischen Prinzen, für den Raub der schönen Helena zu rächen. Auf Aggression folgt Gegenaggression ...

Doch das Kriegsglück ist den Griechen lange nicht hold. Im zehnten Jahr erst kommt Bewegung in *den* Krieg, der für die Antike der Inbegriff des Krieges werden soll. Ausgelöst wird sie durch den mächtigen Heerführer der Griechen, Agamemnon, der auf die Idee kommt, die Tochter eines trojanischen Apollo-Priesters zu entführen. Weil er die Bitte des verzweifelten Vaters um Herausgabe seines Kindes hochmütig ablehnt, greifen die Götter strafend ein und schicken die Pest ins Lager der Griechen, die viele Opfer fordert. (Selbst Götter scheinen manchmal in ihrem Zorn Unschuldige mit ins Unglück zu reißen – oder verkörpern sie vielleicht nur menschliche Befindlichkeiten?)

Der zurate gezogene blinde Seher Kalchas muss nicht lange über den Grund der Strafe nachdenken. »Agamemnon soll dem Priester das Töchterchen zurückgeben«, ist seine lapidare Antwort. Der General kann nicht umhin, sich dem allgemeinen Druck zu beugen, aber die Niederlage trifft ihn hart und lässt ihn auf Rache sinnen. Dabei schlägt auch er den falschen Weg ein und nimmt Achill, dem tapfersten Mitstreiter, kraft seiner Stellung als Heerführer seine Lieblingssklavin Briseis weg. Dieser ist dadurch in seiner Ehre zutiefst verletzt.

Hier erst setzt Homers Ilias mit den berühmten Worten ein: »Singe, o Göttin, den Zorn des Peleiden Achilleus ...« Er, der tapferste Krieger aufseiten der Griechen, hält sich hinfort aus dem Kampf heraus, jedoch nicht aus Friedfertigkeit, sondern aus autoaggressiven und zugleich gegenaggressiven Motiven. Höhnisch-zufrieden sieht er zu, wie seine Landsleute, und damit auch er, immer mehr in Bedrängnis geraten. Wie lange er es in dieser Trotzhaltung ausgehalten hätte, wissen wir nicht, da ihn ein weit größerer Schmerz aus seiner Starre reißt. Sein bester Freund Patroklos, mit dem ihn innige Liebe verbindet, fällt durch die Hand Hektors, des tapfersten trojanischen Prinzen. Dieser Verlust treibt Achill an den Rand des Wahnsinns. Die Energie, die ihm dieser Schmerz verleiht, will er auf dem Schlachtfeld einsetzen und nicht eher ruhen, als bis er Hektor niedergestreckt hat. Die Kette der Aggressionen läuft ungebremst weiter: Es kommt zum Zweikampf dieser ebenbürtigen Krieger. Hätte sich die Göttin Athene dabei nicht aus gekränkter Eitelkeit in parteiischer Weise eingemischt, indem sie Hektor während des Schlagabtausches mit ihrem spiegelnden Schild blendete, wer weiß, wie der Kampf ausgegangen wäre? So aber trifft Achill den tapferen Hektor tödlich. Damit nicht genug. Er schändet auch noch dessen Leiche vor den Augen der greisen Eltern, indem er ihn sieben Mal um die Stadtmauern schleift. Je mehr er seinen Schmerz austobt, desto mehr steigert sich die Wutspirale. Ihren Höhepunkt erreicht sie mit dem Entschluss Achills, Hektor die Bestattung zu verwehren und seinen Leichnam dem Fraß der Tiere preiszugeben.

Wie wir aus anderen berühmten Texten der Antike wissen, bedeutet eine verweigerte Bestattung das ruhelose Umherirren des Toten. Daher entschließt sich Priamos, der greise König von Troja und Hektors Vater, zum schwersten Gang seines Lebens. Seiner Schilderung verdankt die Ilias ihre berührendste Stelle. Der alte König, der schon so viel Leid erlebt hat – viele seiner zahlreichen Söhne sind auf dem Schlachtfeld geblieben –, macht sich barfuß und ungeschützt, alle Warnungen missachtend, auf den Weg zu seinem Erzfeind. Im Epos folgt er damit dem Rat und Auftrag des Göttervaters. Dieser zerstreut seine Bedenken und verspricht Hilfe, was wir wohl als »inneren Monolog« deuten dürfen, der die zwiespältigen Gefühle des Schwergeprüften widerspiegelt. Nach anfänglicher Entschlossenheit scheint ihn unterwegs nochmals Kleinmut zu überkommen. Doch da ist Hermes, der Götterbote, zur Stelle, macht ihm Mut und erinnert ihn an das, was im Augenblick nottut (»sinnvoll« ist). Die Sorge um das eigene Wohlergehen hat darin keinen Platz.

Im Lager des Achill angekommen, fällt Priamos vor dem jugendlichen Recken, der von der Kline aufgesprungen ist, auf die Knie und bittet ihn um Freigabe seines toten Sohnes. Wie wird der aufbrausende Grieche reagieren? Den Bittsteller verhöhnen, demütigen, gar töten? Der Leser hält den Atem an. Doch da geschieht etwas für die Denkweise der Antike völlig Unfassbares: Achill heißt den Flehenden aufstehen, und nun sehen einander zwei Menschen in die Augen, die beide großes Leid erfahren haben. Achill trauert um seinen Freund Patroklos, und Priamos trauert um seinen Sohn Hektor. Und obwohl die beiden Erzfeinde sind, *reißt hier die Kette der Gewalt ab*: Die beiden begreifen sich nur mehr als Trauernde. Achill sieht plötzlich in Gedanken seinen greisen Vater Peleus vor sich, der zu Hause auf ihn wartet, und versteht daher den Schmerz seines Gegenübers noch besser. Dieses Ausgeliefertsein der Kreatur gegenüber dem Leid schafft Gemeinsamkeit und führt schließlich zur Überwindung der Feindschaft und zum Brückenschlag über Abgründe des Hasses hinweg. In beider Tränen lösen sich Qual und Verbitterung.

Priamos ist seinem toten Kind zuliebe, unter Lebensgefahr und ohne Garantie auf Erfolg, zu seinem Feind aufgebrochen und hat in ihm wider Erwarten einen mitfühlenden Menschen getroffen, der seine Bitte erfüllt. Diese Stelle im vierundzwanzigsten Gesang der Ilias ist in der abendländischen Literatur das erste Zeugnis für »Humanitas«, jene Haltung, die den Menschen zum Menschen macht und die Hoffnung auf eine friedfertigere Welt aufrechthält.

Waltraud Dronowicz

Über die Autorin

Frau Dr.phil.habil. Elisabeth Lukas wurde 1942 in Wien geboren. In den 60er-Jahren studierte sie Psychologie an der Wiener Universität, wo sie Viktor E. Frankl begegnete. Die Begegnung mit dem Begründer der Logotherapie wurde für sie wegweisend: Schon als Dissertantin entwickelte sie auf der Basis seiner Thesen ein psychologisches Testverfahren (den »Logo-Test«), das später in 14 Sprachen übersetzt werden und in zahlreichen Forschungsarbeiten Verwendung finden sollte.

Nach ihrer Promotion zog sie mit ihrem Mann und ihrem Sohn nach Deutschland, wo sie im Frühjahr 1973 ihre Berufstätigkeit als Klinische Psychologin und Psychotherapeutin begann. Zuerst arbeitete sie 13 Jahre lang in Familien- und Lebensberatungsstellen (9 Jahre davon in leitender Position), danach übernahm sie die Fachliche Leitung des »Süddeutschen Instituts für Logotherapie GmbH« in Fürstenfeldbruck bei München, einer von ihrem Mann und ihr 1986 gegründeten gemeinnützigen Wissenschafts- und Ausbildungsstätte mit psychotherapeutischer Ambulanz, in der die originäre Logotherapie nach Viktor E. Frankl gelehrt, angewandt und weiterentwickelt wird. 1995 adoptierte das Ehepaar Lukas eine junge Philippinin.

Seit den 80er-Jahren wurde Elisabeth Lukas zusätzlich zu ihrem therapeutischen Wirken als Referentin, Dozentin und Autorin bekannt. Mehr als 50 Universitäten im In- und Ausland haben sie zu Gastvorlesungen eingeladen, darunter waren länger andauernde Lehraufträge an den Universitäten München, Innsbruck und Wien. 1991 erhielt sie die Ehrenmedaille der »Santa Clara University« in Kalifornien für »Outstanding Contributions in Counseling Psychology to the World Community«. 1995 wurde sie als Gutachterin und Supervisorin (BDP) anerkannt; 1999 bekam sie die Approbationsurkunde des Freistaates Bayern sowie ihre Anerkennung als Lehrtherapeutin; 2000 habilitierte sie sich an der »Internationalen Akademie für Philosophie« im Fürstentum Liechtenstein; 2002 wurde ihr der Große Preis des »Viktor Frankl-Fonds der Stadt Wien zur Förderung einer sinnorientierten humanistischen Psychotherapie« verliehen.

Ihre mehr als 30 Bücher sind in 16 Sprachen erschienen. Mit ihrer Unterrichts- und Öffentlichkeitsarbeit ist es Elisabeth Lukas gelungen, wesentliche Impulse zur Entstehung neuer Logotherapiezentren in den verschiedensten Ländern Europas und Übersees zu setzen und dadurch das großartige und hilfreiche Gedankengut Viktor E. Frankls verstärkt in der internationalen Fachwelt zu verankern. Im Frühjahr 2003 kehrten ihr Mann und sie in ihre österreichische Heimat zurück, wo sie noch als Hochschuldozentin beim österreichischen Ausbildungsinstitut für Logotherapie und Existenzanalyse ABILE tätig ist. Daneben erfüllt sie sich mit einem privaten Klavierstudium einen lang gehegten Lebenstraum.

Anschrift der Autorin:

Iglseegasse 13
A-2380 Perchtoldsdorf
ÖSTERREICH

Bücher von Elisabeth Lukas

1. »Auch dein Leben hat Sinn. Logotherapeutische Wege zur Gesundung«, Verlag Herder, Freiburg, 3 Auflagen 1980 – 1987, Neuausgabe, 4 Auflagen 1991 – 1997. Eine Ausgabe erschien in Brailleschem Blindendruck, erhältlich bei der Blindenschriftdruckerei in D-33098 Paderborn, Andreasstr. 20
2. »Auch deine Familie braucht Sinn. Logotherapeutische Hilfe in der Erziehung«, Verlag Herder, Freiburg, 2 Auflagen 1981 – 1988. Überarbeitete Neuausgabe unter dem Titel »Sinn in der Familie. Logotherapeutische Hilfen für das Zusammenleben«, 1995
3. »Auch dein Leiden hat Sinn. Logotherapeutischer Trost in der Krise«, Verlag Herder, Freiburg, 3 Auflagen 1981 – 1990, Neuausgabe, 3 Auflagen 1994 – 1998
4. »Von der Tiefen- zur Höhenpsychologie. Logotherapie in der Beratungspraxis«, Verlag Herder, Freiburg, 2 Auflagen 1983 – 1988. Mehrere Kapitel wurden auf Kassetten gesprochen, auszuleihen bei der Kath. Blindenbücherei in D-53117 Bonn, Graurheindorfer Str. 151 a. Gekürzte Neuausgabe unter dem Titel »Höhenpsychologie. Die andere Sicht vom Menschen«, 1992. Völlig überarbeitete Neuausgabe unter dem Titel »Heilungsgeschichten. Wie Logotherapie Menschen hilft«, 2 Auflagen 1998 – 2002. Wiederauflage unter dem Titel »Heute ist der erste Tag vom Rest deines Lebens«, Quell Verlag, Gütersloh, 2007
5. »Psychologische Seelsorge. Logotherapie – die Wende zu einer menschenwürdigen Psychologie«, Verlag Herder, Freiburg, 2 Auflagen 1985 – 1988, Neuausgabe, 2 Auflagen 1993 – 1996. Völlig überarbeitete Neuausgabe unter dem Titel »Rendezvous mit dem Leben. Ermutigungen für die Zukunft«, Verlag Kösel, München, 3 Auflagen 2000 – 2006. Abgedruckt im Blindenschrift-Verlag »Pauline von Mallinckrodt«, Andreasstraße 20, D-33098 Paderborn.
6. Dazugehörige CD: »Ermutigungen für die Zukunft« mit Musik von Michael Habecker, Verlag Kösel, München, 2001
7. »Sinn-Zeilen. Logotherapeutische Weisheiten« mit Graphiken von Michael Eberle, Verlag Herder, Freiburg, 2 Auflagen 1985 – 1987, englische Sonderausgabe Berkeley/California / U.S.A., 1989

8. »Von der Trotzmacht des Geistes. Menschenbild und Methoden der Logotherapie«, Verlag Herder, Freiburg, 1986, Neuausgabe 1993. Überarbeitete Neuausgabe unter dem Titel »Lehrbuch der Logotherapie. Menschenbild und Methoden«, Verlag Profil, München, 3 Auflagen 1998 – 2006
9. »Logo-Test. Test zur Messung von innerer Sinnerfüllung und existentieller Frustration«, Verlag Deuticke, Wien 1986
10. »Gesinnung und Gesundheit. Lebenskunst und Heilkunst in der Logotherapie«, Verlag Herder, Freiburg, 1987, Neuausgabe, 2 Auflagen 1993 – 1995
11. »Rat in ratloser Zeit. Anwendungs- und Grenzgebiete der Logotherapie«, Verlag Herder, Freiburg, 1988, Neuausgabe 1994
12. »Psychologische Vorsorge. Krisenprävention und Innenweltschutz aus logotherapeutischer Sicht«, Verlag Herder, Freiburg, 1989
13. »Sinn-Bilder. Bibliotherapeutische Weisheiten« mit Holzschnitten von Otmar Wiesmeyr, Verlag Herder, Freiburg, 1989. Sammel-Neuausgabe der Bücher »Sinn-Zeilen« und »Sinn-Bilder« unter dem Titel »Worte können heilen. Meditative Gedanken aus der Logotherapie«, Verlag Quell, Stuttgart, 1998, übernommen vom Gütersloher Verlagshaus, Gütersloh, 2. Auflage 2003
14. »Geist und Sinn. Logotherapie – die dritte Wiener Schule der Psychotherapie«, Psychologie Verlags Union, München, 1990
15. »Die magische Frage ›wozu?‹. Logotherapeutische Antworten auf existentielle Fragen«, mit Beiträgen von Rita Malcomess und Franz Sedlak, Verlag Herder, Freiburg, 1991. Überarbeitete Neuausgabe unter dem Titel »Sehnsucht nach Sinn. Logotherapeutische Antworten auf existentielle Fragen«, Verlag Profil, München, 3 Auflagen 1997 – 2004
16. »Spannendes Leben. In der Spannung zwischen Sein und Sollen – ein Logotherapiebuch«, Verlag Quintessenz, München, 2 Auflagen 1991 – 1993. 1996 von Psychologie Verlags Union, Weinheim/Bergstr. übernommen. TB-Ausgabe bei DTV, München, 1996. Im Verlag Profil, München, 3. Auflage 2003
17. »Geborgensein – worin? Logotherapeutische Leitlinien zur Rückgewinnung des Urvertrauens«, Verlag Herder, Freiburg, 2 Auflagen 1993 – 1994. Neuausgabe unter dem Titel »Urvertrauen gewinnen. Logotherapeutische Leitlinien zur Lebensbejahung«, 2 Auflagen 1997 – 1999, Teilneuausgabe unter dem Titel »Vom Sinn des Augenblicks. Facetten erfüllten Lebens«, Verlag Kösel, München, 2002

18. »Alles fügt sich und erfüllt sich. Die Sinnfrage im Alter«, Edition Johannes Kuhn, Verlag Quell, Stuttgart, 3 Auflagen 1994 – 1997, übernommen vom Gütersloher Verlagshaus, Gütersloh, 3 Auflagen 2000 – 2004. Das Buch wurde auf 3 Kassetten gesprochen; auszuleihen bei der »Deutschen Blinden-Hörbücherei (in der Deutschen Blindenstudienanstalt e. V.), Postfach 1160, D-35001 Marburg sowie Am Schlag 2 a, D-35037 Marburg
19. »Psychotherapie in Würde. Logotherapeutische Lebenshilfe nach Viktor E. Frankl«, Verlag Quintessenz, München, 1994. 1996 von Psychologie Verlags Union, Weinheim/ Bergstr. übernommen. In der Verlagsgruppe Beltz 2. Auflage 2003
20. »Auf den Spuren des Logos. Briefwechsel mit Viktor E. Frankl« (gemeinsam mit Joseph Fabry), Verlag Quintessenz, München, 1995
21. »Lebensbesinnung. Wie Logotherapie heilt«, Verlag Herder, Freiburg, 2 Auflagen 1995 – 1997, Sonderdruck daraus bei Quintessenz, München, 1995
22. »Wie Leben gelingen kann. 30 (31) Geschichten mit logotherapeutischer Heilkraft«, Verlag Quell, Stuttgart, 4 Auflagen 1996 – 2000, übernommen vom Gütersloher Verlagshaus, Gütersloh, Neuauflage 2000. Das Buch wurde für Blindenbüchereien auf Kassetten gesprochen; auszuleihen bei: Dr. Hans-Eugen Schulze, Albert-Braun-Straße 10 b, D-76189 Karlsruhe
23. »Weisheit als Medizin. Viktor E. Frankls Beitrag zur Psychotherapie«, Verlag Quell, Stuttgart, 1997, übernommen vom Gütersloher Verlagshaus, Gütersloh, 2. Auflage 2001
24. »Spirituelle Psychologie. Quellen sinnvollen Lebens«, Verlag Kösel, München, 5 Auflagen 1998 – 2006
25. »Wertfülle und Lebensfreude. Logotherapie bei Depressionen und Sinnkrisen«, Verlag Profil, München, 3 Auflagen 1998 – 2006
26. »In der Trauer lebt die Liebe weiter«, Verlag Kösel, München, 5 Auflagen 1999 – 2007. Das Buch wurde von der Blindenbibliothek der Schweizerischen Caritasaktion der Blinden (CAB) auf Kassetten gesprochen; auszuleihen bei: CAB, Hinterdorfstraße 29, CH-8597 Landschlacht
27. »Lebensstil und Wohlbefinden. Logotherapie bei psychosomatischen Störungen«, Verlag Profil, München, 2 Auflagen 1999 – 2003. Abgedruckt im Blindenschrift-Verlag »Pauline von Mallinckrodt«, Andreasstraße 20, D-33098 Paderborn
28. »Konzentration und Stille. Logotherapie bei Tinnitus und chro-

nischen Krankheiten. Nachwort von Helmut Schaaf«, Verlag Profil, München, 3 Auflagen 2000 – 2005
29. »Auf den Stufen des Lebens. Meine bewegendsten Fallbeispiele aus der Seelenheilkunde nach Viktor E. Frankl«, Gütersloher Verlagshaus, Gütersloh, 2001
30. »Familienglück. Verstehen – annehmen – lieben«, Verlag Kösel, München, 2001
31. »Verlust und Gewinn. Logotherapie bei Beziehungskrisen und Abschiedsschmerz«, Verlag Profil, München, 2 Auflagen 2002 – 2007
32. »Freiheit und Identität. Logotherapie bei Suchtproblemen«, Verlag Profil, München, 2 Auflagen 2002 – 2005
33. »Kleines 1x1 der Seelenheilkunde. Impulse zur Selbsthilfe«, Gütersloher Verlagshaus, Gütersloh, 2003
34. »Für dich. Heilende Geschichten der Liebe«, Verlag Kösel, München, 2003
35. »Viktor E. Frankl. Arzt und Philosoph«, Verlag Profil, München, 2005
36. »Der Seele Heimat ist der Sinn. Logotherapie in Gleichnissen von Viktor E. Frankl« mit Texten von Viktor E. Frankl, Verlag Kösel, München, 3 Auflagen 2007
37. »Auf dass es dir wohlergehe. Lebenskunst fürs ganze Jahr«, Verlag Kösel, München, 2006

Die Bücher von Elisabeth Lukas sind in folgenden Fremdsprachen erschienen:

englisch, italienisch, spanisch, holländisch, finnisch, (serbo-)kroatisch, hebräisch, portugiesisch, tschechisch, slowenisch, französisch, estnisch, japanisch, ungarisch, polnisch, koreanisch.

Kassetten mit Vorträgen von Elisabeth Lukas zu verschiedenen Themen sind erhältlich bei:

AUDITORIUM Netzwerk
Habspergstraße 9a
D-97379 Müllheim / Schwarzwald

Trotz sorgfältiger Recherche ist es dem Verlag nicht gelungen, den Rechteinhalber des Cartoons auf S. 196 ausfindig zu machen. Wir bitten ggf. um Rückmeldung.

Spiritualität und Religion

Elisabeth Lukas
bei Kösel

Elisabeth Lukas
AUF DASS ES DIR WOHL ERGEHE
300 Seiten. Gebunden
ISBN 978-3-466-36729-0

Elisabeth Lukas
SPIRITUELLE PSYCHOLOGIE
Quellen sinnvollen Lebens
182 Seiten. Kartoniert
ISBN 978-3-466-36491-6

Viktor E. Frankl
DER SEELE HEIMAT IST DER SINN
Logotherapie in Gleichnissen
Zusammengestellt und kommentiert von Elisabeth Lukas
220 Seiten. Gebunden
ISBN 978-3-466-36678-1

SACHBÜCHER UND RATGEBER
kompetent & lebendig.

www.koesel.de
Kösel-Verlag München, info@koesel.de